慈溪文史资料第三十四辑

三北靠海文化田野调查

慈溪市政协教科卫体文化文史和学习委员会 编
邱雄飞 著

宁波出版社
NINGBO PUBLISHING HOUSE

《三北靠海文化田野调查》编委会

名誉主任　陈杰峰

主　　任　王益女

副 主 任　方向明　林　晨　童银舫

委　　员　（按姓氏笔画为序）

　　　　　王孙荣　王益女　王清毅　方印华　方向明

　　　　　方煜东　厉祖浩　冯昭辉　阮万国　孙群豪

　　　　　励双杰　邱雄飞　林　晨　康华君　童银舫

著　　者　邱雄飞

序一

周静书

"三北"指慈北、姚北、镇北,是宁波城市显著的地理标记,也是一个悠久而响亮的历史地名。

三北地域的形成,与海洋文化密切相关。史前的三北,是毗邻井头山、河姆渡、田螺山文化遗址的一片汪洋滩涂。如果以四明山脉来定位,在史前,它是四明山东麓的海洋大湾。三北的地形,我敢遥想,历史上曾经存在一个壮阔的"四明湾"。而最近余姚施岙遗址大规模史前古稻田的发现,证明这一带在很久以前已经开始农耕稻作。这里的居民在史前、秦汉主要以渔猎为生,也拓荒农耕。当地俗说:"秦渔、汉涂、唐灶、宋民居。"可见这一带是典型的渔猎文化与农耕文化的交织地。三北的人迹发祥,主要在唐宋以后,尤其是明清时期,这里是抗倭御外的海防前沿。民国时期,这一带成了四明山抗日根据地的重要组成部分。而新中国后,几经区划调整,三北同属宁波城市的北地,分治于慈溪、余姚、镇海。这是一方历史文化积淀丰厚的沃土,井头山的渔猎文化,河姆渡、田螺山的农耕文化,明清的海防文化,抗日战争和解放战争时期的革命文化,直至如今杭州湾新区的社会主义先进文化,丰富厚重,绚丽多彩。而三北民间文化更是源远流长,枝繁叶茂。悠久的渔猎历史,丰厚的渔文化积淀,使三北这一地域呈现着千姿百态的渔业生产民间技艺和习俗、渔民生活的民间信仰和风俗,以及美妙的鱼类传说、动听的渔民歌谣、睿智的海事渔谚。这些是宝贵的民间文化财富,应该及时抢救保护,去芜存菁地大力弘扬传承。

  慈溪老民间文艺家邱雄飞先生,以高度的文化自觉,多年来专心致志,不辞辛劳,深入三北村镇采风,走访数以百计的老渔民和当地民众,查阅大量的古今文献,编写了30多万字的《三北靠海文化田野调查》一书,其精神令人钦佩,其功德可嘉,其成果蔚为可观。

  纵观全书,作者首先对三北地区海洋自然环境和鱼类资源做了全面的调查和分析,使本书内容具有一定的科学性和资料性。海陆的变迁,直接影响着三北住民的生活、渔猎与民俗。因此,本书的重点在于,作者用大量的篇幅介绍了渔业生产的工具、生产技艺、渔商营销及渔人风采。书中记录了功能各异的渔船:如原始灵活的单人划船,有泥马船、小舢板、小划艇等;如凭风使力的木帆船,有打网船、张网船、串网船、流网船等;如初步现代化的机动船,有机动木船、铁壳船和两栖浮船等。还有形式多样的渔具,如织网、栲网和各色钓具。这些渔船和渔具,随着渔业生态的变化和渔民生产生活的转型,许多已经成了历史的记忆,如今尚存的少量的渔船和渔具,已经变成了"古董",或者只能从民间巧手再造的"船模"中才能看到,其制作技艺也演变成了一种非物质文化遗产。书中还详尽地记录了原态原貌的渔猎技艺:拾蛤贝、撮泥螺、摸青蟹、抓鱼鳗、摘紫菜等。其中,网捕方面,作者记录更翔实,从敷网、罾网、缉网、大扳网到拖(牵)网,而拖(牵)网又分丝拉网、百袋网、虾子拖网、沙蟹牵网、泥螺牵网及小串和朗网等。五花八门的渔网及"潮涂采捕、潮海捕捞"的技艺的展示,令人遐想一幅亘古贯今的三北海滨渔猎的绮丽风景图。这些原始的纯手工捕捞技艺，诚然是千百年传承下来的非物质文化遗产。

本书的另一重要部分，是对三北渔家的民间信仰、渔业习俗、鱼类传说、渔民歌谣和渔事谚语及富有民俗风情的渔乡竹枝词的忠实记录。三北渔民在民间信仰方面，既有中国沿海渔民的共同信仰，如敬龙王、拜海神妈祖，也有本土奉祀的神祇，如晏公、胜山娘娘、张老相公及涨潮神、退潮神等，并为信仰神建庙，向之祭拜，祈求平安与丰收，这是先民们无力抗衡大自然灾害所衍生的信仰习俗。既传承了古老的信奉理念，又派生了有地域特色的精神寄托。这种民间信仰，从现实回望历史，是应该得到尊重和宽容的。

三北的渔民风俗，与浙东沿海其他地域的渔民风俗，形式上都有共通之处，如打新船要敬天地神祇，出海要谢洋，驾船打鱼有许多民间禁忌等，只是在民俗事象细节上各有所异。一方水土，有一方风俗，这就是所谓"十里不同风，百里不同俗"。也正是这种因地制宜、因人而异的民俗，才使中华民间风俗多姿多彩，百花齐放。

本书还记录了丰富的渔业原生态称谓，如：涨潮处捕捞为"赶潮头"；打鱼撒网称"忽流星"；把船舱里积水舀出去，叫"抲水"；出外洋捕鱼遇上成群的黄鱼、鲳鱼或鳓鱼，称为"打蛋"；等等。书里还有渔具的各种别称和鱼货的有趣别名。书中还记录了渔业产品加工技巧，如盐渍、矾腌、糟醉、摊晒、风干等传统的海产品加工手法，这是渔民千百年来生产实践中的智慧结晶，颇显地域特色，也是珍贵的非物质文化遗产。作品对民间海鲜饮食也做了具体记述，如生食、水焯、清蒸、煮烤、红烧、油煎，以及放汤起羹等，很好地保留了原汁原味的渔民烹调技艺，对今天舌尖上的美味传承具有鲜活的现实意义。而在"海地文脉"一章中，作者着重考察记录了三北的民间文学，十多则民间传说，多是鱼类的传说，如"龙山黄泥螺传说""黄甲蟹的传说""虾鳗的传说"等,独具地方特色。"渔谚"部分,则是渔民生产生活的经验积累,体现智慧,富有哲理。如"千网万网,候着一网""正月十四暗,乌贼爬上岸;正月十四亮,乌贼装装样""风前不可撑,风后不可让""八月蛏,一条筋;八月鳗,抵只鸭"等,这些渔谚有效指导了渔业生产,具有实用科学价值。文中记录的渔民歌谣和渔乡竹枝词,也具有一定的文学价值和历史价值。

综上而观,作者瞄准一个专题,全方位深入采风搜集,记录整理了三北地区的渔业生态、渔业生产和渔民生活民俗,这对于挖掘保存历史文化,抢救保护民间文化,无疑是十分重要和必要的。这对于贯彻落实习近平同志和党的十九届五中全会提出的"建设社会主义文化强国"精神,大力弘扬优秀传统文化,创新社会主义先进文化,推进美丽乡村建设,全面振兴乡村,无疑具有重要的现实意义。我敬佩作者的文化自觉精神,也赞赏他出于对家乡文化自信的坚定,耐得住寂寞,经得起艰辛,几十年矢志不渝做好一项有意义的文化抢救保护工作,将它当作事业做,当作兴趣做,持之以恒,终成一部厚重的著述。我真诚地向他祝贺,将本书推荐给大家欣赏,并应邀为本书作序。

庚子年冬月

(序作者系宁波市民间文艺家协会名誉主席,宁波大学兼职教授、硕士生导师)

序二

邱雄飞

"靠海"一词,流传于浙东民间,本义为人们在海滩、海水中获取海产品的一种劳动形式,维系生计的一种经济活动,也可引申为人类依凭海洋并与之交融的一个人文过程。本书所记述的是浙东三北一带住民靠海的自然背景、历史细节和文化生态。

三北南枕翠屏山脉,北濒杭州湾潮海,因横跨原镇海、慈溪、余姚三县北乡而得名。明清时,这里还被称为"山北",镇海、慈溪属宁波府,余姚属绍兴府。这三县的县城设在山南,县境内的经济、文化交流有些阻隔,而山北的村镇、田野连绵百余里,自然地理和山水形胜十分相近,物产难分彼此,修筑海堤和抵御外寇时又合力同心,长期以来所形成的地缘、人文关系和相似的基因,织成了一体化发展的雏形。20世纪初,这一带居民交往更为密切,渐渐跳出行政区域的局限,由"山北"这个地理名称演化为"三北"这个通用的地域概念,并广泛使用,遂成口耳相传的常用名。1954年10月,上述三县行政区划调整,三北地域与变更后的慈溪县境基本叠合,两者融会一体。1956年,庵东盐区也划入慈溪县。1979年，慈溪县泗门区与余姚县龙南区对调，形成了现慈溪市境域区划。从历史发展和文化传统来看，三北这个地名不啻为一个光阴的载体、精神的符号，它蕴含了丰富的时空信息，凝聚着悠久的地域民情，我们把它作为本书题名的定语，旨在求得历史传统保留和现实世界变迁之间的平衡。

三北向海而生，人们靠海吃海。

翠屏丘陵下一马平川，处处回荡着渐行渐远的涛声潮音，脚下褐土，积淀了不知多少与靠海相关的人文印记。只要我们踏步三北田野，走进海边人家，再望望滩涂，读读史书，打开古人、今人的记忆闸门，就能领略到茫茫潮水依依不舍回归东海的北行轨迹，欣赏到男女老少踏着泥涂拾螺捡蛤的宏大赶海场景，还能看到一拨拨弄潮儿立于潮头布网追鱼的飒飒雄姿，听到昔日街市海鲜摊贩生动的叫卖声、唱喏声……

"天地容涵三北人，晨昏涌动两潮来。"那广袤的三北浅滩，水涨时成溟，潮退后显形，细软油亮的滩涂上，泥螺、蛳螺不藏不掩，多似星辰；小蟹、弹胡动如脱兔，来去无影；朗蛤、缢蛏潜穴幽居，悠然自得；梭鱼、章跳玩潮戏水，活蹦乱跳。不远处便是灰鳖洋渔场，那里海水盐度高，饵料丰富，洄游的黄鱼、鲳鱼、鲥鱼、海蜇、白蟹等常于此栖息繁衍，一群又一群，一代接一代，极具生命活力。过去，泥螺、鲻鱼、蚶子、鲍鱼、龙头鱼等许多海鲜，千里迢迢进贡皇上；如今，海蜇、鳗苗、沙蚕、虾干等大批海产品，游出国门换取外汇。龙山镇、庵东镇还分别挂上了浙江省"泥螺之乡""青蟹之乡"的金字招牌，光华夺目。

雪泥鸿爪，靠海岁月痕迹不灭。

当地先民渔猎起家。翠屏丘陵南麓的河姆渡文化遗址，出土了六七千年前的木桨、船形陶舟、倒刺骨镖等渔具，和鲨鱼、鲻鱼、青蟹等一些水产品骨骸，表明当地住民早就开始与潮海鱼蟹打交道了。公元前505年吴越海战时,吴王曾率兵在附近海域大量捕捞石首鱼(黄鱼),以添补军粮不足。秦汉后,一批又一批移民,散居于龙山金夹岙至石堰陈山这逶迤百里的翠屏丘陵傍海处,于老林狩猎,涂海捕鱼,坡地垦荒,山窑烧瓷,滩荡煮盐,尽管后来海岸线不断北移,许多行业消失,可人们在滩涂上捡螺拾蛤、在潮水中捕鱼缉蟹,从未消停过。海上张网、流网捕捞的历史也较早,同属镇(海)北帮的澥浦和龙山,是浙东流网捕捞的起源地,时间"可上溯至宋代或宋以前"。明代倭寇猖獗,清初盗匪充斥,两度海禁,众多渔民无奈歇业。清康熙年间,朝廷颁发"展海令",出海船只增加,渔业生产复苏。抗战期间,日寇抢掠渔船,"清乡"封海,三北海洋捕捞业再度窒息。抗战胜利后,民国政府腐败无能,靠海人不堪重负,渔业经济衰落。

1949年5月,三北解放,人民政府制定"先恢复、后发展"的渔业生产指导方针,发放贷款和救济金,组建渔业生产互助组、合作社,捕捞产量逐年上升。1958年冬,各地以大公社(区)为单位成立了渔业大队,各配备了一对机帆船。由于受"大跃进"、浮夸风及"平均主义"影响,当时的渔业生产有点畸形发展。后来,调整了基本核算单位,恢复按劳分配制度,生产方式得以改观。

党的十一届三中全会后,推行联产承包责任制,突破了分配上的"大锅饭"。同时,组建了慈溪县水产局,加强行业管理和水产技术推广工作。后来,又逐步放开海产品购销政策,渔民生产积极性空前高涨。20世纪80年代后期,贯彻"以养为主,养捕结合"的方针,许多人加入耕海牧渔的队伍,以求自然再生产与经济再生产的有机结合。

三北靠海人日月随行,缱绻于无涯的水潮中,在翻动的浪花中捞出了一个个金银色的希望。

当地靠海技艺五花八门,犹如一本厚厚的书。先人们始为徒手采捕、棒打石击、芦竹围拦、镖钩扎钓,至驾船入海捕获鱼蟹,渔法不断翻新。那些长年立于潮头的弄潮儿,钟情大海,心系舟网,以古人之规矩,开今朝之生面,借他人之所长,化自身之优势,张网、流网、串网、跳网、扳网、撬网、打(旋)网、拖(牵)网、游丝网、丝拉网、缉(腰)网及延绳空钩钓、饵钩钓、无钩有饵钓等各类渔具在三北潮海纷纷亮相,令人眼花缭乱。还有竖小串、弹胡、撬尖鳗、踏赤鳝、放拉钓、缉鱼虾、搭大棚、抲小笆、放丝拉、牵沙蟹等众多身手不凡的靠海人,也活跃在滩涂、浅潮上,其中好些人跨越渔耕(盐)两业,起早摸黑,抢着潮水、赶着时辰追逐梦想。

"鱼盛捕者众。"三北潮海犹如一口大鱼缸,也似一个大舞台,除了上述那些功底扎实的"专业演员",还有数不尽的以拾螺、捡蛤为主的业余靠海者。早前,每当桃花绽放、螺蛤旺发时节,海边男女老少不约而同,有的驶着泥马船,有的徒步,成群下海,堤下滩涂到处有人,至于捡多捡少,那就看各人的本事了。可以说,在三北海边长大的上一辈人,个个都有靠海的履历,有的村子说成"全民能渔"也不为夸张。

旧时,靠海人家境贫寒,生活艰辛。那些初来乍到、无依无靠的外来移民,多从滩涂捡捕入手,以图生存。出海抲流网、张网的专业渔民,光景更为凄楚,他们浪迹海天,栉风沐雨,不舍昼夜,辛勤劳作,还受鱼行盘剥,盗匪欺凌,个中苦衷不言而喻。那潮海云谲波诡,变幻莫测。风平浪静时,鸥鸟鸣啭,大海长天一色;遇上暴风暗礁,樯倾船翻,凶多吉少,不知有多少人葬身海底。新中国成立后,穷苦渔民翻身做了主人,生活日趋安定,尤其党的十一届三中全会后,生活水准大幅提升。与旧社会相比,当代渔民有两个最显著的变化:一是生活无虑。无论集体化生产时期,还是改革开放以后,渔民的年收入和人均收入都超过了当地农民、盐民,率先达到了小康水平。二是出海安全有了保障。苎麻网改成塑料网,木帆小船变为机动船,气象预报及时准确,导航设备先进实用,近捕远捞无须担忧。

靠海往事,蕴含于历史,而渔乡习俗,彰显的是一个区域的人文特色。

序　二

过去,三北靠海人信奉海神,也传承着出海谢洋、船上禁忌、海鲜加工等一些颇具特色的行业习惯。这些风俗,显示了先辈对大海的崇拜,对神祇的敬畏,对事业的执着,对人生的希冀,对现实的无奈,对美好的追求,也反映了人们"让心灵里少一分惶恐,生活中多一分踏实"的质朴情愫和自慰心态。

大海的足迹,虽在风雨洗礼中慢慢远去,但许多靠海吃海的传说故事、民歌民谣、谚语俚话及民间诗词,仍世代相传,流散在人们口头上,保存于人们的记忆中。这些民间文学作品,通俗上口,生动形象,把老百姓的实际感受与艺术想象融合在一起,荡漾着幻想与现实和谐的余音,也似社会生活的一面镜子,折射出一个地方古老而又不易流逝的风情。

三北靠海人驾船布网,接受大海的恩赐,让父老乡亲品尝到凡俗生活中"透骨新鲜"的滋味。市街上售卖的海鲜,大多"眼睛还会眨,嘴巴还会嘎,脚爪还会爬,身子还会跳",早晚皆有。当地人家餐桌上总能见到鱼鳗蟹虾,口福着实不浅。20世纪80年代初,龙山一带渔民与当地厨人挂钩,在329国道旁创办了"老牌""姐妹"等一些小型酒家饭店,专打潮涂小海鲜招牌,红极一时,开启了三北、宁波海产品特色餐饮服务之先河。此后,以海鲜为主的特色餐饮店在三北城乡遍地开花,受本地和外地食客青睐,"一发而不可收"。

往事千秋,辰光不再。随着时代的前进,靠海的新方法、新渔具、新技术应运而生。串网、流网、拉钓、打网、挑捕等许多传统捕捞技艺,有的已被放弃,有的行将消失;麻网、栲灶、荡钩、竹筒浮子、瓦石沉子、竹笆等一大批道具也淡出了"靠海吃海"舞台,再也难以目睹它们的芳容;千人撮泥螺、摊网牵沙蟹、金钩荡弹胡、浮海缉鱼虾、脚凳柯横流等好些曾在海岸线下演绎的生动情景,也将尘封在我们这一代人的记忆里,或许过不了多久,就会随风消逝……

靠海田野调查和文化研究,是一件很有意义的事情。因为我们的目的不仅在于应用田野调查中所获资料,更在于留存一种承先启后的文化符号,弘扬一种积极向上的精神理念。笔者在海边老家虚度了三十多个春秋,年少时驾驭泥马船撮过泥螺,戽过涂函,成年后曾浮浴蓝海,推网破浪,缉鱼追蟹,还与海闸管理员一起观测,编制了一张龙山海域每日潮水涨退时间的"潮候表"。进城工作后,节假日也去新堤塘看海,去老码头采风,近来又走访了八十多位老渔民和业内人士,搜集整理了三北海洋渔业相关的一些资料,试图为地域文化研究和传承,做点拾遗补缺的工作。

本书正文共十章。前两章为当地海洋环境、水产资源情况,第三至第七章记录了靠海的实操手法与产品销售方式,后面三章阐述的是渔人生态、渔家习俗及渔乡民间文学方面的内容。

千年潮未落,扬帆再起航。今朝,站在新筑的塘堤上,一望无际的潮涂生机盎然,开发之势方兴未艾;身后一座滨海新城,正在昨日的滩荡上拔地而起,成了家乡腾飞的骄傲。我们坚信,明天的三北大地,将更为壮观;明天的三北潮海,将更为出彩;明天的三北靠海人,将更为风流!

目　　录

第一章　海洋环境

第一节　海陆变迁
　　海　岸 …………… 002
　　滩　涂 …………… 005

第二节　潮海天候
　　潮　流 …………… 007
　　潮　候 …………… 008
　　天　气 …………… 009

第三节　海洋渔场
　　灰鳖洋近海渔场 ………… 011
　　舟山群岛一带渔场 ……… 012
　　长江口和黄海渔场 ……… 013

第四节　港湾码头
　　古代港口 ………… 015
　　一港多用 ………… 017
　　新建码头 ………… 019

第二章　水产资源

第一节　栖滩海鲜
　　贝　类 …………… 022
　　鱼鳗类及沙蚕 …… 027
　　蟹蛄类 …………… 030
　　藻　类 …………… 032

第二节　居潮水产
　　鱼鳗类 …………… 034
　　蟹虾类 …………… 039

第三节　洄游性鱼蟹
　　海间洄游性鱼蟹 ………… 042
　　河海间洄游的水产品 …… 048

第三章　传统渔具

第一节　渔　船

单人划撑的无帆小船 …… 053

木帆船 …………………… 056

机帆船及机动船 ………… 061

第二节 网罟

织网 …………………… 065

栲网护网 ……………… 067

配套网具 ……………… 069

第三节 其他渔具

钓具 …………………… 071

杂具 …………………… 072

导航、助渔设备 ………… 074

第四章 潮涂采捕

第一节 徒手捕

捡螺蛤 ………………… 078

捉蟹 …………………… 080

抲鱼鳗 ………………… 082

摘紫菜 ………………… 084

第二节 网捕

敷网 …………………… 085

缉（腰）网及横流、小笆、大棚
 ………………………… 089

牵网 …………………… 095

小串和朗网 …………… 102

第三节 钓捕

垂钓 …………………… 105

插钓 …………………… 106

荡钓 …………………… 108

第四节 其他捕法

笼筒弶捕 ……………… 111

刀撬、钩子钩、锄挖 …… 112

其他器具捕抲 ………… 115

第五章 浅海捕捞

第一节 张网

高桩 …………………… 118

反纲（杠） …………… 121

反捕（四平窗） ……… 124

老虎窗（箅网搁串网） … 126

大网 …………………… 130

挑捕 …………………… 131

抛钉（大捕） ………… 134

鳗苗张网及浮子网 …… 138

虾子张网 ……………… 140

第二节 流刺网

小流网 ………………… 142

大流网 ………………… 145

游丝网 ………………… 149

第三节 高串、跳网及地笼网
  高串 …………………… 153
  跳网 …………………… 155
  地笼网 ………………… 156
第四节 打网、拖网、撬网
  打网 …………………… 158
  拖网 …………………… 159
  拖风 …………………… 160
  撬网 …………………… 161
第五节 钩绳钓
  延绳空钩钓（活水拉钓）… 163
  延绳有饵有钩钓 ……… 166
  延绳有饵无钩钓 ……… 169

第六章 人工养殖

第一节 探索历程
  旧时粗放养殖 ………… 172
  当代试养成功项目 …… 173
  尚未推开项目 ………… 177
  海水养殖管理 ………… 179
第二节 人工养殖模式
  内塘海水养殖 ………… 182
  平涂养殖 ……………… 183
  低坝高网养殖 ………… 184
  滩涂蓄水养殖 ………… 185
  "渔光互补"养殖 ……… 186
第三节 养管技术
  泥螺养法 ……………… 189
  海瓜子养法 …………… 190
  大弹涂鱼养法 ………… 191
  缢蛏养法 ……………… 191
  青蟹养法 ……………… 193
  南美白对虾养法 ……… 193

第七章 产品营销

第一节 旧时海产品交易
  海鲜买卖 ……………… 196
  传统集市 ……………… 198
第二节 当代海产品购销制度
  自由购销 ……………… 203
  计划购销 ……………… 204
  派购议（换）购 ……… 204
  市场开放 ……………… 205

第八章 渔人生态

第一节 生产方式
  旧时生产组织形式 …… 210

集体所有制生产模式 …… 212
　　改革开放后的生产方式 … 213
第二节　主管机构和行业社团
　　主管渔业渔人的行政机构… 216
　　渔人社团组织 ………… 218
第三节　靠海往事
　　靠海的人 ……………… 221
　　渔民生活 ……………… 224
　　赶海旧景 ……………… 227
　　抗御外侮 ……………… 230
第四节　竞业精神
　　勤劳务实 ……………… 232
　　坚韧图强 ……………… 234
　　博采众长 ……………… 235
　　自觉超越 ……………… 237
第五节　三北弄潮儿
　　潮海奇人赖尧传 ……… 239
　　拉钓高手王恩来 ……… 247
　　张网人家 ……………… 251

第九章　渔家习俗

第一节　海神信仰
　　护海神 ………………… 258

　　龙山妈祖娘娘庙 ……… 264
　　胜山庙会 ……………… 268
　　坎墩妈祖祭文 ………… 270
　　敬晏公、拜龙王 ……… 271
第二节　渔船风俗
　　打新船 ………………… 273
　　出海谢洋 ……………… 274
　　船上禁忌 ……………… 275
　　鼓船花灯 ……………… 276
第三节　涉渔习惯
　　作业术语 ……………… 278
　　船员称谓 ……………… 279
　　渔具别称 ……………… 280
　　鱼货俗名 ……………… 282
　　海鲜售卖 ……………… 284
第四节　产品加工技艺
　　盐矾醉糟 ……………… 287
　　摊晒风干 ……………… 291
第五节　海鲜传统食法
　　生食水焯 ……………… 297
　　清煮、清蒸、清烤 …… 301
　　红烧油煎 ……………… 305
　　放汤起羹 ……………… 308

第十章 海地文脉

第一节 传说故事

泥鳗船 …………………… 312

龙山黄泥螺 ……………… 313

海蜇皮 …………………… 315

黄甲蟹 …………………… 316

虾鱙的故事（三则）……… 318

箬鳎与虾鱙 ……………… 319

清蒸鲥鱼 ………………… 321

带鱼和黄鱼 ……………… 321

小黄鱼独吞 ……………… 322

鲳鱼尾刺 ………………… 323

七姐妹山 ………………… 324

"三八廿八" ……………… 326

海少女巧对县老爷 ……… 327

第二节 靠海渔谚

史话类 …………………… 328

捕捞类 …………………… 329

潮候气候类 ……………… 331

渔人类 …………………… 334

海产类 …………………… 336

事理类 …………………… 339

第三节 渔歌渔谣

渔民生活类 ……………… 342

劳动类 …………………… 344

海鲜类 …………………… 347

第四节 渔乡竹枝词

山北乡土集（录十六）…… 350

凤湖竹枝词（录二）……… 354

淹浦竹枝词（录五）……… 354

白湖竹枝词（录一）……… 355

姚江竹枝词（录三）……… 355

浒山竹枝词（录一）……… 356

坎镇竹枝词（录一）……… 356

海村竹枝词（录四）……… 356

参考文献 …………………………359

后　记 ……………………………361

第一章 海洋环境

　　息壤现三北，沧海成桑田。翠屏山下一马平川，无处不回荡着渐行渐远的海涛声。脚下褐土，沉淀了不知多少个伴海驱海、靠海吃海的故事。

　　三北地理实体的形成，是一个漫长的历史过程，累积了一系列与海洋相关的自然与人文印迹。

第一节　海陆变迁

三北向海而生。

如今的城镇、田野,以及纵横的江河、道路,本在"翠屏山外打鱼船,一片汪洋都不见"的波涛之下。日升月落,滔滔海浪无休止地磨砺自然山岸和人工堤坝,又悻悻退却。山下陆地母腹般隆起,岸线不时外凸,形成了丘陵、平原、滩涂、海洋的台阶状地势。

海　岸

据史书记载,约 2 亿年前,三北一带已隆起成陆,经多次地壳构造运动和间歇性火山喷发,地表发生皱褶、断裂,形成南高北低的倾斜式地貌骨架。后几次海侵,时为浅海,时为陆地,距今约 5000 年前开始,翠屏山丘陵

◇翠屏山北麓的涂山(属匡堰镇高家村)成陆前为海中孤山,是一处小型的河姆渡文化遗址

逐渐裸露,北麓下滩地潮涨潮落,成为湿地、沼泽。

海陆以岸为界。距今约2500年以前,受杭州湾涌潮动力作用,江海泥沙沉积加快,近山一带滩涂淤涨,当地先民筑塘围涂,沿山平地、潟湖渐次脱离海洋,形成一条由山丘基岩、土坡和御潮散塘组合而成的锯齿状海岸线。传说秦代时,达蓬山东、北麓下即为大海,徐福带着百工千童在那里启航东渡。据《中国历史地图集·扬州刺史部》记载,西汉时东横河已经形成,河北濒海。[1]汉唐后,雁门大岙至横河石堰沿山一带,潮海相望,一拨拨外来移民集聚山岙、谷口、高墩、平地,于老林狩猎,坡地垦荒,山窑烧瓷,滩荡煮盐,涂海捕鱼。当时,五磊山北麓山脚不远处亦为一片潮涂,后人传有"宓家埭,牵沙蟹"民谚。灵湖桃花岭下回峰寺(后改名正觉寺)建于五代周广顺元年(951),那时海边惊涛声与寺院钟鼓声回荡,留下了"海风拍枕灯初暗,山雨打窗人正寒。料得此轩秋更好,怒涛推月上阑干"的诗句。[2]

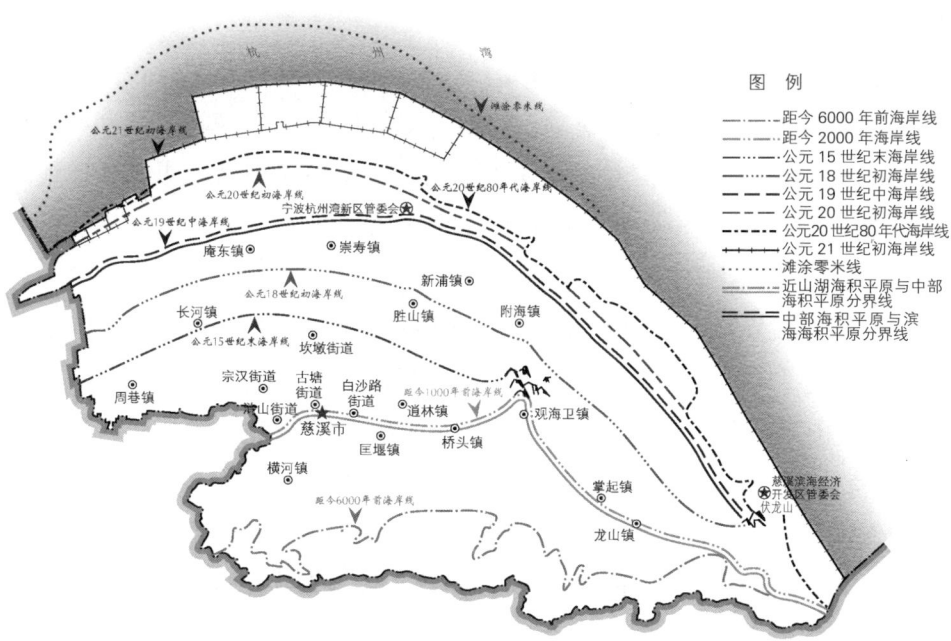

◇慈溪市海岸线变迁示意图(图源《慈溪文化鸟瞰》)

海塘是海陆变迁中人文因素物化最具象的形态。纵观历代三北居民，莫不以修筑海塘为头等大事。灵湖傅家塘、樟树王家埭等一些以塘、埭为名的早期散塘，都在宋代及宋前建成。"秦海，汉涂，唐灶，宋民居"，为三北近山平原海陆演变的生动概括。

海塘一条一条向北修筑，大海亦一程一程往后退让。见之于地方文献的大规模筑造捍海塘堤，当推北宋动建的大古塘。大古塘由西向东，横亘三北及上虞县境，滨海百姓寸土斗汗，历经三百个寒暑，才使之贯通，使当地岸线移至临山—周巷—浒山—樟树—观海卫—洋山—淞浦下三眼桥—施公山—龙头场一带。

11世纪后，当地百姓围涂筑塘活动更趋频繁，陆地不断北扩。15世纪末，慈溪县境的海岸线移至长河—坎墩—观海卫北—龙头场下洪村—雁门石塘山北一带。到了18世纪初，又北进至周巷三江口村—建塘乡牛角尖村—新浦高桥村—东山乡营房山北—五洞闸乡大岐山—伏龙山即四塘一线。

至20世纪中叶，从大古塘开始，原余姚、慈溪北部及镇海伏龙山以西部分已先后筑了7—9条海塘，伏龙山以东筑了3—5条海堤。这900多年来，浒山至庵东纵断面岸线外移了11.7千米，师桥至高背山纵断面岸线北进了7.5千米，伏龙山东段岸线也向东北推进了1.3—2.6千米。岸线外移速度，中西部地区明显快于东部地区。[3]

新中国成立后，海涂继续淤涨。党和政府十分重视塘堤建设，除加固御潮海塘外，又先后围筑了2—4条堤塘，岸线北移速度更快，瀣浦山、蚶子山、海黄山等一些海岛也成为陆地山丘。如今，慈溪市海岸线已达78.5千米[4]，皆为人工筑造的塘堤。

雪泥鸿爪，岁月留痕。三北一带自远古海平面升降之后，经历了原始陆地、海涂潮汐地、新生陆地三种地理形态，岸线节节北移，海陆不时变迁，留下了许多特定的远年标识和海洋记忆。

滩　涂

三北浅滩位于杭州湾南岸,涂面宽广、平坦、连片,东起雁门大岙闸,西至曹娥九塘闸,呈弧形浮于杭州湾潮海中,为浙江省最大的滩涂。滩面有机质含量高,水肥饵丰,宜鱼、虾、螺、蛤、蟹、鳗等海洋生物自然繁衍和人工养殖,是当地靠海者的主要作业场所。

据浙江省围垦局第四次滩涂资源调查(1998—1999)成果显示:慈溪全境海岸线至平均海平面滩涂面积140.5平方千米,海岸线至理论基准面(吴淞高程零米)滩涂面积416.7平方千米,中部滩涂南北最宽处有10.7千米,东部最窄处为2.5千米;坡降比0.1‰—1.0‰之间。[5]

三北浅滩属淤涨型岸涂。千百年来,随江海泥沙的沉积,一直呈微涨趋势。1930年后,滩涂涨速明显趋快。据1965—1986年龙山码头、海黄山、四灶浦、高王路江九塘闸和长河水库等地定点观察,龙山码头外滩涂平均年涨43米,海黄山一带年涨220米,四灶浦下年涨164米,高王路江闸下年涨357米,长河水库外侧年涨200米。[6]至今,三北浅滩外涨趋势依然未变。

◇三北浅滩

受潮流、季节、气象等因素的影响,涂面升降呈现明显的周期性,即大潮淤积,小潮冲刷;每年3—8月淤涨,9月至翌年2月冲刷;台风、暴潮期冲刷,过后淤积。综合测算,滩涂泥沙淤积大于冲刷。

各段滩涂的淤涨幅度和稳定性不尽相同。东、中部的滩涂处于相对稳定状态,很少坍陷,东部海涂涨幅相对较小,向外推进速度较为缓慢,中部海涂涨幅大,使浅滩扇形弧度不断外凸。西部长河水库至周巷水库外侧岸滩，20世纪以来很不稳定，民国二十八年至三十年（1939—1941），连续几次大面积坍陷，岸线南退，后来又逐渐回涨；20世纪七八十年代又发生多次坍涂险情，甚至出现"三年两头坍"现象；2011年，余姚段面筑坝围涂，西三潮流沟北移，涂面才趋稳定。

在当地滩涂自然淤涨的同时，当地人采用了人工促淤措施。1964年在龙山甸山闸附近试筑丁坝，首开三北海涂人工促淤之先河。后大力推广，沿海各地分段建造丁坝及丁坝群、顺坝、网坝，促淤效果明显。

滩涂中分布着一些由淡水排放和潮汐作用所形成的自然流沟。出海闸外的流沟，俗称"浦梢"；处于其他潮间带滩涂上的，中西部一带叫成"湾""潭"，东部地区称作"泓"。流沟多为南北走向，长千米至数千米，宽两三米至几十米，深0.3米至2米，潮涨时海水入沟，潮落时有的见底，有排涝能力，无蓄水功能。

三北浅滩沉积物细软，盐度偏高，东部上层涂泥为粉质黏土，中西部则以砂质粉土为主，平均粒径在0.01—0.05毫米之间。表层淤泥多为高压缩性易触变质土，呈饱和流塑状态，高潮线以上泥土表面略有固结，高潮线以下行走时会出现不同程度下陷。

滩涂南部近岸处长有成片三棱草、大米草、芦苇等耐盐植物，杭州湾跨海大桥一带涂地已被辟为国家级自然湿地保护区。

【参考文献】

[1]《横河镇志》编纂委员会编：《横河镇志》大事记，方志出版社，2007，第12页。

[2] 王亘：《清风轩》，见洪锡范主修《镇海县志》卷三十六，上海蔚文印刷局，民国二十年（1931），铅印本。

[3] 慈溪市地方志编纂委员会编：《慈溪县志》，浙江人民出版社，1992，第168页。

[4] 慈溪市地方志编纂委员会编：《慈溪市志》，浙江人民出版社，2015，第2页。

[5] 慈溪市地方志编纂委员会编：《慈溪市志》，浙江人民出版社，2015，第300页。

[6] 慈溪市地方志编纂委员会编：《慈溪县志》，浙江人民出版社，1992，第170页。

第二节　潮海天候

三北潮海,气候温和湿润,潮流来往相对规正,潮水涨落大体与岸线平行,潮差较大,潮候变化有规律可循。

潮　流

三北滩涂潮间带较宽,游弋在潮流中的水生动物很多,渔业资源丰富。潮间带是界于高潮线(涨潮最高潮位时潮头那条水线)与低潮线(退潮最低潮位时潮尾那条水线)之间的地带,即从潮水涨至最高时被淹没的地方开始至潮水退到最低时露出水面的那片滩涂。

每日高潮线、低潮线位置都有所变化。农历每月十二至十八、廿七至翌月初三为大潮,俗称"大水",潮流急,涨得高,退得低;初四至十一、十九至廿六为小潮,称为"小水",流速缓,涨不高,退不低。一般来说,夏天白天潮位低于夜间,俗称"晒煞潮";冬季则反之,夜间潮位低于白天,称以"冻煞潮"。此外,风、雨等气象因素也会影响潮位的高低。

杭州湾为国内潮差最大的海湾。1988年前慈溪海域平均潮位(以吴淞高程零米为基准)2.10米,最高潮位5.33米,最低潮位-0.55米,年平均潮差2.53米。[1]在天文大潮与热带风暴相遇时,会出现特高潮位。农历月首和月中为潮汛顶峰,初八、廿三左右为潮汛低谷。

当地海域潮流多为往复流,深水部位涨潮流向几乎与岸线平行,流向角从东到西逐步变小,龙山断面为325度,新浦断面为317度,庵东断面为270度;落潮流向一般为135度,在庵东为44度。涨潮流向为西北方向;

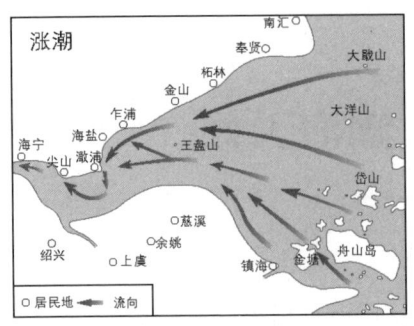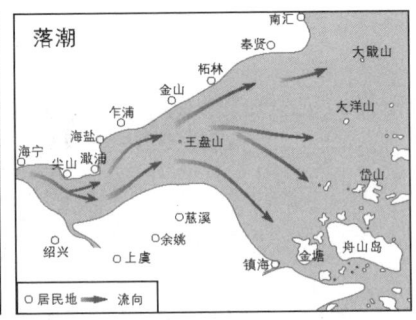

◇杭州湾海域涨潮落潮流向示意图（图源《慈溪文化鸟瞰》）

落潮流向为东南方向，流速由西向东不断辐散，挟沙能力相应降低。海黄山处涨潮流速平均每秒 0.69—1.28 米，落潮流速平均每秒 0.59—1.01 米。[2]

潮水透明度不高，大部分时间水质混浊。潮水含盐量低于外海，盐度平均值在 1.14‰—1.08‰ 之间，东部略高，中西部稍低。常年水温 5.6℃—30.4℃，年均 17.2℃。[3]

潮　候

潮汐是由月球引力而产生的水位定期涨落现象，潮月同步。千百年来，潮水往复循环，每月逐日昼夜相对，一天涨落各 2 次。月亮初升和落山时，潮水始涨，月亮升于中天时，潮水涨平，即每月农历初一、十五在早晨、黄昏始涨，正午、子夜涨平；潮水始涨、始退时间一般每天推迟 40 多分钟，以农历半个月为一个周期，一个月完成两个轮回。

龙山至海黄山一线，有舟山群岛作屏障，为不规则半日潮，海黄山至西三一带为正规半日潮。涨潮历时 6 小时左右，落潮历时约 6.4 小时。

明嘉靖《观海卫志》中有篇《潮汐论》，是这样描述当地潮汐变化规律的："大率元气嘘吸，随气而涨敛；溟渤往来，顺天而进退。日者，众阳之母，阴生于阳，故潮附之于日。月者，太阴之精；水者，阴类，故潮依之于月。是故随日而应月，依阴而附阳。盈于盈望，消于朏魄，亏于上下弦，息于朒朓。

故潮有大小焉,今潮起月朔夜半子时,平于地之子位四刻一十六分半,月离于日夜之晨。次日移三刻七十二分,对月到之时,以日临之,次潮必应之。遇月望,复东行,潮附日而又西应之。至后朔之时四刻一十六分半,日月潮水亦复会于子位。于是知潮常附日,而又旋以临子午,潮必平矣。月在卯酉,汐必尽矣。或迟速,消息有小异,而进退、盈虚,终不失于时,期也。"[4]

在《潮汐论》前,还列有一张潮汐表,记述了每月逐日、昼夜各次潮水涨、平、涸的时辰,具体清晰。现代,当地水文站和一些海闸管理人员也常定点、定时观察潮汐变化,所测到的每天潮水涨退时间与那张"潮汐表"的时辰相近,几百年来没有什么变化。

当地下海渔人晓知涨潮、落潮、大潮、小潮、早潮、夜潮及回头潮的变化规律。鱼行员工、行贩,乃至常买海鲜的家庭主妇,也略知潮水涨落时间和潮候民谚。东部地区的靠海人,一般随退潮下海,涨潮返还。西部海滩因涂宽路远,坡度微小,有时潮水涨速快于步行,因此下海的人须于始涨前一小时返回,避免发生溺亡事故。

天 气

当地潮海属亚热带季风气候区,冬夏稍长,春秋略短。1988—2011年平均气温在17.1℃左右,夏少酷暑,冬无严寒;平均年日照总时数1850.7小时,阳光充足。7月为高温期,最高不上41℃,寒冷的天气在1月,不低于-8℃,气温变幅不大。[5]

当地四季分明。春天冷暖空气交替频繁,忽冷忽热,气温波状回升,雨水增多,偶有倒春寒和晚霜,对滩涂人工养殖的种苗培育、生长带来不利影响。初夏及梅季雨量集中,温度、湿度同步提高,容易造成海产品变质和麻网腐烂;盛夏时受副热带高压控制,高温晴热,时有雷雨,常现伏旱;7、8、9月时有台风过境,常伴暴雨,若碰上天文大潮,易发生堤毁、渔船倾翻和人员伤亡的事故,乡人俗称"做风潮""做风水"。秋季天高气爽,气温逐渐下降,昼夜温差增大;晚秋时节少雨、偏旱。冬季天气干燥晴朗,早晨见霜,少有雾霾,冷空气不时南下,形成寒潮,每年能见雪花飘飞。

当地潮海风向、风浪多变。夏天及初秋盛行东风、东南风,冬季常刮西北风、北风,春秋两季风向不定,春多偏南风,秋多偏北风。受风区限制,海浪相对较小,海天平静时,湛蓝一片,风景独好,风潮来临时,疾风怒号,浊浪排空。一年四季常有风暴出现,如正月十三"上灯暴",二月十九"观音暴",三月廿三"娘娘暴",六月廿四"雷公暴",九月初九"重阳暴","九月廿七风","十月五风","冬至暴",等等。自宋代以来,三北一带曾出现60多次飓风及海啸、海溢、海沸等极端天气,溺死者众多,海船倾覆无数。[6]

【参考文献】

[1]慈溪市地方志编纂委员会编:《慈溪市志》,浙江人民出版社,2015,第228页。

[2]慈溪市地方志编纂委员会编:《慈溪市志》,浙江人民出版社,2015,第228页。

[3]慈溪市农业志编纂委员会编:《慈溪市农业志》,上海辞书出版社,2014,第63页。

[4]周粟等编纂:嘉靖《观海卫志》卷二《潮汐论》。

[5]慈溪市地方志编纂委员会编:《慈溪市志》,浙江人民出版社,2015,第210页。

[6]慈溪市地方志编纂委员会编:《慈溪县志》,浙江人民出版社,1992,第148页。

第三节　海洋渔场

人们把有经济价值的鱼类洄游、索饵、繁殖集聚的海域，称为渔场。三北渔民知晓海洋鱼蟹的生长和游动规律，汛期时常去灰鳖洋、舟山群岛周边水域，以及长江口、黄海等地渔场进行捕捞作业。

灰鳖洋近海渔场

灰鳖洋是个大鱼池，盛产鮸鱼、鲻鱼、鲳鱼、大黄鱼、马鲛鱼、海蜇、梭子蟹、鲻鱼、梅鱼、鳗苗及虾类等海鲜，为三北靠海人流网、张网、串网、游丝网、活水拉钓作业的传统水域，现在仍有几十家单位在此捕捞。

灰鳖洋为慈溪、镇海、岱山、定海等县（市、区）共有海域，北起火山列岛，西北毗连王盘洋，西达慈溪、镇海沿海，南承甬江口，东至金塘、长白、岱山等岛，间有七姐妹山及四平头、东霍、西霍等岛屿。灰鳖洋水深5—10米，海底平坦，长江、钱塘江、甬江淡水汇集于此，泥质好，饵料丰富，自然条件优越，被列为经济鱼种保护和增殖区域。

灰鳖洋为我国鮸鱼、黄鱼主要产卵场之一，以前产量很高。春分至立夏时节，为小黄鱼汛期，立

◇回港渔船

夏至夏至期间，是大黄鱼汛期，鱼群由南向北、由东向西游向近海产卵。早在公元前 505 年吴越海战时，吴王曾率兵在附近海域大量捕捞石首鱼（黄鱼），以添补军粮之不足。[1] 1974 年至 1976 年，镇海口东北至伏龙山一带，大黄鱼旺发，产量达 500 余吨，后因资源衰退，形不成鱼汛。1981 年，宁波市水产研究所拖网调查，在慈溪、镇海交界的澥浦山附近捕获了十余尾已产卵、性腺为 6 期的鲵鱼，平均体重在 5 千克上下，表明那里仍为鲵鱼产卵地。[2]

每年 7 月、8 月，为杭州湾口海域海蜇汛期。当地靠海人常用张网捕捞，旺产年份，沿海农民还撑着舢板船、河泥船用抄网撩捞。20 世纪七八十年代，加工后的海蜇常年产量在 20 吨左右，畅销国内外，其中 1975 年产量最多，年产达 500 余吨。[3]

春夏鲳鱼、马鲛鱼、鲵鱼、鲨鱼、大黄鱼、鳓鱼汛期时，当地流网渔人有一条传统的捕捞线路：退潮时，船网自伏龙山下漂流至东霍山南，涨潮时转为西北方向，经西霍山、长檀山、扁担礁后，至崇寿外海王盘山起网，此为"走南水"。拔网回程时，有的也"走北水"，即再次出网，循着退潮沿原路漂流至龙山海域收网。镇海澥浦、舟山沥港等外地渔民，也常走此线溜鱼。夏汛后，当地渔民改流网为沉网，驶船去东霍、西霍、黄礁一带岛礁缝中，选低潮时作业，渔获物以鲵鱼、毛鲿为多。

舟山群岛一带渔场

鱼群洄游以生态自然条件为规律，渔民海上作业不为海洋行政区划所限制，大家循着鱼汛竞往各地渔场捕捞。三北靠海人大多在当地浅海捕捞，部分扪大流网、张网的渔人，有时也出外海作业。

除灰鳖洋外，当地渔人在本省海域捕捞作业，主要往东南方向的黄大洋、大目洋、猫头洋、渔山、大陈等舟山渔场，和东北方向的嵊泗一带渔场。

外出扪大流网的渔人，每年元宵节后着手准备，捕捞路线自南往北，入网水层由深转浅。一般农历二月初就南下大陈、渔山洋面,捕捉潜于海底的鲳鱼,然后再转至灰鳖洋、浙北及外省洋面捞捕其他海货。秋冬溜梭子蟹,大多在花鸟山、嵊山至渔山一带渔场,自北向南、从西到东追捕,布网水层由浅入深。

当地靠海人称舟山一带海岛为"下山"。明末清初,龙山、邱王、澥浦等地一些渔人,常去岱山一带海域捉流网、张网,年长日久,有的渔人在岱山岛西部摇星浦、栲网山等地定居,后来繁衍成村。他们的后人,现在仍来三北老家探根祭祖。

长江口和黄海渔场

早前,三北渔民也北去吕泗洋、佘山和大戢洋渔场作业。

夏季鳓鱼汛期,当地捉流网的渔民,先往吕泗洋(俗称"下洋头"),后转至佘山东北和大戢渔场(俗称"上洋头"),渔期自谷雨至大暑三个月,以芒种至夏至为旺季。1949年4月,龙山西门外村渔民赖尧传和其他10位船员,正驾着木帆船在那里捉大流网,不料遇上一艘国民党炮艇,被劫持去温州运送物资,后借机逃脱。1963年梅夏,龙山公社渔业大队社员在那里捉流网,曾一网捕了2000多斤鳓鱼。

秋季流(溜)蟹,过去也去长江口和吕泗洋海域,汛期为三个月,立冬后结束。渔获物以梭子蟹为主。

蟹汛结束,有的大流网船还北上黄海,赶冬春带鱼、鲨鱼汛期。20世纪60年代时,龙山一带的大流网船仍去济州岛西北海域捕捉鲨鱼,汛期自霜降至翌年初春。

20世纪70年代初,杭州湾口和崇明一带海域鳗苗旺发,当时,三北沿海渔民有300多只各类张网船出海进行捕捞。20世纪90年代起,当地许多渔民前往上海、江苏一带近海捕捉鳗苗。

近年,长江口刀鱼旺发。2019年早春,金昌含、陈建中等好几个龙山渔人,驾驶着载重量 30 吨以上的抛钉(大捕)张网船,去那里捕抲刀鱼。

【参考文献】

[1]周科勤、杨和福主编:《宁波水产志》,海洋出版社,2006,第 1 页。

[2]周科勤、杨和福主编:《宁波水产志》,海洋出版社,2006,第 64 页。

[3]慈溪市地方志编纂委员会编:《慈溪县志》,浙江人民出版社,1992,第 301 页。

第四节　港湾码头

秦汉唐时，翠屏丘陵北麓有好几处港湾，地理形态不错。宋后，大古塘及以下的岸线，似乎全是泥涂上筑成的人工堤坝，港口自然条件不太理想。尽管如此，人们还是因地制宜，在每个时段都建设了许多可供渔船及商船、兵船停泊的码头。

三北外海，有宁波通往金山、钱塘通往定海等几条古海道，当地出海船舶以前常走这些水路。

古代港口

秦汉时，翠屏山北麓海岸线曲折蜿蜒，海湾港汊众多。相传大蓬山下凤浦岙口为徐福东渡启碇之地，几十条大船由此扬帆出海，20世纪50年代

◇相传达蓬山下凤浦岙为秦代徐福东渡启航之处

曾出土过古船舱梁、桅杆；往东三里的雁门岭下，也有一处叫"跳头"的船埠，传有"九十九只挑捕船，九十九格石阶窗"的民谣。后来海水北却，在其下方的石塘山旁，又建了一处"下跳头"船埠，明代抗倭时成了龙山所水兵泊船之处。灵湖方家河头村河口叫"黄埠湾"，相传因产黄鱼而得名，后来这个港湾成了上快船江的水运码头。长溪岭下孝埠头、东埠头和里杜湖边的西埠头等一些古代码头，更是沉淀了一千多年前的海洋史迹，据说三国时东吴军队曾在这一带操练过水师。杜湖、白洋湖、上林湖、银淀湖等一些沿山潟湖及东横河一线，都有出海渔船停泊的港湾。

旧时，海船多能进湾入浦。清光绪《慈溪县志》载，明代以前，自镇海沿海而西接慈溪余姚界，外国洋舶随处可停泊登岸，故汤信国于慈溪筑观海、龙山卫所两城，以资保障。据任永江先生考证，至晚在宋代庆历年间（1041—1048），古窑浦已开渠通航，并在卧床桥侧设置水闸（后称上闸），后又在大古塘一侧设置下闸。明嘉靖年间，古窑浦称为古窑港，为鸣鹤一乡之关纽。[1]

位于观海卫城北的浪港山旧时背海，东北方又有一脉向头（营房）山作天然屏障，是一个避风的港湾。浪港山的银山岭东和北面、油车江中段，有三处古代流传下来的地名：大船埠头、大漕头、大门湾，据说都是古代泊船的港口。[2]明代慈溪学者冯柯在《浪港山赋》中有"维此山之蹲踞，作波海之樊篱"的描述。明宣德年间（1426—1435），观海卫后所指挥陈观人督造洋浦塘闸，成为当地重要的出海浦口。

明清期间，三北平原自东至西有梅林浦、金墩浦、镇龙浦、灵峰浦、淡水泓、淞浦、古窑浦、裘家浦、淹浦、高背浦、翁家浦、方家浦、徐家浦、龙舌浦、郑家浦、洋浦、半掘浦、新浦、沙滩路江、水云浦、一灶江、周家路江、高王路江、大门路江、大路头江、垫桥路江、周家路江及临海浦等三四十条纵向主干出海河道，与之相交的横向海塘处，都建有海闸、港口。由于当时的御潮海堤大多堆土而成，缺少自然优势，除少数渔船集散地有石砌堤岸及道头外，大多设施简单，无像样码头，大船、洋舶难以靠岸。同时，又因海岸线和出海船只的泊位不时外移,所建港口的使用年限都不是很长。

一港多用

过去,三北一些较大的渔港码头,帆船辐辏,商贾云集,也是青瓷、卤盐及其他当地土特产品外运的出口处。到了战时,常用作军港,泊靠兵船。

唐宋时期,当地越窑青瓷外销及原盐等物资运销多由沿海水路转运。唐、五代、宋初时,上林湖的青瓷,通过东横河至姚江再抵明州港的内河运输,或由东横河、洋浦出海至明州港两条路线出口,后随越窑青瓷中心产区转移,大多青瓷产品由洋浦、淹浦、古窑浦出海运至明州港,为海上丝绸之路的一个起点。[3]

清康熙二十二年(1683),浙江海氛安靖,朝廷开放海禁,改设浙海关,辖17处口址,其中三北地区有古窑、邱洋两处口岸。口岸主要职能为征收和验查本口岸舶船的货税,制发船只出海许可证和贩卖许可证,查处违禁物品,对禁榷货物进行收买、出卖、保管和解送。雁门梅林浦畔的"邱洋税关"关署,现主体建筑尚保存完好,2011年1月被慈溪市人民政府公布为文物保护单位。

民国期间,龙山轮埠在三北一带最有名气。码头位于伏龙山东镇龙浦口,始为土堤道头。1912年,在上海经商的龙山籍人虞洽卿创办了三北轮埠公司,用了3年时间,于此建成可泊百吨级船舶的轮埠码头,开通上海、宁波、舟山等地航班。码头悬建于潮涂中,连接航运站台、内河船埠的堤坝,长1000米,宽7.5米,高6米,下打大松桩,夯衬乱石,再叠大石块浆砌,堤面铺以轻便铁轨,用小火车驳货、运客。堤西筑有高1.6米防浪墙,渔船可停靠、避风。由于泥沙淤积,港道日浅,后来仅用作渔船码头。

抗战全面爆发后,上海、宁波等沿海城市相继沦陷,铁路、公路、港口被日寇封锁,大小渔船、商船严禁通行,商货滞积。观海卫及庵东与上海、舟山隔海相望,大量客商及货物涌入这里,原先并不起眼的小码头顿时繁忙

◇龙山码头上方1千米处的三北轮埠公司营业房（摄于20世纪30年代）

起来。舟山一些渔民、渔商为寻找水产品销售市场，进入观海卫一带港口交易，鱼汛季节每潮大小渔船多达近百艘，日上市量2000多担。[4]段头湾、古窑浦、高背浦等一些口岸也成了"海上门户"，共产党领导的苏北、浦东抗日武装，分批在此登陆，许多抗战物资，也在这里进行海陆中转。

在战时，一些港口往往被用作水军基地。观海卫浪港山、古窑港，龙山所金墩浦、邱家洋，三山所校场山下及临山卫西海浦等处港口均为明军军港，设兵船哨守。据明嘉靖《观海卫志》记载，卫直属有二百料官船1只，八橹快哨船10只，十桨飞船10只；龙山所有鹰船3只，投官报效苍船5只，白艕船5只，改造过福船12只。倭寇也常选港口码头为登陆点，上岸骚扰，"嘉靖三十五年，贼舡船据古窑，突犯慈溪，流害不可言。今拨鹰舡系泊于古窑港，往来巡哨不辍。"龙山金墩浦，"所北一里，北通大海，西接凤浦渔市泊船之处。贼船自东北来者，亦由此系泊，以犯龙山而灾慈溪、定海内地。嘉靖三十八年，贼围龙山，此其登岸处也"[5]。嘉靖《临山卫志》载，临山卫战船共计50只，四百料战船18只，二百料22只，十架飞船10只，三山所另有鹰船1只。[6]

第一章 海洋环境

新建码头

新中国成立后,当地政府加强渔港建设、管理,促进了海洋渔业生产和水产品流通。

20世纪60年代海涂围垦,伏龙山下原三北轮埠码头废弃,在新塘外建造了龙山渔港。新建的港口具一定规模,常年有几十艘中小渔船泊靠,1990年12月,被农业部命名为第二批群众渔港。2003年,又一围涂工程竣工,龙山码头下延了250米,可停泊800吨船舶,堆场面积达2000平方米。

2001年,龙山渔业码头和范市渔业码头、杭州湾小安渔业码头等被列入宁波市三级群众码头创建计划。[7]2002年全国渔港普查时,龙山渔港、西三渔港登记入网。[8]

◇如今的龙山渔港

新建的西三码头位于建塘江闸东,分设两个泊位。一个泊位于1997年10月动工扩建,码头平台长24米、宽10米,栈桥长57米、宽5米,为高桩梁板式结构,可停靠300吨级兼靠500吨级船舶,由市西三港务服务中心经营;另一个泊位由杭州湾大桥指挥部和慈溪市政府联合投资建设,2003年11月竣工,码头平台长53米、宽12米,栈桥长75米、宽7米,为高桩梁板式结构,可靠泊500吨级兼靠1000吨级船舶。后受围垦及流沟变动等影响,航道淤积,虽经大力疏浚,但收效甚微。2007年7月,码头废弃。

现在,三北一带有镇龙浦、淡水泓、淞浦、高背浦、徐家浦、半掘浦、水云浦、四灶浦、陆中湾、三八江、建塘江及临海浦等直河出海,浦口旁均设有简易码头,供海船靠泊。

◇泊于出海浦口的渔船

【参考文献】

[1]任永江:《古窑港变迁》,《慈溪史志》2018年第1期,第75—76页。

[2]莫非:《为何名称浪港山》,见莫非、樵风编著《闲话观海卫》,沈阳出版社,2011,第59页。

[3]任永江:《古窑港变迁》,《慈溪史志》2018年第1期,第75页。

[4]慈溪市水产局:《慈溪县渔业史》,见慈溪市档案局档案,慈溪市水产局1988年卷。

[5]周粟等编纂:嘉靖《观海卫志》卷一《山川》《龙山所》和卷二《战船》。

[6]朱冠等编:嘉靖《临山卫志》卷二《战船》。

[7]周科勤、杨和福主编:《宁波水产志》,海洋出版社,2006,第144页。

[8]慈溪市地方志编纂委员会编:《慈溪市志》,浙江人民出版社,2015,第875页。

第二章 水产资源

三北滩涂土质细软，油亮肥沃，泥螺、朗蛄俯拾即是，时蓝时黄的海水，风月无边，水肥饵丰，洄游鱼蟹荟萃于此。常见的海产品有鱼类、甲壳类、软体类，也有多毛类、腔肠类及藻类，品种达100多个。据《慈溪年鉴（2018）》记载，2017年慈溪市海水捕捞产品产量0.21万吨，产值0.87亿元；海水养殖产品产量1.67万吨，产值6.55亿元。

从生长、栖息环境来看，当地海产品大体可分为栖滩、居潮和洄游三大类。

第一节　栖滩海鲜

三北浅滩涂面宽广,集中连片,土沃饵丰,适宜许多涂生动物栖息成长,也有利于贝类、鱼类、甲壳类海产品的人工养殖。

贝　类

当地滩涂上的自然贝类,栖于软相质岸涂中的有泥螺、海蛳螺、彩虹明樱蛤和各种朗蛤、蛏子、蚶子及石蟥等,它们滤食硅藻类等微生物。生长在岩相质礁石上的,只有蛎黄1种。

泥　螺

泥螺为软体动物,含吐黑沙,当地人也称"吐(方言念若'肚')铁",庵东一带叫"涂涕"。其壳细薄,呈卵圆形,具细微环纹、纵纹,无螺塔和脐;肉体如手指甲般大小,舌盘像拖鞋,露于外面,不能全部缩入壳内;背身浅褐,肚下灰白,偶有几粒呈琥珀红,色相靓丽。

泥螺外裹一层黏液,形成一件护身的泥花衣,据说这是"百鸟不食泥螺"的缘故。爬动时,泥螺伸长舌盘缓行;遇潮涨、寒冻或风雨,即潜入表泥避之,无固定藏身洞穴。

◇新鲜捕获的泥螺

泥螺多栖于潮间带中涂,退潮后常爬伏于积水浅洼处觅食,不藏不掖,任凭靠海人采拾。桃花盛开时,泥螺旺发,此时体内无泥无菌,口味最佳;中秋时节所产的"桂花泥螺",品质也不错,稍逊于前者。

三北泥螺产量高,质地好,名气大,为当地小海鲜典型品种。2020年9月,"慈溪泥螺"成为国家级农产品地理标志。龙山黄泥螺为地产泥螺中的精品,口碑甚好。伏龙山原为海中孤岛,葡匐的山体宛如一粒硕大泥螺的化身,那儿的潮间带涂泥细软,表面好像浇了黄油,富栖硅藻,所产的泥螺,粒大,舌长,壳薄,体黄,脂厚,肉糯,味鲜,含丰富的蛋白质及多种维生素,人们常把它作为外访亲友的伴手礼品,《慈溪文化集萃·慈溪百品》一书中对此做了专门推介。

海蛳螺及玉螺

海蛳螺,学名锥螺,当地人也称"草蛳螺",爬伏在涂面上,多如星辰。它们与泥螺"厮守"一起,"不离不弃",虽相形见绌,但不卑不亢,悠然自得。

当地产的海蛳螺,呈褐黄色,长锥体,要比内河蛳螺苗条得多,可细分为黑纹尖尾、黄纹断尾两种。前者称"铁螺",食时有苦味,大多长在中、下涂;后者称"铜螺",味稍美,多见于上涂草滩中。此外,还有一种形如海蛳螺、个头细小的海螺,叫"小草螺",退潮后常吸附于芦苇茎叶上。

清明时节的海蛳螺味道最佳,但过去一般不上餐桌,仅供小孩闲食,因此捡拾的人不多。21世纪初,当地餐饮业者开发海鲜特色产品,把少有人问津的海蛳螺列入了酒家菜单,还派专人候在海边收购,靠海人一上岸,筐中的海蛳螺往往被秒杀一空,身价因此骤升,每斤能卖到一二十元。现在,当地海涂养殖户也把野生海蛳螺作为副产品,适度采养。

三北的海岸线下面皆为泥涂,没有沙滩,潮水混浊,不利于硬壳海螺生长,除海蛳螺外,只有一种俗称"玉(肉)螺"的海螺。玉(肉)螺学名织纹螺,色泽黄白、灰褐,形态圆滑,与泥螺栖于同一区域,但较为少见。

海瓜子

海瓜子,学名彩虹明樱蛤,为埋栖滤食性双壳贝类,或称为"梅蛤""扁

◇对捡获的海瓜子进行分拣

蛤",姚北一带也叫"黄蚬",龙山大岙及漾浦一带则称"黄肝"。海瓜子大多栖息于潮间带中区和下区上方,入涂不深,盛产于初夏时节,过去有大、小年之分。

海瓜子天生丽质,小巧玲珑,犹如一颗南瓜子,白皙底色上透泛红晕,绝对为佐酒极品,在满桌菜肴中往往最先光盘,有人称为"天下第一鲜"。

三北海涂是我国彩虹明樱蛤成品和苗种的主要产地,广布于龙山至四灶浦滩涂上,过去捡拾者众多,有本地的,也有外来的。现在,海涂经营户都放养着海瓜子,一部分成品销往宁波、上海等长三角城市,收购价一直在每斤100元上下,春节、中秋时价格更高。

蛤蜊及其他朗蛤

朗蛤即蛤类海鲜统称,属埋栖型贝类,潜于涂下。"朗蛤珠圆独我乡",清代范市文人范观濂在《山北乡土集》中称:"朗蛤四时皆有,春初更美,惟我乡及余邑有之,他处不惟无见,并不闻其名也。"

蛤蜊,学名为青蛤,龙山一带称作"蛤皮",为当地朗蛤中的大家。蛤蜊与海瓜子栖息在同一潮间区,卵壳扁圆形,小者如外衣纽扣,大的似酒盅口;两扇贝壳坚实,各具同心环纹,呈黄褐、灰白、青紫、淡红等色晕,颜值高,肉质美,食客青睐,酒家、饭庄视为海产珍品。

当地产的朗蛤,以黄蛤产量为最高。黄蛤学名四角蛤蜊,也称"黄跟",龙山一带叫成"朗夯",其形态与蛤蜊相近,多呈黄白色,有的带有黑圈,个头比蛤蜊小些。此外,当地海涂还长有一种叫"歪嘴朗夯"的朗蛤,有人也称"扁口""海畅",其模样、个头与大海瓜子相仿,壳扇稍厚。与蛤蜊相比,黄蛤及"歪嘴朗夯"的名、颜、味俱逊,有人将它们形象地比拟为过去大户人

◇街上售卖的地产蛤蜊、黄蛤、海瓜子、蚶子、蛏子、沙蟹、和尚蟹、赤鳝等小海鲜

家的"小姐"与"丫鬟"。

当地产的文蛤，是不久前从外地引入的。文蛤生活在河口潮间带和浅海的泥沙中，外形如蛤蜊，光亮艳丽，但盖壳还要大，还要厚实，过去人们常取其壳盖盛放治疗皮肤开裂的蛤蜊油。20世纪末，慈东一带养殖户连片养殖文蛤，出口创汇。文蛤肉质鲜美，营养丰富，但不对当地居民口味。

21世纪初，海涂大面积围垦，蛤蜊及黄蛤产量明显下降，文蛤也不再养殖了。

蚶　子

蚶子，学名泥蚶，当地产的称作"银蚶""血蚶"。其体形比毛蚶小，两枚外壳约长2厘米，呈扇圆形，表面黄白，瓦楞细布，绞合部有许多垂直的小齿突。蚶子雌雄异体，生活在风浪小、潮流畅、有淡水注入的软泥滩涂里。

小寒至正月是蚶子最肥的季节，肉肥血多，营养丰富，是宁波、三北一带宴席和过年时家庭餐桌上少不了的菜肴。《慈溪文化集萃·慈溪百品》中专设"龙山蚶子"一节，说其在唐代就被列为"珍稀贵品"，千里迢迢进贡长安。

当地海涂人工养殖蚶子有较长的历史，后因海水盐度不足，就停止了。

现在当地居民所食蚶子,皆为外来产品。

蛏 子

蛏子,学名缢蛏,长 5—7 厘米,宽近 1.5 厘米,两片贝壳四角钝圆,色泽褐黄、灰白,壳沿带有黛圈。蛏子穴居,潜泥比蛤蜊深,一般为蛏身的 4—6 倍,天热时稍浅,地寒时趋深。

蛏子喜欢生活在有淡水流入的涂面。它的两根水管(斧足)发达,与涂面水气保持联系,洞口的两个穴眼,就是水管的出处。静养时,水管向外伸出,一碰就缩入壳内,还会喷出水来。

蛏子为当地传统海鲜,肉质厚实、鲜美,清明时节尤为肥壮,当地渔人常以钩捕,称以"勾蛏子"。早先,当地靠海人也放养蛏子,20 世纪 90 年代后,开展大面积养殖。

当地海涂中还有一些叫麦秆蛏、石灰蛏的野生蛏子,个体稍小,天气炎热时常被"潮头水"烫死。

蛎 黄

蛎黄,学名牡蛎,其块垒相叠如房,附吸于潮间带礁石上,因此也写为"蛎房"。

蛎黄大多雌雄异体,天然繁殖。上、下两壳形状各异,上壳表面粗糙,呈暗灰、黄褐色,中部隆起。下壳内面白色光滑,较窄一端有韧带相连。

当地的蛎黄,以前主要生长在澥浦山、海黄山、七姐妹山等岛礁、岩壁及一些临潮石塘上。渔人使用撬刀、旋凿进行采敲,取其内肉,上岸后去街市售卖或自食。蛎黄肉嫩味鲜,生熟皆宜,营养丰富,其壳还可烧制石灰。

21 世纪初,当地海管部门在灵峰浦至淡水泓塘下 600 多亩海涂上试养过蛎黄,惜未成功。

石 蟥

石蟥俗名很多,有"海乌龟""乌沙鳖""海癞蛤蟆""海鰯""土海参"等,是一种用肺呼吸的贝类涂生动物。

石蟥全身裸露,无首无壳,也没有骨头,软塌塌的。其体形呈卵圆、椭

第二章 水产资源

◇石蟥

圆形,玻璃茶杯底大小,背上有癞蛤蟆般的瘤状疙瘩突起,呈青灰并夹杂绿褐色。足部发达,但爬行速度缓慢。

石蟥要么匍匐在泥涂上,要么躲在苇荡草丛中,产量不高,初夏时稍为多见。因它长得丑,过去人们不去捡它、食它。后来,有人发现它是一种高蛋白、低脂肪并含多种氨基酸和微量元素的保健食品,就选作特色菜,上了酒家餐桌。食前,与鲨鱼一样,需进行"退沙",去掉附于表皮上的那层沙衣。其味有点像鲍鱼,每盘开价在百元以上。

2005年,庵东靠海人曾在海涂试养过石蟥。现在,爬伏于当地海涂上的石蟥已寥寥无几,物以稀为贵,市价越飙越高。

鱼鳗类及沙蚕

栖息于滩涂上的弹胡、泥鱼、海鳗、赤鳝、尖鳗及涂鳢,食补营养好,呈买卖行俏、价值升高趋势。

弹　胡

弹胡属刺鳍鱼科，因其在涂上滚打、跳弹得名。其形如小鳅，头大鳃宽，腹部有吸盘，穴居，退潮后跳之涂上觅食。弹胡生性机灵，静如处子，动如脱兔，稍有动静便飞快入洞，来去无踪，一般人可望而不可即。

当地海滩上的弹胡有两种。一种个头较小，学名弹涂鱼，俗称"野弹胡"，其肤色黄灰，双眼突出，新浦、逍林一带海边人叫"凸眼弹胡"，遍布于塘下涂滩上，食味一般，人们不去捕扪它。另一类个头相对较大，学名大弹涂鱼，庵东一带称以"华（夏）弹"，其褐色体肤上布有蓝白星斑，栖息于潮间带上中区，食味好，数量不是很多，当地靠海人常以竹筒、篾笼诱捕，俗称"谎弹胡"（有的写成"涨弹胡"），也有人用铁钩荡钓，称作"荡（宕）弹胡"。

大弹涂鱼虽生得黑不溜秋，其貌不扬，但肉质鲜嫩无比，具补肾壮腰、活血止痛等疗健功能，在东南亚一带被誉为"水中人参"，身价一直水涨船高。

近二十年来，海涂承包户在自家经营的海涂围上低网，开展大弹涂鱼人工养殖。

泥鱼和涂鳢

当地产的泥鱼，学名矛尾虾虎鱼，有的也称"海鲶鱼"。头部大，两眼间宽平，齿细密，体长5—10厘米，背色淡黄，披细小栉鳞，附有黏液，腹鳍具吸盘功能，能稳定于石崖上。

泥鱼为一年生鱼类，繁殖较快。早春时节，幼小泥鱼随潮游行，四处漂泊；夏季长成，行迹无定，有时潜游于潮间带，成张网、缉（腰）网、串网的捕获物，有时侵入沙蟹洞，鸠占鹊巢；农历八月后，身肥体壮，常入有水的斜曲泥洞中，穴口留下尾巴印痕及滤食过的泥土；生育后，鱼身变长变瘦，成了"老年泥鱼"，俗称"烂稻索"，渔人一般不去捕它。

泥鱼以小鱼虾和水蚤、涟虫作食物，肉鲜而不腥，风味独特，可红烧、清烤、酱爆、炖汤，回味无穷，为滋阴壮阳、活血舒筋的保健膳品。盛夏时节旺产，一时吃不完，就把它晒成鱼干，得农村饮酒者青睐。

当地潮涂还有一种叫涂鳢的海鱼，其学名叫沙塘鲤，形体与习性与泥鱼有点相似,个头稍大,常居泥洞与石缝中,靠海人常以篾笼诱捕或在岸堤垂钓。

箭鳗和赤鳝

箭鳗和赤鳝栖息在潮间带中、下区的泥穴中,也随潮出来活动。

箭鳗,也称"尖鳗",头尖,体细如筷,一尺多长,肤色与海(慈)鳗相似,以稚鱼、仔虾、蚤虫为食,三月出者为上品。其穴口为两个并列的小孔,香花般大小,旁围一晕青色泥圈,为鳗尾摆动所成。当地后海产的尖鳗,骨软肉肥,品质优于别涂。

赤鳝,学名红狼牙虾虎鱼,其长相有点像淡水河中小黄鳝,崇寿、庵东一带也称"虹鳅""沙鳅""江鳅"。赤鳝体长10—15厘米,肤色青紫,嘴牙整齐外翻,要咬人,但不疼。穴居时,头部朝下,喜食泥螺与小鱼虾,油菜开花及深秋时节其味最好。

箭鳗和赤鳝外形不佳,过去不登大雅之堂,有时还被喂鸡、喂鸭。平心而论,箭鳗红烧或与霉干菜蒸煮,清鲜香滑,口味不错。那赤鳝用酒糟滚煮,也不落窠臼,食之舌颊遗香,让人感受到家乡实实在在的老味道,传有"赤鳝滚糟,灶君菩萨跳灶"老话。现在,箭鳗、赤鳝也上了酒家餐桌,声誉鹊起,行情看涨,野生尖鳗每斤市价涨至近百元,说能补肾。

沙 蚕

沙蚕,俗称"海蜈蚣",系环节动物门多毛纲,软体类。三北滩涂上有双齿围、日本刺、无疣齿3个品种,栖息于有淡水流入的潮间带滩涂及海闸口、盐场草畈上,食浮游生物和涂中腐殖质。

沙蚕身形如蜈蚣,体长15—20厘米,圆柱形,两侧对称,后端收尖,有80—200个体节。每节两侧外伸疣足,长有刺、镰状刚毛,刺到皮肤就会红肿疼痛。

沙蚕为经济鱼类,素有海钓"万能饵料"美称,随着世界游钓业的兴起,其身价骤升。1979年开始,当地产的沙蚕作为钓鱼饵料,销往日本等国,1982年出口11.39吨。[1]当地海涂曾进行人工试养,未全面推开。

尽管大部分三北人不兴吃沙蚕,但也有人视其为一味美食。鲜蚕烹前先去涎腥,杂五辣煮之,脆美异常;若油炸,酥松香脆,为下酒佳肴。干货常作汤料,汁白如奶,味鲜至极。

蟹蛄类

当地海岸线下的滩涂、湿地,芦柴丛生,丝草成带,爬嬉、蛰伏着众多警觉机灵、生性各异、生动可爱的小蟹。

20世纪90年代后,海涂实行承包经营,推行涂产品人工养殖。许多经营者放养了泥螺、海瓜子、弹涂鱼,小蟹们生活习性不利于它们生长,就被人为遏制,现在海涂上已少见它们的形迹了。

沙 蟹

沙蟹体小,壳黑褐色,呈横长方形,眼柄较长,在洞内也可窥视到外面情况。雄蟹长脐,脚上生细毛;雌蟹圆脐,个头及螯均比雄蟹小些。

沙蟹胆小,感觉灵敏,它穴居于塘外几百米远的潮间带中,洞口留有足痕,堆着泥粒,潮退后出洞觅食,见有人影马上入洞躲藏,被称为"洞底沙蟹"。靠海者常以手扪、网牵、光照等方法捕捉。

沙蟹繁殖快,产量高,销量大,价廉物美,或油酱煸炒,或酒糟鲜烧,或酒醉盐渍,均为一盘大众化荤菜。

与沙蟹栖息在同一区域的还有一种长脚蟹,龙山人俗称"长脚蛮"。这种小蟹步足细长,甲体也小,较易捕捉,但肉味、身价、名气都不如沙蟹。

招潮小蟹

海塘下的平涂上、芦苇丛、草丝滩和出海浦梢旁,生活着许多个头与沙蟹相仿的小蟹。潮来时,它们迅速钻入洞内,潮退后,便出来觅食泥中有机质,故统称为"招潮小蟹"。这些小蟹不时变换洞穴,捕者以单手摸撅、竿线钓扎、铁钩钩拉等法抲取。

招潮小蟹小巧伶俐,大多背甲长方,壳纹艳丽,长有一对火柴棒般突出的眼睛。它们形色不一,名称五花八门。雌性的也叫成"红钳蟹""管门头蟹""食沙"等，两螯（大钳）很小，进食利落，一见人影如惊弓之鸟，慌忙入洞躲藏。雄性的称"管路蟹""大钳蟹""招潮蟹"等，生性勇猛，其一螯特大，形似裁缝剪刀，长度为甲壳一倍多，重量达全身一半，常舞动它来招引异性；若见人或其他动物，也不慌张，竖张大钳，边炫力示威，边向后退，若被它钳住，很难脱离。

◇招潮蟹与弹胡

栖息在滩涂的还有叫作棺材蟹（也称"箱子蟹"）、绷潮蟹、大水蟹、倭蟹等的一些小蟹。棺材蟹足有细毛，喜动却胆小，食时腥味重。绷潮蟹腿足、壳盖较硬。大水蟹体形稍大，貌似螃蟹，多在浦梢旁穴居。倭蟹背甲稍薄，壳面粗糙，色泽暗淡。

捕获的招潮蟹，当地人一般都作红烧鲜吃或揉成蟹浆，价廉物美，特别是雄蟹的那只大钳，其味让人难忘。

蟛元蟹

蟛元蟹，学名蟛蜞，书面写法和通俗叫法也很多，有"蟛越蟹""元宝蟹""螃元蟹""白牛蟹"等。其背甲方形，呈青灰、淡褐色，无花纹，两螯黄白、圆胖，个头与招潮蟹相仿。

蟛元蟹栖息于芦丛和草滩中，幽居简出，钻于洞里的时间要比观潮蟹、沙蟹长。过去，渔人常以手撅、锄掏、草戏、钩子钩等法捕捉。

蟛元蟹为滩涂小蟹族中闺秀，算得上无名海鲜中的上品。蟛元蟹最宜醉盐，那壳内的一抹黛膏，风味无穷，令人食之难忘。

和尚蟹

和尚蟹，学名短指和尚蟹，生活于潮间带中下区。其个头与蟛元蟹相近，甲壳呈半球状，紫白、灰黄色，形状好似和尚光头，故名。和尚蟹步足、螯可直行，不大会钳人。潮退后，常在涂面活动，遇人或水鸟等天敌时，旋转身体潜入泥中躲避，有时也埋入地下，滤食泥沙中的有机质和藻类。

和尚蟹甲盖坚厚，开启困难，足螯也很硬，用牙也咬不开，内肉、膏脂不饱满，过去没有人特意去捕捉它，只是在撮泥螺、捡蛤蜊时稍带一些来，让家里小孩闲食解馋。近来，许多酒家返璞归真，和尚蟹也时来运转，被选为新特食材，那味“和尚蟹冬瓜汤”也上了菜谱。

虾 蛄

虾蛄起源于中生代侏罗纪，各地叫法不一。当地产的虾蛄，学名黑斑口虾蛄，乡人俗称“虾皮弹虫”“瀨尿仆”以及“琵琶虾”“虾鲬虫”。“瀨尿仆”，方言念为“咋世仆”，本义为尿床的孩子，因它被捉时会从触角基部射出一股水来，故名。也有一种说法是小孩食后，可治遗尿症。

虾蛄身形怪异，属软甲纲，头胸甲小，身长 6—12 厘米，前缘中央有会动的眼节和角节，背驼腹扁，共 6 节 8 对附肢，第二对胸肢特大，像螳螂的前足，尾节宽短，后缘具有强棘。虾蛄性情凶猛，眼神锐利，靠海人捕抲时小心翼翼，一般从其后背下手。

虾蛄常居于泥中，以摇动腹部鳃肢管呼吸，有时爬于涂面，人们在撮泥螺、拾海瓜子时也能见到它；虾蛄水涂两栖，也会浮水蛙泳，时被张网、串网、缉（腰）网捕获。

虾蛄营养丰富，肉质鲜嫩，特别在春季，肥壮的背部尽是膏脂，味美可口，但因其模样古怪、表壳多棘，过去被视作低贱之物，遭人冷落。20 世纪 80 年代后开始受人青睐，上了大堂筵席。现在，当地海涂野生虾蛄已不多见，市场上批量售卖的多为外地进来的人工养殖品。

藻 类

当地藻类海产品种不多，只有长在岩礁上的野生紫菜和生在潮间带上区的苔条。

紫　菜

紫菜,红藻门植物,由盘状固着器、柄和叶片三部分组成。叶片以紫色居多,为单层或两层细胞构成的扁平膜状体。当地产的紫菜,为"坛紫菜",体长10—20厘米,体色紫褐,膜薄质细。

野生紫菜东一丛,西一簇,潮涨时没于水下,轻盈绵软,随流摇曳,退潮时露出海面,黏格格、滑腻腻的,紧贴岩面。紫菜属自养生物,一个冬春为一个采集周期。一般立冬后开始,能连收六七茬。立春前采择的称"冬菜",立春后收取的为"春菜"。冬菜生长缓慢,故以其为上。

过去,龙山一带海岛上生长的紫菜品质上乘。清全祖望《䔺》("䔺"即紫菜)诗自注:"定海(今为镇海、北仑和慈溪龙山一带)、昌国海岸有之,出伏龙山者著名。"

现在,许多海岛成为陆地,野生紫菜产地随之缩减,资源所存无几。龙山一带曾试养过紫菜,因自然条件制约,未能如愿。现在,当地人若要采紫菜,只能驶船去七姊八妹列岛了,那里的礁石上的野生紫菜,成色和数量不减当年。

苔　条

苔条,学名浒苔,属绿藻门植物。其藻体呈单条管状,长1米多,绿黄色,单生或丛生于潮间带中上区的滩涂及芦荡上。

冬至至翌年立春采捞的苔条,称冬苔;立春至立夏采捞的,称春苔;立夏至大暑采捞的,称夏苔。冬苔翠绿松脆,品质最佳,当地海边人家常于这个时段去采集。

采集来的苔条,经洗、拣、晒等工序后,制成干品。淡水洗的称淡苔条,海水洗的称咸苔条。苔条酥香清口,当地人常用菜油焙之做菜,与花生米合炒佐酒,有的用它煮汤下饭,炒年糕做点心,研碎后与米粉烘制成"苔条饼"。

【参考文献】

[1]慈溪市地方志编纂委员会编:《慈溪县志》,浙江人民出版社,1992,第301页。

第二节　居潮水产

三北海域潮汐规则，流速缓和，饵料丰富，水温、盐度适宜，鱼、鳗、蟹、虾等多种水生动物常年栖息于近岸潮海中。它们生命力强，世代恢复快，移动范围小，除鲻鱼、青蟹、黄貂鱼外，大多个头小巧。

鱼鳗类

常年游弋、栖居于当地近海潮流中的鱼、鳗品种很多，有梅鱼、箬鳎、鲚鱼、鲻鱼、梭鱼、小丈鱼、泥鱼、海奥刺、龙头鱼（虾鳐）、黄鲫和赤魟鱼（黄貂）、望潮等。

梅　鱼

梅鱼，学名棘头梅童鱼，俗称"梅鱼大（方言念若'陀'）头""梅沙"，《异

◇张网梅鱼

物志》曰:"梅熟,鱼来,故名。"当地近海四季有产,为主要经济鱼类之一。

梅鱼貌似黄鱼,头大口翘,嘴唇胭红,玲珑婉约,体长3—8厘米,生银白、金亮细鳞,弹跳力低弱,常随波逐流,成张网以及串网、缉(腰)网的渔获物。

梅鱼肉质由肌纤维较细的单个肌群组成,能保持较多水分,因而鲜嫩不腻,具健脑、开胃以及强筋骨、补肝肾等功效。那餐桌上的梅鱼,无论清蒸、红烧,还是渍盐烤烤、咸齑卤炖炖,均颜值不凡,鲜嫩无比,一箸入口,三春难忘。

箬鳎

箬鳎,学名半滑舌鳎,为比目鱼别类,也写成"肉鳎""舌鳎"。

箬鳎身子扁薄,表皮粗糙,形如牛舌,中生一根脊梁骨,左右不对称。长眼睛的一侧披栉鳞,棕红、淡褐色;无眼一侧生圆鳞,呈粉白色。浮游时侧身上下摇动,扭扭捏捏,煞是好看。

箬鳎喜栖水底,也随潮流动,渔人多用张网及串网、缉(腰)网捕捞。当地市场上售卖的地产箬鳎多为5—20厘米长,四季皆有,以中秋为佳,传有"八月鳎,抵只鸭"老话。箬鳎肉质细腻、滑爽,当地居民烹饪时,个头大一点的清蒸、红烧,小的盐渍烧烤。

鲚鱼

鲚鱼为溯河性鱼类,口裂倾斜,肤色银白、淡黄,身体狭薄,尾部细长,犹如一把尖刀,故也称"刀鲚",在海潮中捕获的叫"海刀",游入江河的也称"江刀"。

生活在当地潮海、浦口中的那种鲚鱼,一般体长6—15厘米,学名凤鲚,庵东一带把雌性的叫成"肉鲚",雄性的称作"膻鲚",也有人统叫为"油鲚""鲚毛"。它们春夏时集群在潮间、浅海产卵,不洄游内河,渔民用张网、串网、拖网、推(缉)网捕捞。

鲚鱼骨刺细密,人们常以油煎、油炸鲜食。炸鲚鱼堪称海鲜烹饪一绝,既过眼瘾,又享嘴福,还带有一丝江湖意味。旺产时,渔人将鲚鱼晒成鱼鲦,卖给当地居民作"长下饭"。

虾鳗

虾鳗,不属虾类,学名为龙头鱼,别名"虾虫鳗",常写成虾潺、虾鳣,庵东一带也称"画鳗",温台一带叫成"水鳗",当地有则民间故事把它描述成"东海小白龙"。

地产虾鳗体长 15—20 厘米,吻短,口裂大,颌里长有密密细牙,浑身玉白透红,光滑无鳞,柔软绵滑,水出汪汪,无一硬骨。它随潮游动,以小鱼、小虾为食。

当地近海虾鳗产量颇丰,以夏秋为旺,渔人多用张网捕捞。

虾鳗龙头玉体,富含蛋白质等多种营养元素,但过去把它归为低贱海鲜,贬称"烂虾鳗"。旺季时腌晒成干,俗称"龙头鲞"。现在,吃新鲜虾鳗的人多了,常与豆腐红烧,那"龙头鲞"行情也趋俏向好。

鲻鱼、梭鱼和三棱

鲻鱼、梭鱼和三棱均栖于咸淡水相交的潮海及浦口塘河中,喜蹦跳,以附于泥表的硅藻和小鱼虾为食,成长较快。它们的形态相似,一般人难以区分。

鲻鱼,俗称"乌眼",也写成"子鱼"。其头部平扁,口小,眼睑发达,鱼体青灰,纵纹暗绿,前胸钝圆,腹部亮白,尾部侧扁,尾叉大。当地捕获的成鱼,多在 30 厘米以上,大者可达 20 斤。

梭鱼,也属鲻科,当地人亦称"丈鱼""黄眼",其个头小于鲻鱼,眼睛略显金色,背纹趋黄,形似织

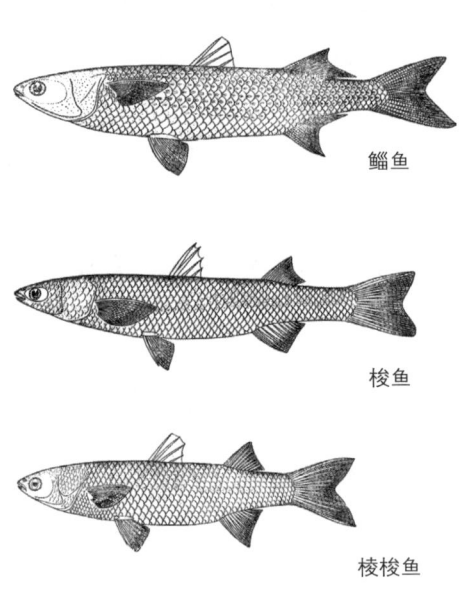

◇鲻鱼、梭鱼、棱梭鱼示意图

布梭子。梭鱼的体形,要比鲻鱼稍细长一些,眼圈也小一点。

三棱,学名棱梭,眼睛略大,体形相比梭鱼要小一些,背部正中有纵向隆起线,背鳍较挺,多栖息于浦口、塘河处。食时腥味较重。

三北各地对鲻鱼、梭鱼、三棱的称呼也有差异,如庵东一带人说鲻鱼也叫梭鱼、丈鱼,龙山一带人则称三棱为"淡水大头"……

串网、跳网、旋网、拉钓、横流及推缉(腰)网等渔具,都可捕拘鲻鱼、梭鱼、三棱。三棱繁育期早,上市亦早,元宵节一过便有批量售卖,梭鱼次之,鲻鱼最迟,传有"(油)菜花鲻鱼,小满丈鱼"民谚。

鲻鱼、梭鱼为当地传统大宗特色海产品,骨软肉细,腹背皆腴,桃花汛期捕获的为上乘,是古代岁贡海味。明代南京礼部尚书孙陞是横河孙家境人,他笃爱故乡,写了首夸鲻鱼的《怀归》诗:"思归夜夜梦乡居,何事南宫尚曳裾。家住越州东近海,鲻鱼味美胜鲈鱼。"清代范市文人范观濂也有同感,在他的《山北乡土集》中写道:"鲻鱼他处亦有,独我乡大佳。肉既细腻,骨中筋满,甚美,胜鲥鱼未有倍数,真鱼中大家也。"

20世纪90年代,当地开始梭鱼种苗繁育和人工放养。内塘养殖户常选梭鱼与南美白对虾混养。

小丈鱼

小丈(方言念若"咋",后同)鱼,龙山地区称为"屙(方言念若'倭',后同)贝",观海卫一带叫为"屙宝丈鱼"。小丈鱼貌如鲻鱼,体长5—14厘米,产量很高。部分小丈鱼长到麦收和梅雨季节,体形增大了二分之一,称为"大麦黄""梅黑眼";秋、冬季节捕获到的小丈鱼,体形更大,叫成"高(茭)脚白""红嘴巴"。有些靠海人说,小丈鱼长大后就是鲻鱼。

小丈鱼弹跳力好,比泥鱼机灵得多,

◇刚捕上来的小丈鱼与海鳗

常成群游于浅潮处,还不时跳跃戏水,人们多用缉(腰)网、丝拉网及百袋网捕捞。

小丈鱼骨软刺少,肉脂绵软,小满时节其味最佳。新鲜小丈鱼烤烤,是当地最常见的吃法;旺产时也晒成干,蒸后吃起来鲜滋滋、油沫沫、韧结结的。

黄貂鱼

黄貂鱼,学名赤魟鱼,当地人叫成"鯆鱼""咩咩鯆鱼",新浦一带也有人戏称为"马桶盖鱼"。黄貂鱼属近海底栖鱼类,产量不高,偶尔被拉钓及串网、张网、缉(腰)网等渔具捕获。

黄貂鱼体扁平,呈圆盘状,背红褐,腹乳白,边缘橘黄,小者如饭碗口,大则似小圆桌面;牙齿坚固,能咬碎蛎黄盖和其他贝壳;尾鞭细长,有枚锯齿状毒棘,人被刺后会引发剧痛、痉挛,严重的可能会危及生命。如把毒棘刺在树上,这棵树就会枯死。因此,渔人在捕捞和分拣鱼货时,十分小心。

黄貂鱼腥味较浓,肉质略粗,胶质丰富,食用时多以红烧或与咸菜炒煮。其鱼肉也可熬油点灯照明,具驱蚊功能;尾刺研末入药,据说有治疗胃病、肺病、咽喉炎等功效。

望　潮

望潮,学名短蛸,章鱼的一种。它栖于滩涂,潮汛涨来时,雄性望潮的触手上下舞动、摇摆,似与潮水在打招呼,故称。人们也借其这一特征,来判断潮水的涨落状况。

望潮个头较小,只有鸡蛋这么大,上部球状,胴部卵圆形,黄褐色,生肉腕4对,分8个爪,腕上长吸盘,粉红色,背面粒状突起密集,捕捞时如不留意,手足就会被吸盘粘住。望潮模样与墨鱼及鱿鱼有点相像,也有墨囊,但无明显内骨。

望潮以小蟹、朗蛤为食,渔期在春秋两季。质味以桂花时节为佳,三北居民多红烧或白灼食之。

蟹虾类

不洄游、定居于当地潮海中的甲壳类海鲜不多,主要为虾类和水涂两栖的青蟹、虾蛄,以及偶尔见到属肢口类的鲎。

青 蟹

青蟹,学名拟穴青蟹,古名"蝤蛑",俗称"黄甲(方言念若'格')蟹"。其甲背隆起光滑,青绿色,无长棘,略呈椭圆形,大者壳宽10多厘米。青蟹一生脱壳十余次,每蜕化一次就长大一些,脱壳前最为肥壮。青蟹生性凶猛,两螯强壮、威武,见人后不仅不避,反而戟指怒目,锋芒毕露,若被它钳住,十分疼痛,且会"放死钳",折断了也不松开。

◇青蟹、虾与梭鱼

青蟹栖居于潮间带泥沙里或滩涂水洼处,双目和触角灵敏,觅见鱼虾,弱肉强食。夏令夜晚最为活跃,有时随波逐流,在潮水中觅食,有时潜在泥里避暑,或用步足撑起体躯在涂上透风乘凉。天寒时节,青蟹进入休眠期,在潮间带穴居潜伏。对于游弋在潮水中的青蟹,渔人大多使用串网、缉(腰)网及地笼网捕捞。后来,人们在滩涂挖筑池塘,进行养殖。

青蟹为高蛋白、低脂肪食品,身价不菲。夏月捕获的野生青蟹尤为贵重,腥味小,满壳白肉黄膏,脍炙人口,列席之上品。

虾

虾为水中节肢动物,品种较多,栖游三北浅海的有白虾、红虾、对虾及毛虾、细螯虾、长臂虾等,其中以白虾为多。西部地区把"赶潮夏(鲓)菜"中的虾统称为"潮虾",龙山一带把网捕的虾叫为"张网鲜虾""串网虾"……

白虾学名脊尾白虾,也叫"白舱虾",在当地潮海广有分布。其体型中等,甲壳较薄,色素细胞少,呈半透明,腹背圆滑无脊。平时用步足在水底缓慢游行，如遭袭击，腹部屈曲，迅速弹跳逃避，"银钩劲似兰亭笔，只只冰须出浪花"的描述恰如其分。白虾繁殖期为春至秋季，通常幼体3个月后即可长为4—5厘米的成虾。秋后，也能见到许多"带子虾"（即抱卵虾）。

红虾，壳红、厚，比白虾略小，多产于农历四五月，习性与白虾相似。

野生对虾，也称"钩虾""黄虾"，比白虾和其他虾类个体要大，体色黄中透青，带环形花纹，常成对游行，成对出售，故名对虾。当地野生对虾产量不高，近来捕获的更为稀少。

当地渔民放养的对虾，主要有中国对虾、刀额新对虾和南美白对虾等，都是从外地引入仔苗进行人工养殖的。中国对虾也称"东方对虾"，原产于渤海、黄海一带，为一年生暖水性洄游虾类，生长速度快。刀额新对虾俗称"泥虾""基围虾"，分布于闽广和台湾一带，当地海域偶有发现。南美白对虾学名凡纳滨对虾，外形似中国对虾，对自然环境变化适应能力强，主要分布于美洲西海岸热带水域。2000年7月，当地科研人员从厦门引进南美白对虾虾苗，进行试养，后大面积推广，成三北海水人工养殖主要品种和新特产。

海虾肉质鲜美，营养价值高，无论过去还是现在，都是当地居民招待客人或举办婚筵时一盘不可或缺的高档菜肴。

虾　子

虾子，学名糠虾，也写成"虾籽""虾仔"，系墨氏胸刺水蚤、虫肢歪水蚤、无尾涟虫等小型浮游生物。

虾子体形微小，多呈玉白、青灰、淡黄色，繁殖能力较强，约10—15天产卵一次，三北渔民历来有用张网、拖网捕捞虾子的习惯。为保护和改善海洋生态，对虾子捕捞作业，现在有了新的规定。

虾子可鲜食，又可腌制，煮熟后呈棕褐色。古书谓其"鲜者味甘，腌者味咸甘，皆性温助阳，通血脉"，一些肾虚者常作补品食之。

鲎

鲎，俗称"马蹄蟹"，但它不属于蟹类，为鲎科成员，在地球上已生存了4

亿多年,是被称为"活化石"的动物。

它的长相有点吓人,有些怪,马蹄形的头胸部、分节的腹部和1根长而尖的尾剑,构成了特殊的体形。其头胸甲壳质硬,呈青褐、暗褐色,4只眼睛长在硬壳前端,嘴巴长在腹部中央,用于呼吸的鳃长在最后一对腿上,血液蓝色,尾剑有刺,用以防卫。鲎雌雄异体,雌性的个头比雄性大,到了春夏产卵时期,母鲎用身体在沙涂中挖坑,产下数千粒卵等待公鲎来受精,然后再返回海中。

鲎生活在浅海沙质海底。夏季活动于潮间带,常将身体弯成弓形,钻入泥中,用尾剑和最后一对步足推动身体前进,有时以背朝下拍动鳃片前行;冬季移于外海。鲎在地上最怕仰面朝天,因为它无法用长尾巴将身体翻过来,时间一长就会死去。

鲎的尾刺及腹内鲎珠可入药,有清热、解毒、止血的功效。根据2021年2月5日公布的《国家重点保护野生动物名录》,鲎科的中国鲎与圆尾蝎鲎为国家二级保护动物。

第三节　洄游性鱼蟹

海洋中有些水生动物,受索饵、产卵、越冬等生活环境影响,随季节变化,做定向、定期规律性成群移动。当地潮海有不少属于这种生态类的洄游性鱼蟹,它们大多在深海、浅海间游动,也有少数于内河与潮海间穿行。

海间洄游性鱼蟹

当地近岸浅海与外海间洄游的鱼蟹,体形大多比长年居潮的水产品大,常见的有大黄鱼、小黄鱼、鲳鱼、鲍鱼、鳓鱼、马鲛鱼、墨鱼、鲨鱼、带鱼、梭子蟹以及海蜇等。这些鱼蟹如候鸟一般,集群性强,洄游季节明显,大多于每年春夏自外海游至近海产卵繁衍,仔鱼(蟹)、幼鱼(蟹)逗留发育,长成后游回深海越冬。

大黄鱼、小黄鱼和黄姑鱼、白姑鱼

大黄鱼、小黄鱼和黄姑鱼、白姑鱼,均属石首鱼科,脑内藏有白石(硬骨),为暖水性洄游鱼类。新浦一带的人把大黄鱼叫成"石首",小黄鱼称作"春鱼"。

大黄鱼长约30厘米,口斜裂,吻圆钝,鳞片小,尾栖较长,通体见黄,每年清明前后自外海深水越冬区成群游至灰鳖洋等海域产卵,4—6月份为汛期,产卵后分散在浅海索饵,"夏至鱼头(群)散",秋冬洄游至深海。

小黄鱼形态特征与大黄鱼相近,但个头小,捕获量也少。平时,小黄鱼散栖于水色澄清、水深30—50米的外海区下层,春分至立夏时节,由南向北、由东向西结队游向近海产卵。小黄鱼喜逆水而游,潮流较急时,鱼头上浮,经常跳出水面,容易被捕获。

大黄鱼、小黄鱼产卵时腹肌收缩,鱼鳔会发声,音似蛙鸣,鱼群来时声若沉雷,音量之大为其他鱼类所罕见。

黄姑鱼和白姑鱼的形体、生活习性,与大黄鱼有些相近,但品质、身价均稍逊一筹。黄姑鱼也呈黄色,乡人俗称"黄婆鸡"。白姑鱼体侧上半部淡紫浅褐,下半部为银白。

灰鳖洋及杭州湾外的岱衢洋、大戬洋,为过去黄鱼产卵孵化区,三北渔民常用流网及张网等渔具捕捞。清代时,达蓬山下凤浦岙有个号为"自怡山人"的文人,写了一首竹枝词,描述了当地渔人、小贩串街过村兜售黄鱼的景象,诗曰:"幽人谁不爱吾庐,三月尽头四月初。正好春慵清睡足,隔墙高叫卖黄鱼。"

黄鱼冠有"国鱼"头衔,其肉嫩刺少,味道美,营养价值高,有助于增强人体免疫力。民国期间,国内流行旧制十两(312.5克)、一两(31.25克)重的金条,民间称以"大黄鱼""小黄鱼",可见黄鱼在人们心目中的身价。

白　蟹

白蟹,学名三疣梭子蟹,姚北一带也有人叫成"母蟹"。

白蟹形体健美,是当地大宗海鲜之一。其胸甲宽大似梭,两侧生长棘,背面稍隆,三疣突出,色泽茶绿、棕紫,缀有青白云斑;下肚扁平白洁,雄性腹部为三角形,脐尖而光滑,雌性腹脐呈圆形,内生绒毛;螯、足发达修长,善水中游行。

白蟹精力充盈,繁殖力强,生长快,春夏之交游至当地近海产卵,稚幼蟹在潮海觅饵,盛夏后长成,冬天洄游至深海。当地渔民在近海潮流中捕捞白蟹,一般用缗(腰)网、串网、张网、旋网及延绳饵钓等;若去外海溜(流)蟹,则在秋冬时节。

三北人鲜吃白蟹,擅长烤蒸,追求原味。待暑谢寒启、菊黄蟹肥时,人们把圆脐鲜白蟹放入盐卤中渍泡,制成红膏呛蟹。

鮸　鱼

鮸鱼,也写成米鱼,与大黄鱼同科,体形稍微大一些,背色稍暗,腹部灰白，口阔，眼大，齿牙锐利，性格凶猛，常栖浑浊海水中，白天下沉，夜间上浮，分散游弋，以小鱼、虾子为食，生长速度快。

离三北海岸不远处的西霍山，有一鮸鲤礁，鮸鱼常游至这一带海域产卵、孵化。过去，夏季主汛大潮时，当地流网船竞相出海，早出晚归，捕获量颇丰。

鮸鱼味甘爽，有"百味之冠"誉称。据志书记载，明代时，当地产的鮸鱼也进贡朝廷。

鰳　鱼

鰳鱼，也称"力鱼""肋鱼""潮白鱼"，其体状有点像鲥鱼，眼大口翘，身体侧扁，圆鳞银白、洁亮，背部暗灰，尾鳍呈深叉状，身长一般30—40厘米，体重多在500克以上。鰳鱼骨刺细多，腹下有硬质棱鳞，如刀一般，别的鱼不敢与其争食；渔人清理鱼货时，一般都拎挈它的脊背，不随意触碰肚腹，以防伤手。

鰳鱼生性敏感，畏强光，喜结群，活动于大黄鱼产卵场外侧水色较清处。每年春、夏季，鰳鱼从外洋游至灰鳖洋及当地浅海繁殖，汛期在谷雨至小暑间，以小满至夏至为盛期，传有"五月十三鰳鱼会，日里勿会夜里会"老话，渔人常用流网捕捞；待到冬初，与亲鱼一起游回深海。鰳鱼游速极快，有"小小鰳鱼呒肚肠，一夜游过七爿洋"之说。

鰳鱼肉质鲜嫩，被誉为"鲜白鰳鱼"。渔人除鲜卖外，还加工成"三抱"鰳鱼，其味咸得鲜口，爽得带劲。

马鲛鱼

马鲛鱼，学名蓝点马鲛，呈纺缍状，长30—60厘米，吻尖突，鱼体银灰，具暗色横纹和淡蓝斑点。当地渔民多用流网捕捞。

马鲛鱼生性凶猛，以小鱼虾为食，浑身丰腴肥满，骨刺少，饱含脂肪及其他营养元素，具防衰、提神等食疗功效。五月端午节，当地出嫁女儿（包括"毛脚女婿"）有向娘家（准丈母娘家）送"端午担"的习俗，礼物少则四色，多则八色。此时正逢马鲛鱼汛期，许多人都选它作为其中一色礼品相送，以示感恩、孝敬。

还有一种比蓝点马鲛色泽更加靓丽、味道更加可口、品种极为珍稀的马鲛鱼,当地人叫为"鰆鯃(川乌)"。鰆鯃只有在清明节前后一个月这个特定时间,于象山港这个特定海域才会偶尔现身,被誉为"鱼中极品"。在三北一带浅海,这种小妖美人鱼则更为罕见,因此市价昂贵。

鲳　鱼

当地潮海常见的鲳鱼,有乌鲳(也叫"婆子")、银鲳两种,以后者为多。银鲳体形菱圆扁薄,乡人俗称"鲳扁鱼",新浦及以西一带也叫成"麦扁相"。其生相姣秀,头小口微,吻圆牙细,身长15厘米上下,鳞片银白,前部略显淡青,缀有细微黛斑。

鲳鱼的汛期与鳓鱼、黄鱼相近。谷雨前后,鲳鱼开始游向浅海产卵繁殖,至夏至结束,其中小满至芒种为盛期。鲳鱼喜黄浊混水,小潮汛水流缓时集群,大潮汛水流激时分散,因此当地渔人有"大潮汛捕大黄鱼,小潮汛扪鲳鱼,其他潮时与鳓鱼兼捕"的习惯。捕捞网具有流网及稀目张网。

鲳鱼刺少,只有一条脊骨,肉质如凝脂,富含不饱和脂肪酸及多种微量元素。新鲜的鲳鱼眼珠发亮,鱼鳃泛红,肉质富有弹性,宜清蒸、抱盐、红烧,香气馥郁,可口可心。若用糟腌,则素面玉身,咸鲜有度,酒香醉人。

墨　鱼

墨鱼,常写成目鱼,俗名"乌贼",舟山群岛及三北外海多有出产,它与大黄鱼、小黄鱼、带鱼一起,被列为浙江四大经济鱼类。

墨鱼为食肉性软体动物,分头、胴体两部分。头部前端有5对腕,分别长有4行吸盘,用触腕掠食;其胴体稍扁,灰白色,背肉中央有一块石灰质的骨骼。墨鱼虽没有尾鳍的摆动功能,但会利用液压原理,把吸进嘴里的水射出来形成一道水柱,借以推动身体前进;遇到敌害时,还能从墨囊中喷出"墨汁",迷惑对方,隐匿自己。

墨鱼捕获季节"南(部)早北(部)晚"。平时,栖息在东南深海,春夏之际洄游至舟山外围岛屿附近,在水色澄清、岩藻茂密的浅海索饵产卵,孵化成幼体后,再随流洄游至东南深海育肥,发育成熟后,又游至浙东渔场产卵,这种生活习性可用渔民一句谚语来概括:"北边生(繁殖产卵),南边养(越冬育肥),回到北边来剖鲞(被捕获制成鱼鲞)。"当地海域的汛期自立夏开始,到小暑结束,小满至芒种为旺发期。过去三北渔人多用张网、拖网捕捞,新中国成立后渐弃。

墨鱼肉厚味美,属海味珍品,鲜墨鱼炒芹菜是三北一盘传统家常菜,若腌晒加工,头部和胴体能风干成"螟蜅鲞",内脏可盐渍为"乌贼膘肠"。李时珍称墨鱼为"血分药",能治妇女贫血、血虚、闭经等病症。那乌贼骨也是一味中医常用药材,称"海螵蛸",有制酸、止血、固精等疗效功能。

鲨 鱼

鲨鱼,古时称鲛,因皮上有"沙"而名。鲨鱼身体流线型,有点像纺锤,大的长达十多米;肤色以灰白为多,鱼鳞盾状,强固粗糙,食前需"褪沙";头部两侧有鳃裂,吻尖前突,新月状嘴巴露出三角形利牙;鳍尖,尾部上翘有力;脏内无鳔,需不停游泳才能浮水。

鲨鱼为食肉性软骨鱼,性格凶躁,号称"海狼",栖于水体中下层,喜集群。据清道光《浒山志》记载,浒山后海亦有鲨鱼出没,其族甚众,以体形似鼠的为多,乡人俗称"老鼠鲨"。[1]当地海域偶尔也能网到一两条狗母鲨,这种鲨鱼胸腹大,脐洞开,成群的幼小鲨鱼出入脐中,以母腹为窝。

过去,有大流网的三北渔民在冬春时节也去黄海捕捞鲨鱼,渔场北起山东石岛东,南至济州岛西,渔获物多为花露鲨、书生鲨、燕子鲨及带鱼鲨。

鲨鱼经济价值高,除肉食外,肝脏可熬油,鱼皮可造革,骨骼可制胶,鳍能做成鱼翅。

带 鱼

带鱼,体形侧扁,呈带状、长刀形,一般长 0.5—1.2 米,至尾部逐渐变细。带鱼遍体银鳞,头尖口大,牙齿锐利,性猛,贪吃,以毛虾、小乌贼等为食。带鱼不用鳍划水,靠摆动身躯前行。据专家考证,带鱼早在恐龙出现前就已经存在。

带鱼是浙东海洋主要经济鱼类。渔期自立冬开始,小雪至大雪鱼汛转旺,大寒结束,传有"小雪小抲,大雪大抲,冬至旺抲""冬至节跟吃带鱼"老话。带鱼畏强光,喜微光,在早晨和傍晚时易捕。过去,当地渔人以拖网及流网、张网捕抲,20世纪50年代后渐渐停歇。

带鱼肉肥刺少,味道鲜美,营养丰富,脂肪含量高于一般鱼类,清蒸、红烧、熏煎及腌制均为不可错过的一口鲜。

章 跳

章跳,学名四指马鲅,当地有的人叫作"章跳白眼",也写成壮跳、章鱼。章跳头尖体长,略侧扁,成鱼可达1米长;脂性眼睑发达,口形较大,上颌长于下颌;背色灰褐,腹部乳白,披大而薄的栉鳞;背鳍、胸鳍、尾鳍呈灰色,尾巴有力。

初夏时,章跳游至当地潮海,喜栖淡咸水域的泥底,善于跳跃,能连续在水面跃飞10多米,追食小丈鱼等小鱼虾,新浦一带传有"豆(方言指倭豆)尖乌桔桔,章跳拦腰及"老话。当地渔人在潮海常以拉钓、打网、跳网捕抲章跳成鱼,也用张网、缉(腰)网、串网捕捞幼小章跳。去外海,则用流网溜大章跳。

海 蜇

海蜇,水母的一种,是三北浅海唯一的腔肠类海生软体动物。

海蜇直径40—100厘米,通体半透明,状如凝血,生有多样色素细胞,呈乳白、青灰、微黄、玫红、紫褐等颜色。海蜇由上下两部分组成,上身似伞隆起,以有节律的伸缩浮动于水面,矾腌加工后俗称海蜇皮子;伞下有8枚三翼形口腕,裂成丝、棒状瓣片,叫海蜇头。

海蜇以微小浮游生物和硅藻为食,生命周期短,一般"春生、夏盛、秋亡"。春夏之交时,海蜇幼体从浙北群漂至灰鳖洋近海,汛期三个多月,芒种至小暑为初发期,称"梅蜇";小暑至立秋为旺发期,此时体大肉厚,成品率高,称"伏蜇";立秋至秋分为后发期,称"秋蜇",十月份后洄漂消失。

海蜇自泳能力弱,浮游时受风向、风力、海流、潮汐支配,有时聚集在一起,绵延数里,有时一夜间漂流得无影无踪。它对海浪和空气摩擦面的次声波反应灵敏,在风暴来临前十几个小时就能得到信息,避险能力较强。还有句"海蜇呒活灵,小虾当眼睛"老话,说是海蜇浮游时口腕下有小虾共生,若附近有动静,小虾就会弹跳,海蜇感知后即沉潜水下,以防不测。

在海蜇汛期,当地的定置张网,换挂稀目网,专门捕捉海蜇。有流网的渔民,也把流网网片串连起来,迎潮布成弧形网笆,予以拦捕。20世纪七八十年代,海蜇旺发,有人将农船翻塘入海,一船两人,一人摇橹,一人用长柄撩盆(抄网)挽取;也有人以草绳为网的原始方法,拦捕潮中漂流的海蜇。渔民将捕获的海蜇,用矾、盐三番拌腌,称为"三矾"海蜇。"三矾"海蜇为当地传统特产,畅销全国各地,并出口海外。

近年来,为加强海洋渔业资源保护,统一发放了海蜇专项捕捞许可证,在规定的开渔时间方可进行捕捞作业,并实施违规渔船退出制度。

河海间洄游的水产品

除深海、潮海间洄游的鱼蟹外,当地还有螃蟹、鳗和鲈鱼、鲥鱼等一些水产品在内河、近海间洄游。这些恋乡鱼蟹,大多自秋后从河浦入海,在潮水中繁殖,翌年春季幼体长成后,继续上辈艰难的生命之旅,洄游至内河、湖漕中。

海　鳗

当地的鳗鱼在河海间洄游,栖息于内河、湖漕淡水中时叫"河鳗",在潮海里捕获的称作"海鳗"或"慈鳗"。

慈鳗前圆后扁,长四五十厘米,背侧灰褐,肚下泛白,细鳞埋没于皮肤内,多栖于咸、淡水交融的潮流区,偶尔被张网、串网、缉网、旋网捕获。

此外,当地潮海还有一种体形稍小于慈鳗的海鳗,称为"沙鳗",其体肤呈黄色,产量不高,售价高昂。

慈鳗、沙鳗为肉食性鱼类,其肉质鲜美,富含脂肪,为当地居民热捧的传统高档食补品,市价一直趋高。

过去,当地海域也有叫为"狗鳗"的鳗鱼出没,其身子要比海(慈)鳗大,长达1米以上,背鳍、臀鳍和尾鳍相连,尖牙利齿,生性十分凶猛,捕获后渔人常作风干加工处理。

鳗苗

鳗苗为鳗鲡幼体。每到秋季,江河中的河鳗,顺着浦稍游至外海产卵,发育变态后,长成细长、银白、半透明、柳芽状的鳗苗,冬至时节开始游回近海,待长成后一部分返回内河。

20世纪70年代,杭州湾口外鳗苗旺发,渔人将捕获的鳗苗集中用专车运往宁波、杭州机场,再空运至国内外订购单位。1973—1987年,慈溪县共收购鳗苗12.2吨,出口10.1吨,其中最多的1974年收购2.03吨,出口1.09吨,[2]成国内鳗苗主要产地之一。当时,三北沿海有300多条捕捞船,以高桩、反纲、反捕(四平窗)、人字网等传统张网挂以蚊帐似的细目网,在当地近海及崇明岛外长江口渔场捕捞鳗苗。2000年后,鳗苗资源衰退,作业的渔船减少,每年捕捞约70千克上下。[3]

鳗苗价格昂贵,一直呈上扬态势。以前按克计量,20世纪90年代后以尾论产,每尾价升至10元以上,被戏称为"软黄金"。

螃蟹

螃蟹,学名中华绒螯蟹,壳近四方形,螯跪带毛,俗称"毛蟹"。

过去,螃蟹在淡水中生活成长,河口浅海里繁殖。秋时,成蟹顺水而下,至江河出海口一带进行生殖洄游。20世纪50年代前,螃蟹及弹胡、沙蚕等能随海水咸潮抵达石堰一带,清道光《浒山志》做了这样的记述:"到晚禾成穗,自海涂上横行。能过横河闸,直至石堰闸者,得之皆雄,谓之老螃。"[4]当地民间也有"螃蟹会飞"一说。

20世纪60年代后,开展大规模的农田水利基本建设,在通海的江河上改建和新建了许多水闸,阻断了河蟹的洄游通道,再加上农药的广泛使用,致使产量下降,游至潮海的螃蟹明显减少。那些长于棉地塘河中的螃蟹,品质仍优,被冠以"三北花(棉)地大毛蟹"之名。

鲈　鱼

鲈鱼,学名七星鲈,体侧扁,背部稍隆,腹面纯圆,大的成鱼长达50—60厘米,体重3斤以上。鲈鱼口大、牙细、吻尖,下颌突出,背色青灰,生细鳞,两侧及腹部银白,长小栉鳞,背部和背鳍上有小黑斑。庵东一带俗称"龙刹""龙相""湖刹",晒成干的叫"龙鲞"。

鲈鱼栖息于近海、浦口间,日间潜伏,夜晚活动,性格凶猛,追食小鱼虾,也食同类。亲鱼秋末上溯至内河产卵,幼鱼在淡水中成长,洄游近海时性腺还尚未成熟。

鲈鱼亦为鱼中上品,鱼肉呈蒜瓣状,口感鲜美,性平无异味,有健脾健胃的功效,也适宜贫血、头晕患者,营养价值较高。清蒸鲈鱼为当地传统特色菜,又嫩又鲜,细腻得连舌头也能分辨出它的质感。

鲥　鱼

鲥鱼,银鳞细骨,身形秀扁,体色银白,上颌中间有一缺刻,下颌中间有一突起,肉中多细刺,腹下有三角棱鳞。

鲥鱼也属江海洄游性鱼类,以浮游生物为食,平时分散栖息于近海中上层,春末夏初溯河做生殖洄游。洄游期间,停食或很少摄食,产卵后,亲鱼回归大海,幼鱼进入支流、湖泊索饵,秋后入海长成。

鲥鱼模样雍容华贵,习性优雅清高,出水后比较难养,见风、见光活不了多久,被称为"鱼中贵族"。鲥鱼富含不饱和脂肪酸,鱼味细嫩,爽而不腻,清蒸食之最为可口。据说历代帝王都喜欢食它,人们"八百里加急运送"。

【参考文献】

[1]高杲、沈煜编纂:道光《浒山志》卷六《海物》。

[2]慈溪市地方志编纂委员会编:《慈溪县志》,浙江人民出版社,1992,第301页。

[3]慈溪市农业志编纂委员会编:《慈溪市农业志》,上海辞书出版社,2014,第315页。

[4]高杲、沈煜编纂:道光《浒山志》卷六《海物》。

第三章 传统渔具

自古以来，当地居民靠海吃海，从徒手采捕、棒打石击、芦竹围拦、钢叉袭戳、镖钩扎钓，到驾船网捕获取鱼蟹，历经变革，创造出适用于不同水域环境、不同捕捞对象的各种渔具，既继承了传统捕捞工具的特质，又体现了科学技术的进步。

按渔具的使用功能，人们把它分为船具、网具、钓具、杂具及助渔导航设备等几类。

第一节 渔 船

船舶浮行于水,直挂云帆,是海洋捕捞的主要渔具。

古人"刳木为舟,剡木为楫",河姆渡遗址出土了 6 支 7000 年前有柄、叶的木桨,表明了浙东一带船只制作、应用的悠久历史。三北古为越地,《越绝书》说越人"以舟为车,以楫为马,往若飘风",驾舟行水如履平地。唐宋时,明州以建大型海船著称,至开庆元年(1259),所属的慈溪、定海(清康熙时改为镇海)县一丈以上船舶分别有 65 艘、387 艘。[1] 1956 年,慈溪县 10 吨以下从事渔业生产的木帆船有 100 余艘。[2] 1988 年,近海作业渔船增至 398 艘,计 2786 吨位。[3] 21 世纪以后,停止了部分网捕作业,打网船、串网船等匿迹。2019 年,慈溪市在册登记的海洋捕捞渔船为 94 艘,其中多为

◇修理渔船

张网作业船只。

过去,当地渔人请来本土或外地船匠,按需要设计、制作各式渔船。船匠细分为大木、小木、油漆3个工种。大木师傅负责打样、选材落料、制作船壳;小木师傅制作甲板、鳖壳及其他配件;漆工从事嵌缝、油漆、图描。他们统筹经营,分工合作。也有渔人从外地购置、租赁船只,进行捕捞生产。20世纪50年代后,各地成立木业社、船厂,制造渔船及运输船、农船。1976年7月,组建了慈溪县渔机具修造厂。现在,三北渔民仍然有人自备材料,请本地和外地师傅造船、修船,也有人从象山、平湖、上海等地租借来大马力铁壳船,用以抛钉等张网作业。

当地海上渔船,大体可分为人力驱动的小船、风力人力结合驱动的木帆船和机械驱动的木船、铁壳船及汽艇等几类。

单人划撑的无帆小船

过去,三北潮海中的无帆渔船,船体小,载重量少,结构简单,大多一人掌控,如泥马船、竹筏及小划艇。也有一些小舢板、打网船也不设桅帆,靠人力驱动。

泥马船

泥马船,即泥撬,也称"泥鳗船""扫桶",以脚代篙,驶于湿涂、泓埭及潮头薄水上,犹如泥涂上海鳗游动、林海中雪橇滑行、草地里马儿奔跑,轻巧灵快。

据传,泥马船是明代戚继光将军为了消灭海上倭寇而发明的,后被靠海人用作撮泥螺、捡螺蛤以及弶弹胡、踏赤鳝、钩尖鳗、抲小串等代步、运载工具。20世纪60年代,伏龙山以西至淞浦闸下一带滩涂上海瓜子旺发,镇海澥浦许多渔民驾着泥马船,在海涂滑行了二十里路程,赶往那里去拾捡。直到如今,三北海涂仍然随处可见它滑行时的飒飒风姿。

泥马船由木板制成,船身前窄后宽,平底,船首稍翘,竖直时与成人身

◇泥马船

高相仿，可载物百斤。其制作较为简单，取长约180厘米、厚约2厘米的杉板3块，拼装成头部底板宽约20厘米、主身及尾部底板宽25—30厘米和两侧舷高15厘米的船体。船头、船中、船尾处置以梁木，把小船分成三舱：船首30厘米处为前舱，容积较小，常放包起来的衣食物品；中部稍后处的横梁较为厚实，竖以两条斜向外侧、高约50厘米的木档，上方连一根50厘米长的横档；尾部舱梁8厘米厚，面上中间处挖一弧形缺口；篓箩、鱼货、工具，放于中舱及后舱。底板、舷板、立杆、横档及舱板、梁舷之间用卯榫或铁钉固定。

泥马船携带方便，经济实用，广泛使用于涂上作业。驾行时，双手握住中梁上的横档，以操控方向，一腿膝盖跪于尾部舱梁的弧形凹槽内或站立于后舱中，另一腿的脚尖用力后蹬，使船体在泓埭、涂面上滑行。其速度根据后蹬力度大小和涂面软硬、干湿而定，一般与自行车速度相当。

串网渔人送货用的泥马船，中间无横档。滑行时，船上摆放两只专盛鱼货的"串网篮"，渔人手把"篮甩（提手）"掌控方向。

竹　筏

潮海上的竹筏，为当地靠海人在拘横流、小笆、大棚时的一种旧式船具。

拘横流的竹筏由4支老毛竹插入几道木销联成。制筏前，先去竹林挑选一批直挺、粗壮、结实的老毛竹，由下至上截取6米，用柴火将距根部50厘米处竹节拗（折）弯，制成一支支翘头筏竹；然后，刨去筏竹的竹青，阴燥后吃透桐油。制筏时，取出4支筏竹，在根部各打一孔，且插入一根硬木销子，排联成宽约0.6米的翘起船头；接着，将筏竹尾部分成左右两组，每组两支，尾处宽约为1.4米，成"人"字状；尾处及中间扎以几道横档加以固定，也供渔人站立、撑行；在离船头2米处的筏竹上再扎一只高、宽各为1米的方竹筐，为存放鱼篓、网具及渔人躲风避浪所用。下海作业时，几个合伙人各背一只竹筏，带上缉（腰）网，跋涂行至由竹梢插成的横流处，分别将竹筏系于各自的脚凳旁，撑开缉网，在潮水深处及脚凳上进行捕捞。捕拘结束，大家一起持篙撑筏回岸。

竹筏也与渔寮（当地渔人俗称大棚、梯凳、拗棚）配套。崇寿一带，过去

◇潮海竹筏

有人在潮涂上搭以 3 米高的三脚或四脚梯凳,站在那里用绲(腰)网进行捕捞。从事这种作业的渔人,常置带一只 4 支毛竹(后为 8 支)扎成的竹筏,拴于凳旁,吃、睡在竹筏上。其材料、样式、结构与舸横流的竹筏相似。

20 世纪 80 年代后,三北海域横流、梯凳作业渐减,竹筏也不用了。现在,会制扎、撑行竹筏的靠海人,已经不多了。

小划艇

当地单人撑划的小船一般以木、竹为材料,后来也有人利用车轮内胎制成小划艇,应用于近岸游丝网、推绲网等小型捕捞作业。

这种小划艇有点像内河、池塘中的采菱桶。它由大型货车车轮橡胶内胎作船体,充气后内放一只特大号木质、塑料或不锈钢面盆(桶),扎牢后在盆檐、轮胎上搁一段木板,航行时人坐板上,双手划动两支短柄桨。

驾小划艇舸浅潮游丝网的渔人,作业时常将渔获物盛在一只小网袋内,用短绳系于艇边,拖浸在海水中,以保持鱼货鲜活。

有些绲(腰)网渔人,也随带小划艇,作业时拖于身后,用于存放物品、水中运行及作为救生器具。

木帆船

当地的风帆木质渔船,按生产习惯制作,多以作业网具称呼,如张网船、流网船、串网船、打网船等;视汛情变化,也可转用于其他网具的捕捞作业。木帆船一船多用,汛时从渔,汛后常作运输船只。

过去,三北渔人的木帆船,载重量在 0.5—30 吨之间,船体的长、宽比例一般为 5∶1—6∶1,大多首尖(狭)、中阔、尾收,前头翘,兜底平,吃水不深,能推、拖上岸滩。船底板及舷侧板相互紧着,以龙筋、横梁作支撑,并将船体隔为数舱,一般前为作业区,后是生活区,尾部挂舵作驾驶舱;桅杆高度稍低于船身长度,多扯软篷,配木桨、木橹、竹篙,海上航行挂帆借以风力,无风或入浦进湾时则以人力驱动。停泊或抗击风浪时,抛以扁平、牛角、犁镜、狮子头等形状的铁锚。20世纪70年代后,大多木帆船安装了机械动力,去了桅帆。

三北一带常见的传统风帆木渔船,有打网船、小舢板、张网船、串网船、大流网船以及鸟(雕)船、卤担船等。

打网船

打网船为当地浅海捯鱼船中体形最小的一种风帆船,载重量为0.5吨左右,主要用于打(旋)网作业,有时也为游丝网、虾子网及海钓的作业船。

打网船长6.5米,平面形状如梭,中舱宽约1.2米,船舷外侧置有15厘米宽的檐板,船体内依次为船头、前甲板、前鱼舱、驶风梁、中舱、小舱、后舱及锚缆舱。

◇打网船

打网船船头呈弧形,上覆一块厚木板,中间开有圆孔,插上竹篙可晾晒渔网。前甲板俗称"踏脚板",长80—90厘米,高于船底舱板50厘米,为"打手"撒网站立之处。前鱼舱长约50厘米,存放刚捕获的鱼货。驶风梁上设梁头板,中间有一圆孔,可插桅杆;休息时,板上摆放缸灶,故又称"饭台"。中舱最长,横钉2—3道底撑脚(俗称"挠脚""鸟脚"),一般隔为3段:前段、中段也作后鱼舱,鱼货多时从前鱼舱移放至此,梁旁中间摆有一只可盛100斤淡水的缸甏,兼作"压舱石",后段搁有木板,下放木柴、灯盏,上摆缸灶、竹榻、篾篮;中舱亦为休息舱,撑起篷篷,能避风雨,搁上竹榻,便可睡觉。小舱不到1米,上面为密封甲板,形同"鳖壳",下存衣被、油米、碗筷等生活用品。后舱前宽后窄,长1.5米,平时置放篙、桨、帆等器物;靠后处搁有一块木板,"划手"可坐在那里划桨。最后为摆放缆绳、小铁锚的锚缆舱,面积不大;船尾挂插木舵。

舢板船

舢板船体形较小,也叫"三板",据说早先为一块底板、两块舷板制成。

后来，舢板船体积增大，也装上了机器，有的还装上鳖壳，利于船工休息和机械设备保护。当地的舢板，有大、小两种。

船体相对较大的那种的舢板，头尖，载重量为1—2吨，分3舱，配一舵一篙一橹，竖一桅一帆，能耐6级风浪，一般用于反捕张网、游丝网、海钓、活水拉钓及拖虾网、罾网等小型捕捞作业。

船体小的一种也称"背舢板"，头稍宽，载重量为0.5—1吨，十分灵巧，多作驳船、背船、脚船（子船）。

张网船

张网船用于张网及小流网、拖网作业及货物运输。当地靠海人所拥有的木帆船中，其数量为最多。

张网船长9—10米，船身最宽处约2米，载重量3吨上下，尖首、宽尾、中间阔，两舷外拱，船首翘起；船舷两侧水线上面置有原木对剖的玉（肉）肋，无"压檐"。

船内置鼻梁、元宝梁、驶风梁、前后鳖壳梁、后大梁、八尺梁，隔为锚舱、头舱、大舱、鳖壳、后甲板、后艄等数舱。

◇拆除了篷帆的机动张网船

船头鼻梁,俗称"斗筋",它与元宝梁间呈三角状,为锚舱,也叫"锚兜"。元宝梁至驶风梁有近2米长,称为头舱,底板"挠(鸟)脚"上铺以舱板,为张网"头手"站立及篷帆升降处,在拘流网时也可存放渔获物。驶风梁梁头上覆"面梁板",板中有圆孔,板下设"桅臼",可插入桅杆。驶风梁至前鳖壳梁那一段称大舱,长约3.5米,设3—4道"挠(鸟)脚",也铺舱板,存放网具和鱼货。鳖壳呈封闭状,长约2米,其高度按作业所需设置,一般高1.7米左右,为藏物和生活起居之室;壳内底板上也设"挠(鸟)脚"和舱板,四周和顶部均为木板挡盖,壳顶中心开一方形天窗,曰"天井",盖有可移动的"扪头板",近后梁的顶板上也置一天窗及"扪头板"。后鳖壳梁至后大梁之间为后甲板,长度约1.7米,板面比鳖壳顶低约30厘米,上为驾船或摇橹之处,下作灶房。后大梁后为船尾,左右两侧各设一"后依撑",上钉搁"后八尺",外凿一个圆孔,斜插船舵。张网船多用深水舵,上部后倾,下部前冲,舵板形如菜刀。

串网船

串网船载重量比张网船稍大一点,艄尖,中后舱宽,前翘后平。串网船不设玉(肉)肋,船舷外侧置有约20厘米宽的"压檐";不盖鳖壳,可在后舱甲板上搭设活动篷棚。船上桅帆、木桨、木橹、竹篙及船舵等航行器具齐备,常用于串网、小流网作业及货物运输。

串网船置有鼻梁(即"斗筋")、元宝梁、驶风梁、前后水舱梁、后梁,分成锚舱、前舱(前甲板)、大舱、水舱、中甲板、休息舱、后甲板、后艄等数舱。

鼻梁、锚舱、元宝梁、驶风梁、梁头板及桅帆的形态、结构,与张网船大体相似。元宝梁至驶风梁之间称前舱,长约2米;船底舱板上方1米搁甲板,甲板中间开一道移门,舱内可睡两个船工,和存放一些干燥物品。驶风梁后为大舱,长约2.7米,船底板钉有2道"挠(鸟)脚",上覆舱板,捕获的青蟹常放在下面;下网前和收网后,网具横搁上面,串杆梢头及上网纲靠左(渔人称之"橹前"),串杆根端及下网纲处右(即"橹后"),5—6只撩鱼货推桶、2—3只无柄泥马船也摆放于此。大舱后为水舱,长约0.5米,高0.8米,上盖"扪头板",下隔两舱,可盛0.3吨淡水。水舱与后梁间分成3段:前段盖甲板（即中甲板），比水舱高 0.5 米左右，甲板下作船工卧室，上面可分拣刚捕获的鱼货；后段亦有甲板，布网时为后篙手站立之处，甲板下为伙舱，置 2 只固定炉灶，摆放铁锅、餐具、木柴等物；中段无甲板，作船工就餐和休息场所，老大观察海况时也常站在这里；中甲板、休息舱和后甲板上可撑搭前低后高的篝篷，以避雨遮阳。后大梁处钉搁"后八尺"，中间外挂插浅水舵；船尾左右两侧各设一"后畅（撑）"。

2014 年后，当地政府强化海洋渔业生态保护，停止了串网捕捞，原有的串网船改作他用。

大流网船

流网船分大、小两种。小流网船一般在近岸浅海作业，常用张网船或串网船替代；大流网船常去外海捕捞，作业流程和网具相对繁复，当地渔人专门设制了与之配套的船舶。

大流网船又称"红头流网船""岱山大桶"，载重 30—35 吨，是过去当地木帆渔船中载重量最大的渔船。

大流网船长 18 米，宽 3.5 米左右，深 1.4—1.8 米，船前正视呈"V"字形，两侧饰船眼，竖头桅、主桅，挂软篷，置双橹、双桨。船内分设头水舱、桅前舱、桅后舱、鲜鱼舱、盐舱、咸鱼舱、大舱、太平舱、被铺舱、后水舱、伙舱、后舱及驾驶舱等，中间几舱的底板上载有 2 吨压舱石，以稳定船体。鳖壳长，舱面甲板宽，便于操作；两侧坡度大，排水快。

当地渔民的大流网船，质地坚固，吃水深，航速快，可抗 8 级大风，在冬季强西北风季节，也能远航至济州岛海域捕捞鲨鱼。遇上大风时，船头顶浪，将大桅放平（渔民称"悃"或"眄"）、绑牢，在船首处再抛下 20 多片网片，俗称"逃缆"，以降低船速和减少摇晃，再把舱盖扣牢，封闭内舱。这样，船只随风漂流，船员亦安全无恙。

鸟船和卤担船

鸟船和卤担船为运输船，有时也用于海上渔业生产。

鸟船，也叫"雕船"，通江达海，多见于姚北一带。船上有 2—3 道桅杆，斜扯硬篷,桨帆两用,置有鳖壳(舵楼)、甲板及水舱、伙舱、圣堂舱等,航速较快,载重量 10 吨以上。

据《十里长街——坎墩》一书介绍,鸟船源于宋代,盛于明清,与沙船、广船、福船并称为四大名船。其外形似鸟(雕),两头翘起,通体褐色,艕柱有红色鸟嘴状的"陡门",两侧雕绘有黑白相间的"鸟眼",眼睛上方彩绘一条绿色长眉。坎墩漾路头一带濒海时,码头上停靠着许多鸟船及其他渔船。抗战期间,新四军三五支队南渡、北撤,也用它载人运物。20 世纪 80 年代之前,周家路街、二灶街还时有鸟船停泊,贩运咸舱蟹、黄鱼鲞、龙头鮳、虾皮等海产品。[4]

庵东、新浦等地,还有一种木帆海船,称为卤担(蛋)船,为清末、民国期间当地运盐卤、原盐的主要工具,有时也作流网或张网捕捞时的"娘船"。其船头呈方形或弧形,船肚大,货舱多,船底宽平,吃水浅,阻力小;前、中舱梁上置 2—3 支桅杆,扯硬篷,后舱设鳖壳,备 1—2 支木橹和一面手操舵,载重量十吨至几十吨不等。1970 年开始改为机帆船,后来逐渐弃用。

机帆船及机动船

20 世纪 50 年代后期,当地海上作业的渔人有了机帆船;80 年代后,绝大多数下海木帆船安装了机械动力装置;21 世纪后,有的靠海人开始使用铁壳渔船及两栖浮船。

机帆船

当地渔人用机帆船作业的并不多见,使用时间也不长。

1958 年人民公社化期间,上级要求各地把机帆船作为海洋捕捞生产发展的方向。慈溪县各大公社(区)的渔业大队,共配备了海洋捕捞机帆船 7 对。

这种机帆船由网船和煨船组成。网船较大,多为大捕船改装而成,长约 20 米,宽 4 米,深 1.6 米,载重量 32 吨,能顶 7—8 级风浪;船上装有风帆,用 60 马力柴油机驱动,航速 7 级,机、帆交替使用,有风时使用风帆推

◇公社化时当地渔业大队使用的机帆船（摄于1959年春）

进，逆风、无风或入浦进湾时靠机械动力前行。一对机帆船有船员20人上下，其中网船13—15人，煨船5—7人。

当时，各渔业大队的机帆船汛期出海捕捞，平时转搞运输，上级还组织机帆船渔工去舟山蚂蚁岛学习拖网技术。1961年渔业生产体制变动后，那些机帆船因成本高、效率不佳、技术力量不足等原因，逐步下马、放弃。

1968年，高王公社七大队渔业队在上级扶持下，从内河转向浅海，新打造了一艘载重7吨的小型机帆船，并在龙山太平闸建立捕捞基地，从事流网、张网等海上作业；1974年、1977年又先后增加了两艘机帆船，载重量近20吨。未过几年，这三艘机帆船也被售卖，渔民转行。

机动木船和铁壳船

1968年，观城东山头二节村周祝张渔业组，置8马力5吨机动船一艘，用于深水张网作业。此后，三北各地掀起发展（改装）机动渔船的热潮，至1985年，机动渔船达到了167艘，超过了163艘无机械动力的木帆船数。20世纪90年代后，浅海作业的木船都安装上机械动力装置。2008年，慈溪市机动渔船达581艘，计吨位2188吨。[5]

2013年后，龙山等地一些渔人开始经营小型铁壳渔船，用于抛钉张网等作业，最大的载重90吨，主机功率达250马力。这种铁壳船内部结构类似张网船，设有多舱。鳖壳改称驾驶台，隔为三层，上层为驾驶室，中层为食宿处，底层为机舱，总高5—6米。

机动小浮船和橡皮艇

21世纪初,当地潮海捕捞作业用上了一种塑料筒(实心泡沫)拼装而成的机动小浮船。没过多久,又被橡胶小汽艇替代。

机动小浮船,一般船长5—7米,宽2—2.5米,由几十只硬质塑料筒或几层实心泡沫块排叠在长方形船架内拼装而成,船面铺以平板,四周多置围栏,配以12马力左右的机械动力装置,载重量1吨上下,用于近海游丝网、海钓作业及潮涂运输。这种浮船自身轻,吃水浅,制作成本低,但容易侧翻,安全系数不高。现在,这种机动小浮船除在近岸潮涂搞些短线运输外,已不用作海上捕捞船只了。

◇拘游丝网的小汽艇

2010年以后,当地有些靠海人买来一种轻便的小汽艇。这种小汽艇船体由橡胶制成,俗称"橡皮艇"。充气后,长5米左右,宽约1.5米,内深0.4米,船尾装以20马力划桨机,载重量半吨左右。这种小艇轻巧灵活,航速较快,携带方便,用于游丝网、延绳钓等近海小型网捕、钓捕作业。

两栖船

2018年,龙山镇镇龙浦以东海涂实施"海涂'渔光互补'工程"项目,即一面在滩涂上进行太阳能光伏发电,一面在光伏棚下进行海产品人工养殖。

在实际操作中,因中涂、下涂区域常灌留海水,发电、养殖人员行走、管理费时费力。为提高生产效率,他们借鉴外地经验,研发出一种既能浮水又可在滩荡及干涂上行驶,可以载人也可运物的水陆两用船。

这种新颖的两栖型浮船,结构并不复杂。船长5—7米,宽2米多,载重量1吨上下,由一人操控。船身由3层似塑胶鞋底一样坚韧的实心泡沫排叠于船架中,船面铺摊平板,四周设置护栏,配装18马力柴油机,以由9块铁片组合而成的一个特殊推进器驱动,可在水、涂和陆上行驶。

两栖浮船在海水中、泥淖里和陆路上运行,均自如灵活,方便实用,比传统脚划泥马船的效率不知高出了多少倍。

【参考文献】

[1] 周科勤、杨和福主编:《宁波水产志》,海洋出版社,2006,第79页。

[2] 慈溪市地方志编纂委员会编:《慈溪县志》,浙江人民出版社,1992,第303页。

[3] 慈溪市地方志编纂委员会编:《慈溪市志》,浙江人民出版社,2015,第847页。

[4] 胡晓峰:《水陆交通》,见方柏令主编《十里长街——坎墩》,新华出版社,2006,第8—9页。

[5] 慈溪市农业志编纂委员会编:《慈溪市农业志》,上海辞书出版社,2014,第314页。

第二节 网 罟

自伏羲氏"结绳而为网罟"开始,线网成了江、河、湖、海中一种最常见的渔具。

过去,三北靠海人常用罾网、张网、串网、流网、围网、缉网、打网、牵网、跳网、拖网、撬网、地笼网等网具,下海捕捞鱼蟹。这些渔网一般由网衣(片)、网纲(绳)编成,有的还与浮子、沉子、樯桅及桩竿、网架、桩基配套,具体的形态、结构、规格、原料不尽相同。

织 网

20世纪60年代中期以前,当地靠海人使用的网片,大多用苎麻线作原料。

苎麻为多年生的宿根草本植物,三北一带的山麓土坡、屋后杂地上也能见到它。春天,苎麻老根抽出一丛新枝嫩叶,每支茎秆能长至1—2米高,一年可收刈数茬。人们割来茎秆,撸去叶子,剥下麻皮,用一把倒三角形的苎叉去掉麻皮表衣,取得麻丝,经脱胶、分纤、浸洗、揉渍等工序,搓成麻线,编之为网,织以成布。

苎麻纤维要比棉花纤维长好几倍,拉力强,质地坚韧轻柔,富有弹性。经过加工处理的麻线,色泽洁白光亮,透气吸水,散湿效果好,易染色,不皱缩,耐霉变。清咸丰年间,范市有一范姓商人在江西苎麻产地玉山开了一家麻布行,发迹后,在家乡东村前河沿造了两幢夏布行大屋,经营麻布、麻线生意。

20世纪50年代,试用棉线渔网,因易燃、网身重、货源不足,未被当地渔人接受。60年代中后期,出现聚乙烯、聚丙烯合成纤维编织的渔网,当地人俗称"塑料网""尼龙网"。这类网线轻巧牢固,无须栲染,滤水快,使用周期长,因此迅速推广开来,成了当地网具变革的一个里程碑。70年代后,随着化纤工业的发展,锦纶、乙纶、丙纶、维纶、聚氯乙烯等型号的单丝、复丝网线和纲绳应市,基本实现了渔网材质化纤化。

渔网网衣(片),大多由渔(农)村妇女手工编织,也有人直接去网厂、店铺购买。

织网是件费时、费神的手工活,需掌握平织、经编、放生、穿心结等多种技法,并按渔网形体和功能不同,设计编织程序。织网起头十分重要,若第一排网眼个数不对头,整张网就可能废了。有些复杂的渔网,需汇集好几种织法,或将几张网片拼凑起来;有些网的网眼数量、规格,在不同层次还需进行增减、收放、缩扩。织网需耐心细致,稍一疏忽就会出现漏眼、错眼、残眼等差错,影响渔网质量。

尺板和梭子,是织网的最基本工具,均为多年生的毛竹片制成,表面光滑平整,后来也有塑料制品应市。梭子有大有小,内盘网线;尺板宽窄不一,以框定网眼规格。织网者一般左手捏住尺板,右手拿着梭子绕过尺板,在上一排(层)网眼下方拉紧打个结,这样按次序一眼一眼编织过去,待一排(层)完成后,退出尺板,再织下一排(层)网眼,直至完成整张网的编织。

三北一带有一批织网匠人,编织技术娴熟,专门替渔人织网、补网。生于1926年的龙山西门外村村民邢祖成,是一个出了名的编网高手,附近几个村子拖流网、张网的渔人常请他去织网、补网,他还带出了三个徒弟。老邢师傅谢世后,儿子邢国良继承父业,生意持续兴旺。如今,国良师傅也已60多岁了,可他仍然不离网线,不弃梭子,整日里与渔网相伴,有时还挑灯夜作。

◇刑国良师傅在补网

栲网护网

苎麻网长时间浸在水中,会出现发毛、腐软,造成滤水不畅、网目难张、容易断破等现象。对此,当地靠海人采用栲树皮(栲胶)或猪血对网片进行洗染,俗称"栲网"(这里的"栲"字成了动词),以保持网线坚挺,延长使用时间。

栲树为常绿乔木,树皮含鞣酸,可制染料和栲胶。翠屏丘陵也长有栲树,但不多,渔人染网一般去店铺买栲皮、栲胶。

大批量网片栲染,需专门设施和场地,过去由捕捞大户或由几个渔人合伙置建,后由渔业队集体管理。栲场一般选在空旷地边上,先建好一座露天地灶,灶台正方形,边长 3 米左右,高约 1.2 米。灶台中央下方为灶膛,前开上、下两口,中间用铁栅分隔,柴薪通过上灶口塞入灶膛焚烧,下灶口为进风、出灰处;灶膛上方平台上放置一口铁锅与木圆桶合成的大淘锅,上口宽 1 米多,底部渐小,高约 1.5 米,可盛十多担水;灶台左右两侧设台阶,阶下平地摆放 2 只像杀猪桶一般大小的木桶,灶后砌一支 3 米高烟囱。

栲网前,淘锅内倒入 1000 多斤河水,投放 150 斤左右栲树皮或适量栲胶。一般黄昏时点火,先以猛火,水开后改为文火,像煎中药一样,一直烧

067

至翌日早晨。此时,锅中之水已被栲皮(胶)染成酱褐色,待凉至60—70摄氏度时,撩出栲皮,将汤汁舀入台阶下的一只大木桶中,放入网衣,一般一桶栲汁一次可染流网网片30爿。浸上5分钟,将网片逐一捞出,置于另一只大木桶中,沥放10分钟后,取出晾晒在空地上。网片起燥后,放至原汁里再栲一次,捞出后摊在地上晾过夜,第二天晒燥后再收回家里。栲后的麻网呈酱紫色,用后渐渐褪成殷红、粉红色。

若新网栲染,需先把网衣浸泡于淡水中,搓扭捶打,挤出浆液,干后再栲。新网栲染须经三番,要比栲旧网多浸、晒一次。有的还在栲汁中放些黑颜料,以加深栲后的色泽。新网要比旧网产量高,渔人一般用上两三年,就弃旧换新了。

流网、张网的网衣较长、网爿较多,多用栲染,而打网、缉网、沙蟹网、扳罾等小件网片,有时选以血染。所谓血染,就是把打冻的猪血溶于桶中水里,其浓度以手浸湿、风干后有点黏为宜。接下来,将干燥的网片浸于血水中,用手轻揉2分钟,捞出挂晒,干后置于蒸笼中蒸上10分钟,再取出晾燥。打网及张网一般一个月染一次,其他小网一年染四五次。若对栲好的网衣再进行一次血染,则效果更好。血染过的网片在堆放、贮藏时,需提防鼠咬。

栲染、晒干后的网片,挺括而光滑,入水后网眼能充分张开,鱼儿亦容易入网。栲网工序复杂,又须三番五次摊晒,往往耽误出海,故有"三天打鱼,两天晒网"老话。

栲晒好的网衣有点干硬,出海顺网前洒些水,使其柔软。捕捞结束收起的麻网,若不连续使用,应及时晾晒,让网衣透气,不要湿叠在一起,也不可用脚踩踏,以防闷湿腐烂。下雨时,须用篷布盖上,因为淡水淋过的网衣容易霉烂。梅夏时节,网线最容易变质,除作业时布于潮水中外,其他时间尽量保持干燥。

由蚕丝编织的游丝网及丝拉网,不宜用栲汁、猪血染栲,一般刷以桐油护之。油刷时,先将网衣理顺,整齐挂排,用刷子沾上轻质桐油,轻轻涂抹。刷毕,晾上一周后使用。

聚乙烯、聚丙烯等合成纤维编织的渔网,耐酸耐碱,不怕烂,不怕湿,不易破损,不需要栲染油刷,但夏日露天堆放时需用遮阳布覆盖,不可置于炎日下曝晒。

如今,苎麻网作为捆鱼人的表演道具,已经淡出了"靠海吃海"的舞台,若要再睹它的芳容,恐怕要到滨海村庄"乡风文明馆"去探寻。至于为它妆点、生色的栲网地灶,以及飘扬在半空的缕缕栲香,在1000多平方千米的三北大地上,早已"踏破铁鞋无觅处"了。

配套网具

与网片配套的有网纲、网架、纲(缆)绳、桩基、樯桅,以及调控网片在水中所处位置及张合状态的沉子、浮子等。

网纲绳和网架

网片周边,一般结于绳上,俗称"网纲绳"。纲绳为网的骨架,起到"纲举目张"的作用。纲绳有粗有细,规格不一,过去用麻丝、棕丝编织,后也改用塑料制品。

有些张网、拖网的网纲绳系附于框架中。框架多为竹竿、木棒制成,呈方形、梯形、三角形等多种形状。

纲(缆)绳和桩基

纲(缆)绳是拖曳、固定渔网的纽带,它把网纲、网架、桩基、樯桅、锚和船连接起来。纲(缆)绳要比网纲绳粗些,以所处位置及作用不同,分别称以曳纲、力纲、吊纲、叉纲(俗称"散须绳")及大缆、小缆和长缆、短缆等。以前,纲(缆)绳用苎麻、白棕、红棕、竹丝等为原料,后改为钢丝、塑料绳。

当地定置于桁地的渔网一般用竹木、桩根(基)及铁锚固定。串网、跳网、朗网常用竹竿作桩,高桩张网以高大枫树或粗长毛竹固定,反捕、反杠及浮子张网用毛竹竿深插于海底作桩基(俗称"牛头根"),挑捕、抛钉张网则以铁锚来定位。

浮　子

◇如今使用的张网浮子

浮子，三北靠海人称以"封子""封管""退篰"，原料多样，形体各异，多系于渔网上纲。过去长衣网、对网、流刺网的浮子常以桐木为材料，按需要锯成圆轮、圆柱、纺锤形，再涂桐油以防吃水；流刺类网片每隔一定距离还需加置一个封闭的竹筒，称"封筒""封管"；早先反杠张网桩基上的浮标，用桐油石灰封口的空酒埕替代。现在，随化纤工业的快速发展，渔民可按捕捞需要，选择各种形态、各种型号和不同浮力、不同色彩的塑料浮子。

沉　子

沉子大多缚于网的下纲，调节下纲在水下的位置。以前，沉子由陶土烧制或以石块修成，以方形、瓦筒形为多，有的中间镂孔，方便串线缚扎，后来改用镴（锡铅合金）柱，方便实用。有的小网，早期也用铜钱作沉子，若干个一串。

樯　桅

三北靠海人把网埭端处的浮标叫为樯桅。流网樯桅系于第一爿网衣的前端，作为观察网路走向的一个标志。其主杆为一支8—10米高的毛竹，顶处用不吸水的棕衣扎成多个分杈，在三四里以外的地方也能看到它，中、下部各绑一只浮球，底部套入一爿20—30斤重的石盘，使樯桅垂立于半水中而不斜倒。

有些张网桁地也以樯桅为标记，提示过往船只注意。抛钉张网船樯桅用实心泡沫塑料制成，上插一支长竹竿，顶端绑以太阳能闪光灯。

游丝网两端也设樯桅，上置红旗、闪光灯。

第三节　其他渔具

当地海洋捕捞使用的渔具，除船、网外，还有钓具、杂具及助渔导航类器具。

钓　具

钓捕为一种古老的海洋捕捞方法，在三北一带浅海，可归为垂（手）钓、延绳钓两种，其钓具一般由钓线、钓绳、钓钩、钓竿及浮子、沉子等构成。

钓竿、钓绳和钓线

海岸边和塘河垂钓的钓具，与内河相仿，大多为单本钓，钓线细。以前用的是竹钓竿，20世纪80年代后换成轻质不锈钢钓竿。

延绳钓的干线称钓绳，支线叫钓线。每条钓绳系几十、百余条钓线，钓线下接钓钩，合称一篮。钓线短、细，钓绳长、粗，过去均由麻线制成，新置或使用了一段时间后也需栲染。20世纪六七十年代起改用白色锦纶绳、线，入水透明无色，不易被鱼发现，也省却了栲染之劳。

钓　钩

钓钩的大小、粗细、形态，依主钓对象而定。当地常见的钓钩大致有三类：一类似内河的有饵垂钓的鱼钩，另一类为拉（方言念若"赖"，下同）钓钓钩，还有一类在滩涂钓弹胡、小蟹的钢钩。

在海水中垂钓的钩子，现为不锈钢制作，为防鱼儿上钩后咬断钓线，钓钩与支线连接处置有4—5厘米长的铜丝钩线（后改合金线），有的还设一个环转器（俗称"玲珑圈"），使钓钩、钓线在水流中自由转动，减少纠缠。

拉钓的钢钩比垂钓的鱼钩要大，高 6—7 厘米，齿长 2.5 厘米，不设倒刺，每枚钩子上缚 7 厘米左右长的吊线，挂于一条钓绳上，钩距 8 厘米左右。作业时，几十夹钩绳连插在潮海中，成一桁埭，鲻鱼等一些体形较大的鱼随潮而来，一旦被铁钩扎住，会越扎越深，不易逃脱。晚清、民国期间，坎墩街上有家"德大钉钩店"，钓具质量上乘，三北沿海㧅拉钓的渔民多用他家生产的鱼钩。

在滩涂上宕（荡）弹涂鱼、招潮蟹的钩子，呈锚状，分三四叉，由粗钢丝制成。

此外，当地还有一种用两头尖的细竹丝制成的竹钩，俗称"弹钓"，多见于内河捕钓，在潮海中很少应用。

浮子、沉子和浮标

在港口、浦梢处钓鱼，先后用鹅鸭羽毛管、塑料作浮子，锡镴为沉子。在海湾、海中钓鱼，常用杉木制成浮子，上宽约 5 厘米，下宽 3 厘米，呈秤锤状，每条干线一般串 5 粒浮子。20 世纪 80 年代后，改用塑料浮子。激流处海钓，一般不设浮标，只挂沉子。

活水拉钓作业须设浮标，其结构、作用与网船的樯桅相仿，标明拉钓线路的位置、走向，提醒人们注意避让，免受伤害。浮标材料为一支 2—3 米长的竹竿，下缚一段竹筒，上系旗形棕片，竖于钓绳首、尾端。插钓不设浮标、沉子，每列两端各设一竹竿作标志物，顶端挂以棕片。

秋季钓白蟹的无钩有饵延绳钓，钓绳沉于海底，两端配置两根樯桅、两大块石沉子，每隔两三米再挂荡一块斤把重的柱石，权作沉子。

杂　具

海上捕捞作业，还有好些不起眼的辅助渔具，既多又杂。

当地盛鱼的容器以竹制的为多，但形态、规格、结构不大一样。与缉（腰）网相配的鱼篓，用竹丝专门编制，称作"大笼"，其状似葫芦，高度约 80

◇左为与缉（腰）网配套的大笼和海兜，右为扪横流专用的大笼和海兜

厘米，上口平、大，颈部收，下呈方形；颈处内设一喇叭口的软竹片盖，俗称"倒拴（方言念若'算'）"，扪来的鱼蟹能滑放进去，但爬不出来；与大笼配对还有一只撩鱼蟹用的竹丝制的小挽兜，柄长尺半，称之"海兜（斗）""杆斗"。撬尖鳗、扪青蟹渔人带的竹篓，个头要小许多，大多呈扁形，上口小，中底部大，颈处也置"倒拴"。那些孔洞较大的盛鱼竹筐，称为"篰"，也有好几种样式。

  渔人在牵虾子及高（大）串网"撩大水货"时，盛鱼货都用木制圆桶。虾子桶用木板箍成，桶高60厘米左右，上口直径45厘米左右，桶底直径约70厘米，并下凸成弧形（俗称"胖顶"）；桶板外侧设有四个可穿绳的眼孔，作业时用绳子牵在身后。串网撩货用的圆桶称"推桶"，形态、大小与虾子桶相仿。

  使用延绳饵钩钓的靠海人，以竹篮盛钩、绳。捕前，将钩、绳、线整齐地盛于一箪篮中，周边缚稻草束以扎挂钓钩，每篮放置干线一道。后来，用塑料盆檐边绑橡胶条子替代。

  从事拉钓、小串等一些长期在涂上作业的靠海者，一般都备有一双硬靴，天冷时穿着下涂。这种靴子由牛皮制作，浸过桐油，能防水；鞋底置有铁钉,可防滑;内衬夹袜和稻草,起保暖作用;鞋帮高度达40厘米,至膝盖处。

潮涂采捕作业的杂具品类繁多,结构简单,经济实用。如桃枝竹下套一根弯头细钢筋组成的"蛏钩",弶弹胡的竹筒、篾笼,钩尖鳗的钝口弯头"鳗(龙)刀",诱捕蟳元蟹的"狗尾巴草",照沙蟹的煤油灯,捡蛤蜊的蛤蜊耙,采集紫菜的短柄扫帚等,不胜枚举,难以一一描述。

导航、助渔设备

旧时,渔船出海捕鱼,缺少助渔、导航设备,全凭老大及船工的经验来航行、定位和作业。新中国成立后,随着科学技术的进步,磁罗经、无线通信、绞纲起网机、探鱼测深仪、定位仪、测向仪等一些现代化设备得以应用。

罗　盘

过去,当地渔人在近岸处作业,以日月、星辰及岛礁、陆基地形为坐标。一些大流网船远棹外海,则视水色、水深、底栖生物及底质泥沙等状况,来判定船只所处的大致位置,同时,也用一种旧式罗盘来辨认船只行驶方向。

这种罗盘,渔人称为"向盘",扁圆形,上盖玻璃,直径10—12厘米,高4—5厘米,圆盘中心设一小针,尖顶置磁性薄片,恒指南北。盘边圆周12等分,以"子、丑、寅、卯、辰、巳、午、未、申、酉、戌、亥"地支次序逆时针排列,分别代表12个方位。子、午分别为北、南,中刻一条红线。测向时红线对准船体中轴线。这种"向盘"结构简单,灵敏度、精准度不高,有的船老大备上两只"向盘"互校。

20世纪70年代,当地渔民开始配备磁罗经,采用国际通用的圆

◇当地渔民20世纪70年代以后使用的磁罗经

周360度16个方位制,较"向盘"精细准确。21世纪后,大的渔船都配上卫星导航设施,渔人称为"卫导"。

灯 塔

黑夜在茫茫大海行驶的木帆船,闪烁的灯火就是生命之光的召唤。早先,人们在海边高处点亮灯火,为闯荡在海上的船舶指明归处。古时,胜山娘娘在山上点灯引航,深受当地百姓爱戴。20世纪50年代以后,三北沿海陆续设置了海黄山灯标、高王路灯标、陆丁路灯标、西三灯塔等好几处航标,射程均达7海里。

◇海黄山灯塔

海黄山灯标于1954年9月建成。1993年又投入2.2万元,将空铁管杆子改为砖砌混凝土塔身,干电池光源换作太阳能电源,灯柱高36米,其中,灯标高6米,灯质6秒2闪。

高王路灯标于1956年九塘围筑后建成,白色三棱形钢筋混凝土灯柱,柱高10米,干电池光源,灯质10秒4闪。1991年后废弃。

陆丁路灯标于1965年8月建造,亦为白色三棱形钢筋混凝土灯柱,柱高6.5米,干电池光源,灯质12秒4闪。1991年后废弃。

西三灯塔于1993年建造,面临钱塘至定海水道,角钢砌砖结构,塔身高7.3米,太阳能电源,灯质4秒1闪。

联络器材

旧时,各地船帮以篷帆、旗帜识别。海上联络,白天挥旗或站在高处挥扬衣服,夜间掌灯;遇到紧急情况求救时,白天放烟,夜间点燃柴火。受条件局限,有时也会出现误判情况。

1959年,开始推广收音机收听气象,在外洋捕捞的流网船上后来都配上了半导体收音机。20世纪90年代后,船上渔人都用手机对外联系。

测深器

过去,当地渔民在航行和作业时一般用绳锤和竹竿测量海水的深度。

在水深处作业,渔人一般用绳锤来探测水深和钓钩、网片定放的深度。测深绳长约百米,始用红棕及棉纱制作,后改为乙纶绳,绳索上每段距离标上记号,下端系以镴、铁、石制成的垂子。

渔船行至近岸或岛礁附近时,渔民常用"撩水竿"探测水深或海底障碍物。撩水竿长4—5米,口径5厘米左右,用棕榈丝缚扎为标记,分成上、中、下三个部位。船工站于船头,持竿探测,不时地用号子向舵手报告水下情况。

探鱼仪

渔民出海寻找鱼群,以前凭借前人的传授和自身实践经验的积累。在大黄鱼、小黄鱼、鮸鱼汛期,船老大卧于船舱,用一特制的竹筒,放至水下进行探察,判断鱼群规模、位置、水层及产卵情况。

21世纪后,有的渔船开始试用探鱼仪。

起网(锚)机

过去,起网、起锚均由人力操作,劳动强度大。后来,有的渔船在船首处设滚盘,略后处横置一圆木作轴,固定两侧,圆木两端再设十字形棍状"扳手",起锚时,几个人扳动"扳手"绞卷。

20世纪80年代后,当地的反纲张网、抛钉等渔船上逐步应用绞纲、起网、起锚机械设备。21世纪以来,三北渔人还在丁坝边大扳网旁配设了电机房,绞缆、转轮、起网、放网均遥控操作。

第四章 潮涂采捕

当地海洋捕捞技法五花八门，博大精深，犹如一本厚厚的书。我们把它分为潮涂采捕和浅海捕捞两部分，进行阐述。

潮涂采捕，俗称"靠（赶）小海"，是人们在滩涂上运用手捡、笼诱、钩钓、刀钩、光照、耙挖、网牵之法，以及涉水或划着竹筏在浅潮中布网、推网，来获取海产品。它与驾船在近海和外洋捕捞相比，有渔具简易、风险低、专业技术要求相对不高、队伍大众化等特点。

从捕捞工具来看，潮涂采捕大体可细分为徒手捕、网捕、笼（筒）捕及刀撬、锄挖等几类。

第一节　徒手捕

拾螺捡蛤，无须捡捕工具，男女老少都能胜任，是当地海边人家"靠（赶）小海"常见活计。小蟹、赤鳝、慈鳗居于泥洞中，空手捕扪稍有点难度。紫菜长在岛礁岩石上，采摘者需掌握一定技巧。

捡螺蛤

退潮后，爬伏在涂面上的那些泥螺、海狮螺、玉（肉）螺以及石蟥（海乌龟），不藏不掖，行动缓慢，捕者只要弯下身子，便伸手可得。蛤蜊、海瓜子、黄蛤等朗蛤栖于涂下，穴口有花纹、图案，捡捕也较容易。

撮泥螺

泥螺栖息于潮间带中下涂，退潮后大多爬伏在积水浅洼处觅食，有时，也可见到两颗交尾泥螺盘缠、依偎一起，亲密无间，当地下海人称为"挨磨泥螺"。

桃花绽放时节，风和日丽，涂上泥螺多如夜空星辰。男女老少不约而同，成群徒步或驾泥马船下海，一见成螺，就弯腰伸手，连捡三五粒后，顺手一撮（方言念若"忽"），把附在螺身上的黏液、泥衣从指缝中甩出去，然后放入提桶等随身带的容器中。有的人还披月掌灯，夜间下海捡拾。

儿童及初次下海的人，大多手掌朝下，用大拇指、食指、中指捡拾泥螺。内行者则手心朝上，食指、中指微微张开，指背不贴涂泥，把泥螺夹向手心，或用食指把它拨进中指、无名指和小指的指缝间。这种捡法不但速度快，而且拾到的泥螺不带泥。

第四章 潮涂采捕

◇捡泥螺

有些滩涂泥质细腻、腐软,表面好像抹了一层金亮的菜油,当地人称之为"油涂"。"油涂"上的泥螺个头硕大、丰满,螺壳呈金黄色,肉质肥厚且无"泥筋",口感格外鲜糯,名曰"黄泥螺"。

海蛳螺、玉螺、石蟥以及和尚蟹等一些海鲜,也与泥螺厮守一起,它们不离不弃,悠然自得,但过去很少有人去理睬它们。

20世纪90年代后,三北海涂开展人工养殖,效益显著,但令人怅然的是,男女老少下海撮泥螺等许多富有地方特色的景观消失了。

捡朗蛤

蛤蜊、朗夯(黄蛤)等朗蛤潜于潮间带中下区泥涂中,洞口有花纹、图瓣,俗称"调眼"。朗蛤的入泥深度,一般不超过自身高度的3倍。

蛤蜊洞口缀有"鸭脚板"、草子(苜蓿)花、坠坠花等经常变调的图瓣,捡拾者视花瓣摸捞,百发百中。有时潮水刚退,蛤蜊和其他朗蛤未钻入洞底,其"须(方言念若'苏')头"(有人说是它的"鼻舌")露出涂面上,吸纳新鲜水汽,在此时捕捡最为便利。有的人捡前先在纹痕旁踩上一脚,蛤蜊受惊后喷吐清水,再去摸拾。也有人用泥马船横向外推,使其露出身子,然后循迹捞取。

有几年朗蛤、泥螺旺发,靠海者随带的筐桶盛满后,就把自己的长裤脱下来,在"裤脚管"下端打个结,把捡到的螺蛤放到里面,当作布袋用。

除空手捡拾外,也有人用小钩耙在寒冬钩"风冻"蛤蜊,或用扁担在退潮"潮皮"(即潮尾)处牵黄蛤。

拾海瓜子

海瓜子与蛤蜊栖息在同一潮间区,捕法与捡蛤蜊类似。

海瓜子泥穴稍浅,上面印的是大麦花、梅花、树叶瓣、小花点等"调眼",瓣痕越大,蛤体越大。退潮时,也会露出"须头"来。

三北东中部海涂为浙东海瓜子主要产地。20世纪60年代,伏龙山以西海涂海瓜子旺发,一批来自镇海澥浦渔村的专业渔民,吃住在龙山区沿海公社各大队,专门拾捡海瓜子,收购后统一运至宁波城里售卖。当地居民下海跟学,渐得要领,拾捡技术也日就月将。伏龙山下的地舍自然村,有一帮下海女子眼力敏锐,动作利索,她们只用三个指尖捡海瓜子,且专挑大的,捡到后飞快地把它"弹"入特制的篮筐中,旺产时每人一潮能捕野生海瓜子10多斤。

野生海瓜子,一般都用手捡,一些人工蓄水养殖在平涂上的海瓜子,有人也用兜网刮取。这种刮网长60厘米,宽30厘米,底部网眼0.3厘米,边缘网眼0.7厘米,作业时,深入涂中把海瓜子刮滤进网内,然后用海水洗净,拣去杂质。近年来,许多养殖户还采用净化技术,将手捡、网刮来的海瓜子放入净化池,用电化水刺激吐纳十几分钟,增其活力。

捉　蟹

招(望)潮小蟹、沙蟹及青蟹居于穴下,洞口留有爪痕,捕捉时会"咬"你,因此,要"取"出蟹来不像捡螺蛤那样容易。

柯沙蟹

沙蟹起居,狡兔三窟。其洞穴一般有两个出口,内部横斜,下面有一直落主洞,捕者若不着边际,则获物寥寥。

过去,当地徒手捕捉沙蟹不乏其人,且各具巧妙:有"左右开弓"法,双手分别插入洞口,同时循穴横进,找到直落洞后把蟹抓住。有"声东击西"法,视洞口蟹爪方向,判断蟹在哪个方位,然后用脚踏住无蟹的那个洞,再用手从另一洞插入,循穴摸捉。有"狭路相逢"法,找准直落洞后,用一脚斜插至其穴底,不让沙蟹往深处钻,再用手循洞插摸进去。也有"探囊取物"法,先用锄头掏翻,再用手插入直落洞中捕捉。

龙山镇邱王村村民刘石成(1930—2004),祖籍温岭,虽身子瘦小,但有徒手捕捉沙蟹的一技之长,每天能柯一二十斤以上,被誉为"沙蟹王",其诀窍不传外人。现在,三北滩涂上沙蟹少了,像刘石成这样徒手捕捉沙蟹的高手,也已寥若晨星。

撖招潮蟹

过去,堤塘下的滩涂爬满了与沙蟹个头相仿的"红钳蟹""管门头蟹""管路(大钳)蟹""花元(牛)蟹""蜒元蟹"等各种招潮小蟹,它们生性机灵,一见人影便如惊弓之鸟,慌忙入洞躲藏。

招潮蟹的洞穴较为顺直,口子小,一旁也留有爪迹。捕捉招潮小蟹的多为少年儿童,他们把一只上衣袖管(多为右袖)脱出,塞入裤腰里,一脚跪下,一手撑涂,那只袒露的手顺穴而入,浅的数寸,深者尺半,触蟹后即把它抓住,放入有盖的提桶或其他容器中,乡人称之"撖(方言念若'腾')蟹"。有些小孩也会用同样方法,到下涂去撖蛏子。

有的人在软涂中捕捉招潮小蟹,先用脚斜插穴底,再用手循洞柯取;在干硬的滩涂,则用小锄头掏挖,谓"掏蟹"。

盯"晾梅"青蟹

青蟹(黄甲蟹)常洄游在潮水中,当地靠海人过去用串网、缉网、张网及地笼网等工具捕捞;青蟹有时也栖居于潮间带中下区泥沙里,洞口也有足痕,靠海人一般觅洞掏挖。

梅季及夏令天气炎热,出洞青蟹有的蛰于水汪处,潜入表泥中避暑;有的用步足撑起体躯,在泥涂上透风乘凉,周边若有动静,就在原地侧动身子,沉入泥淖匿影藏身,只露出连成一线的双眼,撮海瓜子、踏赤鳝的人偶尔也能碰上它。当地下海人把这种乘风凉的青蟹称为"晾(方言念若'朗',下同)梅蟹"。

龙山地区好几个经常下海的人,有㧬"晾梅"青蟹的本领。他们待潮水退时,驾上泥马船,在潮尾处(俗称"潮水门头")观望,当发现远处有用步足撑起体躯的青蟹时,就目不转睛地盯住它,驾驶泥马船快速接近,将隐藏在泥淖里的青蟹逮住。到了20世纪80年代,这种"盯蟹"之术已无人问津了。

在崇寿一带,有人在涂滩埋上缸甏诱捕青蟹,"请君入瓮",真乃"无所不用其极"。

㧬鱼鳗

当地海涂上空手捕鱼鳗的人不多,只有几个㧬赤鳝、泥鱼、海鳗的靠海人。

踏赤鳝、泥鱼

当地人在泥涂上㧬赤鳝,用脚帮忙,故称"踏赤鳝"。

赤鳝正洞穴口光滑,显紫褐色,水较混浊,旁附许多小孔。作业时,需不断在附孔上踩踏,当正洞有水喷出时,停止踩踏,马上用手插入正洞去捉,十拿九稳。有时候踏着踏着,赤鳝就被挤到涂面上来了。有的捕鳝者很有水平,找准洞口后,一脚斜插至穴底,不让赤鳝再往深处钻,一手循洞插摸进去,也屡试不爽。

无独有偶,也有人采用脚踏法来捕㧬泥鱼。龙山西门外村的郑南五,生于晚清,从小靠海,既会徒手㧬蟹,又善网笼捕鱼,更有一门冬天踏泥鱼特技,人称"泥鱼老头"。他的脚踏泥鱼方法为:天寒时,泥鱼穴居冬眠,其穴道稍深、斜向,口形多变。他判明、找准穴口后,用一脚从边缘处垂直踏下去,一手半掩洞口,泥鱼挤出来时马上把它捉住,多时一潮也能抲到两三斤。

摸江槽鳗

鳗,河海洄游,潮涂两栖。当地渔人捕捞海(慈)鳗,常用张网、串网、缉网、旋网等渔具,在泥涂中摸抲鳗鱼的则很少见。可在伏龙山下,有一帮专抲"江槽鳗"的靠海人,他们的捕捞手法颇具特色。

以前,伏龙山下至瀣浦山的潮间带最下区,有一条与潮线平行、宽三四十米的海槽,名曰"吸粮江"。在此栖息的海(慈)鳗很多,小的一斤,大者两三斤,当地人称之为"江槽鳗"。江槽中的潮水退尽日子很少,渔人一般选在月初、月中大汛低潮时,驾泥马船驶往那里,抓紧短暂的退潮时机,寻觅鳗穴。找到后,就循洞摸捉,最多时可抲上六七条,运气不好则空手而归;倘若潮水退不尽只能望洋兴叹。鳗身溜光涎滑,捕捉时须掌握技巧,否则到了手的鳗也会逃脱,功亏一篑。

新中国成立前,幼年的沈阿岳随父自福建迁至三北,后成为龙山山下村的入赘女婿。他神通广大,不仅泥涂上抲鳗手技出众,而且还有在潮水中捕鳗的特殊本领。作业前,他先在左手套上一个布制袖套,然后弯腰弓身,徒手在江槽潮水下的泥涂中摸索,潮面上只露出一个人头。当摸到鳗穴时,右手入洞,触鳗后轻缓地把它引至左手的袖套筒中,然后站起身来将鳗放进鱼篓。他的整套动作出神入化,像变魔术一样,旁者面面相觑,佩服不已。村里几个下海人跟着他学,因难得真谛,收获不大。沈老师傅早已不下海了,那条江槽也由沧海变成桑田,他那"海底捞针"的捕鳗技艺,已无用武之地。

摘紫菜

野生紫菜东一丛、西一簇,长在岛礁岸石上,潮涨时没于水下。若去采摘,需掌握专业手技,也要船只伴行,还担一定风险,因此只有几个有经验的靠海人敢揽这个活。

采紫菜,最好选一个天气晴好且为小潮汛的日子。出发时带上一只小竹筐、一小袋草木灰、一把硬脚扫帚。驾船登岛后,待潮水退下、紫菜完全露出时,就往菜叶上撒些草木灰,吸其水分,接着用扫帚顺着扫,拂去菜地积水和叶瓣上的草木灰,然后再逆向扫,把菜叶在岩石上卷拱起来,让其受风吹日晒。待上片刻,再蹲下身子,用拇指、食指、中指三个手指拉住菜叶下部,扯断后放入筐中。一处收完后再换一处。若潮水始涨,由低处往高处摘,潮水退时,则先摘上后扯下。一潮下来,一般能采集五六斤。

有些紫菜长在悬岩峭石上,一般人爬也爬不上去,站也站不稳。收菜渔人在那风口浪尖处作业,大多换上草鞋,小心翼翼,防止滑入浪潮中。由于受天气、潮汛及采集周期的制约,出海收紫菜的时机不是很多,有的渔民往往在岛礁附近捕鱼作业时,顺路过去采集。

天然紫菜属自养生物,一个冬春为一个周期。由于采集时留下了菜根,因此仍会抽出嫩叶,过上半月、二十天便可长成,能连收六七茬。采集紫菜一般从立冬后开始,过了清明,气温升高,雨水充沛,菜叶疯长后便慢慢枯腐、沤烂。

现在,三北海域紫菜资源所剩无几。当地靠海人若要采紫菜,只能驶船去七姊八妹列岛了。可喜的是那里的大妹山岛、四平头屿、笔架屿和大小长坛山、东西扁担礁等一些小岛礁上,还摇曳着一丛丛婀娜含羞的天然紫菜,其成色和数量不减当年。一些有兴趣的人,请当地老渔民引领,乘船渡海前去观光、采摘,留下人与海洋亲近、与自然和谐的美好瞬间。

第二节　网　捕

潮涂网捕，指渔人不驾木帆船在岸边或踏涂，或涉潮使用敷网、缉（腰）网、小（顿）串、牵（拖）网等小型渔具所进行的捕捞作业。这些靠海者，多为青壮农民、盐工，也有少数专业、半专业渔人。

敷　网

敷网是人们捕抲鱼虾的早期网具之一。

当地敷网大多为撑架式罾网，规模偏小，常布于桥脚、浦口、港湾、出海碶闸旁及潮水中，渔获物为中小型鱼、虾、蟹类水产品。21世纪初，当地渔人创新出一种叫"大板网"的敷网，科技含量骤增，生产规模有了重大突破。

罾网

当地常见的罾网有扳罾、向天罾及船罾。

扳　罾

扳罾，新浦一带也称"撬网"，单人操作，使用方便，只要把网片沉于水底，人立于岸边，隔一会儿把网提拉上来即可。

扳罾网具制作简单。网片呈正方形，四周置纲，一般边长3米左右。装配时，取4支4—5米长小竹竿，俗称"撑竹"，两支一组，分别在根端30—40厘米处交叠互扎，然后合成一个"十"字形网架。"撑竹"梢端分别系于网纲四角，上部"十"字交叉处缚上一根长约5米的竹竿，称为"扳竹"，用它提启网架、网片。

将网敷于水中后，一般过上3分钟左右起网一次，潮流急的地方可缩

◇扳罾

短间隔时间。提网离水后,若无渔获物,仍轻放于原处;若有鱼蟹,渔人随即提升、竖起"扳竹",将网片内纲靠近身边,操小撩(抄)网挽取渔获物后,再把网放入水中……

有的靠海人也将"扳竹"的根端置连一段1—2尺长的"横木",固定在岸边,作为支点,再在4支撑竹交叉处系上一条绳子,称以"扳绳"。起网时,渔人脚踏横木,双手拉绳,把网拉出水面,收取渔获物后,再放松"扳绳"敷网于水下。

向天罾

向天罾,有的也称"撩网",小巧轻便。网片约1米见方,用一长竹竿紧扎十字架撑竹,形似倒置的扳罾网。

向天罾常捕在水面嬉游的小丈鱼。作业时,渔人站立岸边或浅潮中,双手持长竹竿把网敷于水面下30—50厘米处,动作隐蔽、轻快,静待2—3分钟或见鱼儿入网后,一手压住竹竿末端,一手握住竹竿用力往上提起,快速把网升离水面,取下渔获物后,再将网放入水中。

此外,还有一种网具结构、操作手法与向天罾相仿的罾网,需配渔船,称为"船罾",捕捞地点常选在海底平坦的浅水区。

大扳网

21世纪初,当地一些靠海人在扳罾捕捞的基础上,借鉴外地渔民用机械装置的大网在大江大河中捕捞淡水鱼的做法,于当地海塘丁坝尽头进行仿试,经过两年实践,这种名为"大扳网"的操作方法及配套的机电设施基本成型。至2012年,散布于澥浦山至四灶浦岸线下的固定网点,达到40多处。后来,按上级规定,大扳网作业已被限制。

大扳网网片也为正方形,每边长近30米,网面有1亩多大,这与传统的小罾网相比,不可同日而语。

大扳网放置于御潮海塘下面,以丁坝尽头两侧、丁坝横塘外侧为多。网的内纲离岸约20米,左、右两只网角分别用一条长约40米的绳索与塘边海涂桩脚紧拉连接,与网的内纲成一条直线。网的外纲左、右两角也各缚一条约50米长的绳索,将外纲拉紧绷直,绳头固定在海底桩脚上,与网的外纲成一条直线。离外纲左、右两角外2米处的绳索上,再分别连接上一道撑杆,撑杆由一根12米长的钢管制成,根部与置于海底的桩脚灵活相

◇岸坝边的大扳网

连,网沉入水底时与左、右纲线平行。网的外纲左、右两角也各系上一条50米长的绳索,斜向下方海涂,连接于海底桩脚上,与网的外纲和那条绳索成145度角。休渔时,撑杆成垂直状,将整片网片悬于空中,撑成一个外纲稍高、内纲偏低的斜平面,近内纲处自然地形成1米多深的网肚。

岸上建有电机房和休息房。机房内外设有转轴、转轮,通过绞缆分别连于扳网左、右纲的内端处,绞缆与左、右纲各成一直线。休息房至扳网内纲中心处有一条毛竹架、毛竹片搭成的吊脚走道,高约4米,宽1.5米,两边置1米多高的竹片护栏。走廊尽头两旁各挂吊一只可宕至水中的网箱,上面架子上搁放一顶约6米的长柄撩盆(抄网)。

潮水涨至塘(坝)下时,渔人开始作业。先按动绞缆转轮的遥控器,放松钢索,让撑杆慢慢向外斜躺至涂面,这样悬于半空的网片便徐徐下降,沉入水底。待上十来分钟,开始起网,先按动遥控器,回收钢索,慢慢拉起撑杆,四只网角先出水面,接着外纲、东纲和西纲、内纲也依次冉冉升起,形成外纲高、内纲低的态势,网内渔获物滚落于近内纲处的网肚中。此时,渔人站在竹廊尽头,手拿长柄撩盆(抄网)撩出渔获物,把大、小鱼分别寄养在旁边的两只网箱中。撩货结束,放下渔网,休息片刻,待下一轮起网。

入网鱼蟹稀缺时,或潮水退后,挂网休歇。每道大扳网每潮可捕三四十斤鱼货,以大小鲻(梭)鱼、鲈鱼、小丈鱼、梅鱼、泥鱼、弹胡为主,夏秋时还有白蟹、青蟹上网。2012年秋,郑家浦一位渔人在淞浦丁坝口一潮捕了100多斤鲻鱼与其他鱼蟹。

后来,许多渔人在一个作业点架设左、右两道同样的大扳网,使用同一套机电设备,一人操作,两道网此起彼伏,轮番作业,经济收益和机电设备利用率成倍提升。2016年夏季,龙山西门外村老渔民方自更与妻舅联手,在潮浦山附近一道丁坝旁设了2处固定作业点,置了4张大扳网,收益很好。有次一网捕了80多斤小丈鱼,足足撩了10分钟。没过几天又扳上了一条30多斤重的大青鱼。

缉（腰）网及横流、小笆、大棚

缉（腰）网属潮间带移动性兜状抄网，单人涉水操作，慈东一带称之为缉网、推缉网，西部地区则叫腰网、三角网、小笆网，是当地常见的一种靠海网具。

过去，当地靠海人在潮海置有横流、小笆、大棚及泥鱼涨塘等一些捕捉鱼蟹的设施，也以缉（腰）网作为捕捞工具。

缉（腰）网

梅夏至中秋，海边青壮男人在晚上或闲暇时间，常用缉（腰）网在潮水中推捕（新浦一带也称"步抲"），渔获物有小丈鱼、箬鳎、泥鱼、鲻鱼、章跳、梅鱼、白蟹、青蟹、白虾、黄虾、海鳗等。

缉（腰）网由3支撑竹和1顶梯形网构成。其中2支撑杆，各约4米长，根部叠连，展开后成"V"字状；杆头上各缚一翘头、船鞋状挡泥板，称为"翘仰脚"，以防贴涂推网时杆头陷入泥中。网衣网眼较密，能捕到小鱼小蟹，故有人叫成"紧缉网""紧网"；前纲阔3—4米，两角分别系于撑杆的上

◇小型缉（腰）网

端；左、右纲边长近2米，双道纲绳，套于2支撑杆的上半段；后纲宽1.6—2米，竖直时网袋深30—40厘米。开网时，在撑杆根部上方约1.5米处再拴1支1.6米长的撑杆（新浦一带叫为"安撑"）作为横档，似倒"A"字形中间一横，以绷紧前纲和另外两条撑杆；后纲中间结一绳圈，开网时也套于横档中，以防后纲移动。

缉（腰）网的盛鱼背篓由竹篾专门编制，称"大笼"，颈处内设一喇叭口的软竹片盖。与大笼配对还有一只用竹丝制成小挽兜，俗称"海兜（斗）""杆斗"。

推缉者携网徒步或携泥马船、竹筏、皮划艇下海，开捕前将大笼背在身后，"海兜（斗）"置放于笼口倒栓上，斗柄搁在左肩，随带的小船系上绳子拖浮在身后水面。一般于水深30—40厘米处撑开缉（腰）网，斜入潮中，前纲贴近泥涂，人立右侧，手持网杆推着前进。一般每前行十几步或一两分钟停一下，左手下压右杆下方作为支点，右手用力上提横档作动力点，利用杠杆原理提起网来，若网内有鱼蟹，就斜竖撑杆，右手用"海兜"将渔获物挽搋至背后的大笼中。在逆风中推缉，起网和挽货时还得转过身来，免得渔网吹罩在身上。推缉者常在潮水及腰处作业，有些后生和靠海高手则可涉水至胸部。

无论日潮夜潮、涨潮退潮平潮、顺潮逆潮，何时何处，凡有潮水的地方均可推缉。一般来说，上半夜涨潮时逆流推捕，渔获物最丰；"暗星夜"（即朔月时）蟹蛄较肥；油涂处鲻（梭）鱼、小丈鱼多。秋汛时换上专捕白蟹的稀目网，则多在退潮中顺水追缉。也有人持网立于竹筏、台凳上，在较深水域兜缉，新浦一带渔人称以"竹船舸"。

夜间作业，早期头戴灯笼照明、诱鱼，后改为煤油灯具。夏季朔月涨潮时，下海缉鱼的人最多，有的单个独行，有的好几个人排成一列，茫茫海天间，渔火点点，犹似闪闪星辰。

在潮间带下区推缉，要注意潮水涨速，及时返回。西部海域推缉的渔人在退潮作业时更需计算潮时，因那里的滩涂平坦宽广，潮水涨速快于人的涉水速度,应在潮水未达低潮线时提前返回,以防怪潮及事故发生。

时过境迁,如今早已没有下海推缉搞副业的人,海边人家也不见了搁在檐廊中的缉(腰)网和大笼。

抲横流

横流,是三北靠海人从古代"插芦栏鱼"衍化而来的一种捕抲鲻鱼的方式,一直延续至21世纪初。

横流捕法虽然原始、古旧,但其设施、作业流程并不简单。每道横流一般四五人合伙经营,称"交(方言念若'高')漕",也有人单独小规模作业的。捕捞前,需在头年冬天备好1000余支3米长的毛竹脑梢,除去下面两三档枝杈,削尖,捆放在一起。同时,制扎好竹筏,每人一只。

布 桁

翌年初夏,拣一个风平、潮小的日子,下海排插竹梢,布置桁地。合伙人越多,桁埭越长。

横流大多设在潮间带下区平坦、细软的海涂上,与相邻的横流距离应在3000米开外。插竹布流时,一般以潮间带下区为起点,把一支竹梢深插于地下,接着在其东北方向1米处插牢第2支竹梢,按两点成一线原理,将竹梢直插至低潮线下约200米的浅海中,构成一道一二里长、横切潮流的竹篱笆,称之"横流"。在横流的上端起点,往东南方向以同样材料、方法插上一道长200—300米的竹篱笆,叫作"直流"。横流与直流呈喇叭状,相交处留一约3米宽的缺口。竹梢要插深插牢,桁埭长的需花三四天时间。之后,随着泥沙的积淀,竹梢会慢慢地"钉"在泥涂中。

竹梢笆插好后,再在横流直流相交的缺口处及横流东面2米处搭筑若干个脚凳,桁埭长的需搭10多个,凳距70米左右。脚凳呈梯形,用4根老毛竹斜插作桩,周边各设6道横档固定并作阶梯,凳面平铺竹爿,形成一个高约2.5米、底宽1.3米、面宽0.8米的梯形立体作业平台。

缉 捕

横流主捕鲻鱼,多在夏秋夜间涨潮时作业。

届时，渔人各背一只竹筏，随带一项网杆稍短、网幅略小、网目较疏的缉（腰）网及大笼、海兜，步行至横流下方，一人守一个脚凳，将竹筏系于各自凳旁，接着背上大笼、海兜，点亮头灯，待潮水涨至四五十厘米时，撑开缉（腰）网，沿横流竹梢东面 2—3 米处上下来回推缉，把捕获的鲻鱼用海兜挽搛至背后的大笼中；待潮水涨至腰部以上时，爬上脚凳，站在横档阶梯上进行兜缉，并随着潮水上涨移向上档，直至立在凳面平台上作业。当潮水再大时，则乘上竹筏，越过有人兜缉的脚凳，到上一处去捕抲，一般每人兜缉 3 个脚凳。直流横流交界缺口处和那只脚凳旁，鲻鱼最多，潮水到时就有人把守。

横流缉网与一般海上推缉不同，其水深、潮急、流斜，放网、持网、起网时需掌握一定技巧。作业时，大家互相招呼，通报渔况潮情。一潮下来，每人少时只有几条，多则三四十斤，若运气好，遇到鲻鱼群，可抲到上百斤。捕抲结束，大家一起撑筏回岸。

"沧海横流，方显英雄本色"，没有胆量、不谙技巧的人是不敢蹚这摊潮水的。抲横流收益好，投入成本也不高，但风险确实很大，新中国成立前有好几名渔人葬身于横流激浪中。20 世纪 80 年代，龙山码头外面一位抲横流的靠海人，作业时突遇劲风急流，他急忙躲入竹筏上那只箩筐内，在风浪里漂荡了两天，至外海滩浒岛时才被人发现，幸免于难。

20 世纪 60 年代以前，三北潮海上设有二三十道横流，后渐渐减少。2010 年后，只剩徐家浦下那一道了。

小　笆

观海卫以西一带潮海，有一种类似横流作业的捕法，俗称"小笆"。其结构较为简单，操作相对灵活。

潮水退尽时，渔人在潮间带中区选一处泥质较好的滩涂，编插好 3 条竹梢笆，每条长约 40 米（后用尼龙网替代，间插竹竿拴固，网高 1 米左右）。旁边两笆横向，中间一笆斜向，形状有点像一个反写无点的"之"字，相邻两笆的夹角小于直角，交叉处不连接，留一口子，缺口的宽度与缉（腰）网前纲相仿。涨潮时,左边的横笆和中间的纵笆形成一个偏东北向的"八"字状喇叭口,面迎涨潮潮流;退潮时,右边的横笆和中间的纵笆则形成另一个偏西南向的"八"字状喇叭口,面迎退潮潮流。

潮水涨来时,渔人手持腰(缉)网,站在左边口子上,兜缉顺潮、循笆而来的鱼蟹,捕到潮水至胸部时回岸。退潮时,渔人则立在右边那个缺口上兜缉,捕到潮水退尽为止。有的渔人也随带竹筏作业。

小笆的渔获物,多为小丈鱼、泥鱼及小虾小蟹。涨潮渔货获物多于退潮,个头也稍大些,传有"落水小笆,小鱼小虾"老话。

大 棚

大棚,即渔寮、息舍,也称"拗(方言念若'㐱')棚""茅舍",可休歇、捕捞,有的还上盖草帘,以遮蔽风雨,多见于中西部潮海中。其形态、结构与横流的脚凳有些相似,规模稍大,作业时也配以缉(腰)网、竹筏。

大棚搭在大潮低潮线(当地人俗称"花坎")稍北处,以几根"长梢"木材或较粗毛竹竿插于涂基作桩柱,南北向分别设置梯阶,桩柱上用木板钉成一个四方的高脚平台,台面高于最高潮位线。涨潮时,渔人站在北面梯阶用

◇搭建在潮海中的大棚(渔寮)

缉(腰)网迎潮兜捕鱼蟹,随着潮水的上涨往台梯高处移动;潮水涨平时,人在台面或船筏上休歇;退潮时,人立南边梯阶持网捕捞,至潮水退平。

在崇寿一带,有些缉(腰)网的靠海人设置3米高的三脚平台(梯凳),两侧排布向内斜伸的簖或网,各十来米长,呈"八"字状,台凳下留一口子。渔人带着竹筏及小缸灶、保暖衣物下海,吃、睡都在竹筏上。作业时,以梯凳作站台,张开缉(腰)网捕捞游弋的鱼蟹,竹筏用一条10米左右的绳子维系在梯子上。冷天捕捞,渔人穿上牛皮硬靴,底下再套上草鞋,以防滑倒。

在庵东地区,也有人在大棚的南边插上两垜竹梢篱笆助捕。竹笆呈"八"字形,喇叭口面对落潮方向,在高脚平台下相交处留一直径约3米的半圆形网兜口。落潮时,渔人立在平台南横档上,张开缉(腰)网,迎潮兜捕鱼蟹。先前的竹笆较为短、矮,后以竹桩固定的纤维网片替代,高度升为2米,长度增至300—500米。

大棚建于较深水区,有时被风潮刮倒、行船撞翻,罹难之事时有传闻,留有古人"人世风波到处悲,喜侬不作望夫台"的诗句。

兜涨塘泥鱼

早春时,幼小泥鱼随潮而行,夏季长成,潜游于潮间带中区涂中。三北靠海人常挖泥堆塘,涨潮时用缉(腰)网兜捕,故称"泥鱼涨塘"。

兜捕涨塘泥鱼,一般先在潮间带中区选择泥质较好的涂埭,用涂泥堆筑成上、中、下3道土塘,塘间相隔200米左右。每一道泥塘由2条长100多米、高30厘米的小土塘组成,倒"八"字状,面向涨潮线,北面口子宽达百米,上口收至3—4米。

当潮水涨临时,渔人候在最下一道土塘的上口处,打开缉(腰)网兜着,潮水涨至,间隔一分钟快速起网一次,挽取鱼货后立即下网。当潮水漫过泥塘顶部后,急忙行至上一道泥塘上口,继续作业。

由于两条土塘呈喇叭状,潮水涨抵土塘北口后,那百余米宽泥涂上的潮水,全都涌向那个只有3米多宽的上口,涨速增快,潮流变激,水中和涂下的泥鱼及小丈鱼都被冲向上口兜着的缉(腰)网中。旺季时,一潮捕获到二三十斤泥鱼不算多。

泥塘在初夏时构筑,潮流冲刷后在捕前加土补缺,秋后放弃。

牵　网

早先,当地潮涂上常能见到有人牵(拖、推)着细目渔网捕抲小海鲜,有单干的,也有合伙的。牵网形式多样,结构各异,主捕对象也不尽相同,常见的有丝拉网、百袋网及虾子网、沙蟹网、泥螺网等。

丝拉网

丝拉(拦)网,也为刺网,靠海人牵着它主捕在浅潮中游荡的小丈鱼,俗称"牵丝拉"。牵丝拉两人合作,一人为上手,一人做助手,多在天气热、潮速慢、风浪平的白天涨潮时作业。

潮海丝拉网,可分大、小两种,均无囊,由尼龙丝线(先前用蚕丝线)织成,上纲分段装浮子,下纲卷镴锡。小网每架(顶)长约15米,高1.5—2米,网线直径只有1.2毫米(俗称一二丝),网目1.5厘米左右,每架网重约2斤;大网每架(顶)长也为15米左右,高2—2.5米,网线直径为1.5毫米(俗称一五丝),网目2.5—3厘米。大网、小网均由三四架(顶)网接联成一担(道)。

◇丝拉网及配套器具

抲丝拉的渔人一般置有5—7担小网和2—3担大网,并配以2条20米长的曳纲(俗称"牵绳"),2只形如长柄撩盆竹架的平衡器,2组两端有凹槽、长约20厘米的上、下木撑杆,2支一人长的竹棒。

庵东及西部一带靠海人抲丝拉的网具相对简单,两个合伙人只备一道 40—50 米长的网,每隔 50 厘米设档,高度只有 50—60 厘米。

抲小网

抲小网丝拉,渔人涨潮时徒步下海,一般在潮深 0.5 米处出网。上手师傅先把一担网的上纲挂串在竹棒上,理顺网衣。助手协助上手师傅连接好网缘上、下撑杆和浮于水面的平衡器,再系上牵绳。出网前,上手师傅右手略为朝上提起竹棒,防止网纲、网衣滑出散乱,左臂挽住网衣中央,使其成一斜面状;助手将牵绳绳头套在左手腕,右手持一竹棒,快速向东北方向潮水深处行走。出完牵绳后,上手师傅放出网前端的撑杆和平衡器,背向西北,一边缓缓倒行,一边慢慢出网。网入水中,上纲浮在潮面,下纲沉入水中。上手师傅放网时,助手转向正北方,慢速轻步前行。

当上手师傅出完一担(道)网衣和后端的撑杆和平衡器后,助手改行西北方向,上手师傅也慢慢放出牵绳,将绳头套在右手腕上,左手持竹棒朝西北而行,一边观察鱼情,一边调控助手行走的方向和速度,他走在上方,助手处于下方,两者相距 60 米左右。此时,网的移动与潮水流动为同一方向,网的拉动速度略快于潮水的流速,这样被牵拉的网衣上纲的浮子呈新月状,弧面朝西北,俗称"淘箩弯"。

此时,弧圈内的小丈鱼遇网跳跃,上手师傅与助手各自一手牵网,一手用竹棒拍击水面,驱赶鱼儿游向网埭处。尽管有部分小丈鱼跃出网外,但大多数被赶往网袋,鱼鳍一旦被网线挂住,就卡在那里难以进退。约过 15 分钟,两人同时先朝西、再往西南方牵行,前进 30 米左右后,双方保持在同一潮位线上,继续往浅滩方向走去。当水深不足半米时,两人背向背倒行靠拢,同时收绳、收网。收网时把平衡器套挂于小手臂上,将上、下纲闭合,以 50 厘米网衣为一绺,整齐地拿挂在手中。收完网衣,两人刚好会合,于是将这担(道)网连同被缠牢的鱼儿放入一只随带的网线袋中,吊挂于一根插于泥涂上的竹竿上,网线袋浸浮在水中。接下来,理好牵绳、平衡器和撑杆,开始另一担网的围捕作业。

四五担小网捕拘完后，急急收工回家，将网放进盛有冷水的木桶里。为不让鱼儿变质，此时一家老少都上阵，以最快速度把网中的鱼摘下，挑到市街上去卖。柯丝拉不会空手而归，一般每潮至少能拘一二十斤，最高纪录为百斤，渔获物除小丈鱼外，还有小章跳、泥鱼等小鱼。

柯大网

大网拘法与小网大同小异。小网作业时潮水最深处在腰部，而大网可至胸部，因此拘大网者须水性好，体力壮；小网一般于盛夏时节在"潮皮"处捕拘体形较小的小丈鱼，大网则多于麦收和梅雨季节在潮深处围捕体形大一点的小丈鱼，当地人称之为"大麦黄""梅黑眼"；小网围拘收工后，都将网中之鱼带回家里去摘，而大网捕者则在收网时就当即把鱼摘下，放入挂在身上的竹制大刀鞘（一种竹编的鱼篓）中；倘若这担（道）网的鱼货特别多，就带到家里去摘。

无论拘大网还是拘小网丝拉，都需置专门网具，掌握特殊的捕拘技法，因此深谙这门技巧的人不是很多。生于1905年的龙山西门外村陈银贵，在龙山潮海被尊为拘丝拉小丈鱼的祖师爷，人称"银贵屃贝"（龙山人把小丈鱼叫为"屃贝"）。他的技艺世代相传，大儿子陈阿毛（生于1945年）7岁时就下海拘丝拉，青出于蓝，也扬名当地渔界。阿毛师傅的弟弟、姐妹、姐夫妹夫及儿孙都从事过这门行业，旺季时家里男女老少齐下海，成了伏龙山下潮海一道亮丽的风景线。观海卫一带也有专拘丝拉的渔人，其中东山头村的徐财高师傅，捕技出众，颇有名气。新浦镇余家水路应兴海（1930年出生），与妻子搭档，一直在当地潮海牵丝拉，经验丰富，每次下海捕获量总比别人多。

20世纪80年代后，有的拘丝拉靠海人配备了机动小舢板船，不仅行动快捷，还可作休憩、存物、摘鱼之处。

现在，三北潮海已经很难见拘丝拉的渔人了，这项富有特色的海鲜捕捞手艺也面临失传境地。

百袋网

百袋网类似大拉网,俗称"牵百袋网",也有人叫为"封拦(方言念若'勒')",是杭州湾慈、余滨海农村的一种传统副业,许多盐民、农民备有此网。早在1952年时,仅庵东海星(现境)一个村就有百袋网71担。[1]

百袋网长4米多,分上下两片,前开后合,深60厘米左右,开口处上下有纲,两纲间置一细绳以固定上、下层距离;合拢处依次排有60只锥状小囊袋,袋口均成斜切面,上层长于下层,袋肚深约1尺,网目较小,只有1厘米左右;下片网纲每隔2—3厘米系上一镴锡沉子,作业时下层网口底部紧贴涂面。

◇收拢后的百袋网

牵百袋网合群作业,一般在落潮时进行,少则三四人,多则十几个人。合伙者每人备2张网(俗称一担),再带上一根竹棒,下海和上岸时用它来挑网,作业时拿在手中探路。开捕前,先将大家的网片连接成一条长带形,头尾各一人,中间每隔2张网立一个人,大家弓身用一条拉绳牵网,同步逆潮缓行,使水中的网张开口,并让网埭保持一条直线。牵网甚为费力,因此牵网者多为身强力壮的中青年。

当地海底平坦,涂泥淀实,适宜于这种捕捞方式,渔期一般在农历三月至十月,以中秋为盛期。捕捞对象主要为鲻鱼和小丈鱼。据庵东马水焕、陈尧书先生介绍,百袋网作业常见的有牵潮皮、牵潭、牵滩3种方式。

牵潮皮

牵潮皮,庵东渔人也叫成"牵里涂"。潮皮,即为潮水边缘的意思,指涨潮潮头或退潮潮尾处水深只有一两尺的海涂。

退潮初,几个合伙渔人将所带的百袋网连接好后,对着潮流一字排开、牵动。此时,杭州湾滩涂上的潮流从西南流向东,水中的鲻鱼及丈鱼则常迎着潮流在油泥里觅食,大家牵着网同步前行,觅食鱼儿因面对网口,容易被牵进网囊内。

牵于网埭里、外(即上、下)端处的两个人俗称"勒头",上(里)面那个"勒头"始终靠近潮水的边缘处,涉水较浅,而下(外)面那个"勒头",处于齐胸深的水中,由个子高、懂水性的壮汉担当。

牵 潭

杭州湾滩涂因潮流和雨水冲刷,致使涂面形成沟壑,当地人称之为"潭"。"潭"呈树状分布,有点像陆地上的河流,其流向与潮流方向趋同,主潭流向一般从南向北,叉潭流向多为东南往西北或者西南至东北。

牵潭作业选择在潮水就要退尽但还未退尽的时候进行。渔人涉水至潭的下方,先将百袋网横切潭流一字排开,然后逆流牵向上游。此时潭中的鲻鱼及丈鱼正欲返回浅海,刚好被拦入网袋中。

牵 滩

牵滩在退潮时潮水较深处下网,人们由北向南牵行,一般到了涨潮时才收网。其方式与牵潮皮有点相似,但合伙人数有差别,牵潮皮的人不能过多,而牵滩的人却宜多不宜少。

有时也驾船下海作业。至潮水深约 1.5 米处,大家下船放网,每 2 顶网的两端各有一条曳纲,每放 2 顶网后,一人下水拉拖好两条曳纲,全部网片放完后,大家拉网向岸前进,网带与岸线平行。至潮水退平,选从近船一侧起网,把鱼货与网一起放入船中。收网毕,众人上船,随涨潮返航。

牵百袋网系群体性作业,鱼货大家均分,若牵到大鱼或分剩有零头时,则奖励给牵潮皮时位于深水中的那个"勒头",或牵潭时排在潭水中间的那个人。

虾子网

三北海边人家很早就用张网和拖网捕捞虾子。虾子的渔期在农历二月至五月、八月至十月,春天水温低时以张网作业为主,夏秋天气热时则取拖网捞之。

　　虾子牵（拖）网一般不需驾船作业，人们涉水拖曳，当地靠海人说撑着船去拖虾子是"大材小用"。网牵虾子的技术要求不是很高，因此下海去牵（拖）虾子的人较多。据调查，20世纪50年代后期，新浦腰塘村220余户人家中，就有123户计230张（顶）虾仔网，140多个人下海牵虾子，其中10名为中青年妇女。[2]

　　网拖虾子有牵（拖）、推两种方式。

　　牵（拖）捕

　　拖捕虾子一般选在涨潮时，作业地点在潮间带下区浅水处。开捕前，先用一顶绸片细布制成的小撩网（新浦一带称为"虾子眼睛"）在水中试捞，探察虾仔分布密度，若浮游的虾子不多，换个地方再探；若数量较多，则下网捕捞。

　　虾子拖网网袋用细麻丝编织或麻布制成，网目自网口至网尾渐渐缩小，网袋呈锥形，深6—9米，网口系于长方框架上，网尾打活结。网架由4支竹竿扎成，一般阔（宽）2米左右，高约0.5米，竹竿节间均钻一小洞，让潮水进入以增加自身重量而下沉，达到网架垂浮于水中而不着地的目的。四角系叉纲（俗称"虾须绳"），汇结于曳纲（俗称"手绳"）上。

　　渔人下海，常结伴而行，各自用一根略翘的木扁担挑渔具，一端挂网具，另一端系一只虾子桶（有的还内放夹袄裹着的饭盒、水瓶）。那扁担一头大，置两个老鞋钉作齿，防此绳结滑移；一头稍尖，便于插入泥中作桩。作业时，拖捕者把虾子桶上的绳子系于腰间，一般涉于0.6米左右深的潮水中，用手绳拉动不沉底的网架，顺水拖曳，适时将袋底的渔获物倒入套有网袋的专门淘箩里进行滤筛，拣去海藻及杂鱼后，将净虾仔盛于虾子桶，继续拉网兜捞。

　　拖捕虾子每潮的渔获物少则十几斤，多则五六十斤，有的人潮水涨平后还连续牵退潮。上岸后，将虾子洗净沥燥，上街、串村售卖，余下的入桶拌盐，制成咸虾子。

推　捕

虾子推网的作业地点及操作要领,与拖网相差无几,只不过靠海人在捕捞时用力形态不同而已。

推网渔人下海,带上两顶麻布(丝)细目网(称一担)及一只虾子桶,用一根木扁担挑着。推网的网具比拖网小些,网肚深4米多,前大后收,尾打活结。两顶网各自系于一个竹制的长方形框架中,上横竹稍粗,下横竹细些。

作业时,捕者在扁担两边各挂一顶网,虾子桶缚上绳子系在腰间,拖浮在潮水中。推行中,扁担挺于胸前,逆流前行张兜,待网内货多时及时收取。推网要比拖网省力,妇女和大孩子也可操作。

沙蟹网

沙蟹网,不入水中,在干涂上牵捕。

铺开的沙蟹网,有的呈裁缝剪刀状,有的如酒埕,长约20米,最宽处6—7米,网线不粗,网眼边长8厘米左右;网头两侧各系虾须绳,连于一根10多米长的铅丝、纤绳或长条竹篾上。

牵蟹人在潮水退后,随带蟹网两张,选择蟹洞多、人少、没有石块及废弃竹桩的无水干涂,将一网铺开平摊涂面,网身背着太阳光,这样,拉网时人的影子在前。接着,走至50米开外处,把另一张网同样展放好。然后,悄悄地弯身跪地爬回第一张网处,蹲下静待,见许多沙蟹爬出洞外,就一手拉住网头铅丝或纤绳的端处,俯身猫腰,一手撑地,快速朝前奔跑,这样,一张平铺的蟹网顿时被合拢成一条网带,网眼间那些沙蟹防不胜防,还未逃入洞穴,蟹爪就被网线缠住,无法挣脱。牵蟹人摘下网中沙蟹,放入鱼篓中,换个地方摊好蟹网,再去牵收另一张网的沙蟹。在拖牵过程中,如网衣沾有泥淖,及时找一个有水的地方清洗一下,以方便网片铺摊,也能防止沙蟹逃脱。这样,两张网往复摊捕、牵拉、摘蟹,直至收工。

牵沙蟹一般一人操作,有的也找一个儿童相帮,戏称"牵沙蟹带黄狗(方言念若'跟')"。夏季沙蟹旺发,产量最高,多时一网可牵三四斤,日捕量高时达几十斤。深秋至初冬沙蟹质地最佳，再加此时农事稍闲，有些农民也去牵捕。

泥螺网

过去，泥螺旺季时，庵东、新浦、观城等地有人用网拖泥螺，称为"牵泥螺""牵吐铁""吐铁铃"。网牵泥螺产量虽高，但大小都有，螺体中含的泥沙也较多，质量要比手捡的差，对自然资源损害程度也相对大一些。

泥螺网网目较密，约0.5厘米，网口长3米多，宽40—50厘米，套于一根略长于网、3—4厘米口径的竹竿上，竹竿两端系上长绳。作业时，渔人用肩膀背拉牵绳，网随竿贴涂而行，所过之处大小泥螺及海蛳螺等涂产品皆入网内。拉了一段涂面后，把网内海货装入布袋，接着在新的涂面再牵拉。一潮完工后，走流沟、泓埭等有水的地方，把布袋拖至海堤边，筛拣后挑至街市售卖或家中腌制加工。每潮产量百斤上下，多时翻番。后来，有的牵螺者把小泥螺作为种苗，卖给龙山、掌起、观海卫一带海涂养殖户。

庵东一带的泥螺牵网结构较为巧妙。先把三小段笔杆粗细的竹管串成三角形，一个个地分段系在网竹上。拉网时，三角形竹管会竖起来撑开网口，因此比较灵活、顺当。

牵夜潮泥螺，不影响白天生产，还能赶上早市，因此也能见到披月夜作的牵螺者。

龙山一带的泥螺网，为竹爿缚成的十字架小横网，作业时称为"横（这里作动词）泥螺"。其操作方法简单，捕者足划泥马船，一手掌船，一手持网在涂面上曳集，把泥螺及爬伏的其他海鲜刮入网内。

小串和朗网

当地的串网可分大（高）串、小串两类。小串相对低矮，不用串网船作业，渔获物有梅鱼、箬鳎、泥鱼、鲻梭鱼、小丈鱼、白蟹、青蟹、白虾等。小串具体形态也不一样，可细分为顿串、矮串、张串等型。近年来，为保护近海水产资源,当地渔民按上级规定,不再使用这类网具了。

朗网也为竿网结构,属刺网类,主捕鲻鱼。

顿　串

顿串为定置类潮海陷阱作业,拦捕水中游弋的鱼蟹。

顿串也称小串、低串,无论春秋、寒暑,常年作业,很少转移桁地。其网具结构、布桁方式与大串类似,但规模小、网身矮、窗数少、产量低,一般独户经营,一人操作,每日扪两个退潮,成本低,操作简便,风险小。

小串桁地设在潮间带中区,与大(高)串相近。其网列涨潮时被淹没,落潮后,渔人带泥马船下海,循网在水中用短柄抄网撩取鱼蟹,或潮水退去后在鸡笼(板尾)陷阱或网衣旁涂上捡拾。

矮　串

矮串是庵东一带靠海人在潮涂上主捕鲻鱼的一种网具。

矮串作业,常众人合伙。每人置网1—2板(10爿网片称一板),每爿网高1.1米,长约10米,网目为2—4厘米,多用旧网裁拼而成。

合伙者一般于每月农历初四至十三、十九至廿八小潮汛时下海,各自用竹竿作支柱,把网片联结成一道面迎退潮的弧形樯网,并在"板尾"用两爿网衣串成空心集鱼圈。众人的网列排成一线,布于潮间带中区下的海涂上。

潮水涨时,鱼蟹从网顶上游过,落潮时遭网阻拦,那些未跃过矮网的鲻鱼及其他鱼蟹就搁浅在"板尾"空心圈内和网片旁。作业者各自捡拾自己网列中的渔获物。

张　串

20世纪后期,新浦一带有的靠海人将大串改为张串网。其捕捞原理、方法与顿串相同,不用船,一人操作。

张串网渔人选好桁地后,自南向北插上150根左右竹竿,称"串网直",由西向东插上60多根竹竿,称"串网横",竹竿间距均为1米,均系以网片。横网、直网呈八字形,交叉口设一集鱼的网兜。潮水退尽后,渔人驶泥马船往网兜处,捡取汇搁于此的鱼蟹。

朗　网

朗网由数爿网片排为一列，以插竿固定。过去，三北潮海常能见到朗网桁埭，其中以龙山一带为多，也出了陈仁龙、赖尧财、徐月之等好几个柯朗网高手。

朗网网目比串网大，故名朗网（当地方言中的"朗"音，含稀疏之义）。有的渔人利用废旧流网改装，以节约成本。流网高度一般为六七米，改作朗网时，把它对腰剪开，一分为二，上、下两缘再配以单股纲绳，联拼后成了一道三米高的长网。

朗网桁地设于低潮线上方。一道朗网长度200米上下，由几十支4米左右长的竹竿作桩。布网时，将一支支竹竿插牢于涂中，间距4—5米，桩列走向与串网相近。接着，再把网片拉紧，系缚在竹竿上，下纲塞于泥下，串成了一道西梢偏下、东梢稍上、走向与退潮线约成130度切角的弧形网埭。鱼蟹在潮水中游动，钻入网眼后，就缠挂在网中，难以逃脱。

柯朗网常在初夏到中秋期间进行，一人操作。潮退时，渔人驾泥马船行至桁地，摘下挂在网眼上的鱼儿。如潮水未退尽，就拉起下部沉在水中的网衣，把鱼儿摘下来。发现有大的破洞，就及时修补。朗网一般一天收鱼一次，渔获物以鲻鱼为主，也有黄貂、黄颡鱼（当地人也称作"奥刺""海奥颡"）、黄鱼、箬鳎、章跳、鮠鱼及白蟹等上网，个头大小匀称。

朗网产量不高，但成本低，操作手法简单，再加其网眼大，水中阻力小，除偶尔被过往船只划破外，无须过分护理，这对一些小本经营的靠海人来说，是个实惠的谋生之道。

20世纪90年代后，当地海涂承包经营，朗网也就消失了。

【参考文献】

[1] 章仁苗主编：《海星村志》，浙江人民出版社，2014，第217页。

[2] 王龙庆：《腰塘人"牵虾子"》，见戚建江主编《百年新浦》，新华出版社，2007，第225页。

第三节 钓 捕

海钓及在泥涂上用钩、刀工具捕捎鱼蟹技艺要求较高,因此参与的人不多,主要为垂钓、插钓、荡(宕)弹胡、钓蟹等作业。

垂 钓

三北滩涂潮水混浊,缺少深水港湾,因此岸边垂钓、抛钓的人一直不多,汛期驾船去渔场钓捕大黄鱼、带鱼、鲵鱼的则更为鲜见。

海边垂钓的渔具及操作方式,与内河大致相同,钓期在春、夏、秋三季。人们于堤岸下、海闸边、浦梢旁垂钓,上钩的鱼个头不大。农历八月后,泥

◇海边垂钓

鱼身肥体壮，随潮游弋，也钻有水的泥洞、石缝，此时，偶尔可见几个靠海人以沙蟹肉、虾肉作诱饵，一人多竿、一竿多钩，于堤塘边的潮水中垂钓。

现在，随着人们生活方式的变化，海钓作为一项"享受大自然恩赐，体验人生乐趣"的颇为刺激的休闲活动，渐渐兴起。当地一些海涂承包单位结合特色旅游，专门设立了滨海垂钓区，其走势看好。据《宁波日报》载，慈溪市叶先生等四位海钓爱好者走出国门，远赴加拿大爱德华王子岛钓鱼，在2017年9月22日捕钓到一条长约2.8米、重约380千克的巨型蓝鳍金枪鱼，在当地引起轰动。

插　钓

插钓为拉钓的一种，也叫排钓、滚钓，主捕鲻鱼，为当地潮涂最为常见的一种定置类延绳空钩钓。

插钓布于潮涂，地点与串网桁埠相近，秋冬时稍上，春夏时移下。据观海卫东山头一位老渔人说，插钓自19世纪末期从上虞传入三北，有一百多年历史。2018年后停止了拉钓作业。

钓　具

以前，渔人下海作业，一般携带20—30夹拉钓。每夹拉钓由一根长8—10米的苎麻钓绳、104（也有108）枚铁钩和一段长约80厘米的竹夹竿组成。竹夹竿上端留有竹节，下端削尖，除竹节以下25厘米外，其他部位的中间处均镂有一道宽约3厘米的缝孔，绳、吊线和铁钩整齐地排放在竹夹孔缝内。那铁钩俗称"金钩"，用3毫米钢筋制作，钩柄高约7厘米，齿长2.5厘米，钩尖十分锋利，无倒刺，不挂饵，每枚钩子上缚长约7厘米的吊线，挂于钓绳上，间距8厘米左右，有"宽三（指）紧四（指）"之说。钓绳两端各结一个纽圈（俗称"甩头绳"），一端套系在竹夹竿上。

后来，采用了塑料绳和不锈钢鱼钩，拉钓夹也增至50—60夹，有的渔民甚至备上了近百夹。

布　钩

放、收插钓，多为单人作业。潮水退尽时，渔人将拉钓夹放入两只专用的箬篮里，驶着泥马船下海，选择留有鲻鱼"鱼口"（即进食时留下的嘴痕）的油软涂滩作桁地。

放钓前，先斜插一根上系棕衣的长竹竿作樯桅，既为拉牢绳子，也标明了拉钓的线路走向，提醒下海的人注意避让，免受伤害。接着，将第一夹拉钓的钓绳纽圈，打上"牛桩结"，固定在标杆中；放出一半绳钩后，拉紧绳子，插上一根与竹夹竿等高的小竹条（俗称"腰桩棒"），打上线结固定在钓绳上，以防止绳子下坠；接着再放后半段绳钩，放完后用力拉紧，将竹夹竿的下端插入泥中，兼作地桩，以"吊线下的鱼钩靠近涂面不着泥，会灵活摆动"为标准，其线路走向与串网桁埭相似。接下来，拿出第二夹拉钓，把绳头纽圈套结在第一夹的夹竿上，以同一方向、同样方法放好绳钩，插牢小竹条和竹夹竿，再放第三夹绳钩……这样，连续插放，放至最后一夹尾端时，再斜插一根标志性长杆。一个渔人一般把带来的拉钓夹放为一列，有时也视涂滩泥质状况，分为二、三列。布好插钓后，渔人回岸。

鲻鱼喜食泥涂中的藻类及其他有机质，在潮水游动、觅食的鲻鱼一触到金钩，本能地转动身子避开，不料被旁边几枚甚至十几枚钩子扎住，难以挣脱。

潮流较激的桁地，有的渔人在拉钓线路两旁再散插些细长、不去枝叶的竹竿，称以"摆竹"。在流水的冲击下，"摆竹"会发出"呼呼"声响，鲻鱼等游鱼受惊后慌不择路，容易碰触到钩子。

收货和换桁

潮水涨上又退去后，渔人驾泥马船驶向桁地，把被钩扎住的鱼摘下，放入箬篮中，并在扎过鱼的钩子上抹以黄油，新浦一带有的渔人则在收货结束后，对所有钩子上一次黄油。有的时候，桁地潮水退不尽，就涉水用撩盆（抄网）把钩住的鱼挽入网内，再解摘下来。

插钓一般每潮去收货，晚潮收完货后，不收绳钩，留在原地；翌日日潮

◇收鱼（图源《甬上风华：宁波市非物质文化遗产大观·慈溪卷》）

或再隔一个日潮收货结束后，再收起绳钩，更换桁地，重新布插夹竿；冰冻或遇风暴时，隔上两三潮后再去收货，三五天后再换桁地。换桁俗称"调埭"，拉钓渔人都喜欢选择涂质好的地方布桁，有"海里抢埭，上岸抢卖"老话。

若遇小潮时，把插钓渔具收回家，栲绳磨钩，停渔两三天。

插钓渔获物时多时少，体形相对较大，除鲻鱼外，也有鲈鱼、鮸鱼、大箬鳎、海奥刺（爽）、黄貂、章跳、黄姑（黄婆鸡）、鲨鱼被扎，当地渔人有一潮捕获300斤的高产纪录。一般来说，风浪越大，游鱼越是容易被扎。天冷时被扎鲻鱼多，传有"秋寒老北风，鲻鱼直地攻"民谚。

荡　钓

过去，三北浅滩上常能见到用特制铁钩荡钓弹胡（弹涂鱼）、管路（大钳）蟹的靠海人，他们技艺高巧，手法娴熟，旁人可望而不可即。

荡弹胡

荡弹胡(大弹涂鱼),也叫成"宕弹胡"。

龙山、观海卫、新浦等地有一批会荡弹胡的靠海人。他们用钢丝制成锋利的锚状四叉钩子,缚在5米多的钓线和5米左右的竹竿上。捕宕时,腰系渔篓,手持钓竿,面向日光(这样人的影子在身后,走动时不会惊动前面的弹胡),在涂中缓行、静候,发现前方有弹胡时,便将锚钩抛向弹胡前30厘米处,然后迅速用力回拖,钩住弹胡。被扎的弹胡虽受伤害,但也能活上两三天。一个人每天捕获量一般两三斤至八九斤,最多时可达二十几斤。

荡弹胡的技术要求相当高,因此捕钓的人不多。生于1970年的龙山海甸戎村村民戎益峰,小学读书时就学会了荡弹胡,动作稳准,钩无虚发。他说,村里有位名叫南其良的老人,是新中国成立前从温州那边迁移过来的,荡弹胡如探囊取物,村里一些青年在农闲时下海跟着他练学,有20多个人掌握了这门手技。

20世纪八九十年代后,许多荡蟹人办企业、进工厂,搞现代农业、海涂养殖,相继放弃了这门艰苦营生,戎益峰也改了行。现在,海涂实行承包经

◇荡弹胡

营,再也看不到荡弹胡的人了,这项古老的手技正面临着失传和消亡。

钓　蟹

招潮蟹中,有一种被叫为"管路蟹""大钳(螯)蟹"或"花元蟹"的雄性小蟹,它们生性勇猛,一螯特大,形似裁缝剪刀。有的靠海人用一种特制铁钩来钓捕。

钓蟹的渔具比荡弹胡的短小许多。钓竿只有 1 米来长,缚一条不到 2 米的钓线,线头处系上一枚倒伞形金属钩。捕挶的动作要领与荡弹胡相似,渔人瞄准前方爬在洞外的"大钳蟹",将钓钩抛过去,顺势一拉,把它钓住,能者百发百中。

此外,有人制作了小巧的两齿蟹钩,把招潮蟹、蟛元蟹等小蟹从洞中直接钩拉出来,俗称"钩蟹"。

第四节　其他捕法

三北靠海人潮涂采捕,除了徒手捕及网捕、钓捕,还把一些不起眼的器物作为渔具,进行捕捉。这些渔具和使用方法构思巧妙,针对性强,地方特色鲜明。

笼筒弶捕

弹胡(大弹涂鱼)静如处子,动如脱兔,稍有动静便飞快逃入洞内,一般人"可望而不可即"。三北靠海人不断探索,创造出一种用竹筒(管)、篾笼来诱陷弹胡的方法,俗称"弶弹胡"(有的也写成"涨弹胡")。

竹筒弶弹胡

竹筒弶弹胡,为陷阱类作业,一般在夏秋进行。

捕者须先备好100—160只小竹筒,每只竹筒长约25厘米,口径4厘米左右,刨去竹青,一端留节。

潮水退时,捕者带上竹筒,驾着泥马船,在潮间带中区选择一处泥质细软、赶海人稀少、弹胡出没较多的涂面,插上一支芦秆作起点标记,然后驶船慢行,觅见弹胡洞穴后,就在旁边10厘米处直埋一

◇竹筒弶弹胡

个竹筒,有竹节一端朝下,再在筒口上方用涂泥做成一个精致圆滑、高约 4 厘米的"窝子"(即洞口),窝子上留一个缺口作通道。捕者将携带的一半竹筒作为第一批次埋设好后,在 50 米开外的地方,把剩余的竹筒用同样方法插埋好,迂回到第一次埋筒时的起点。

此时,第一批次区域的弹胡已跳出原来的洞穴,或误入竹筒,或在涂面觅食。捕者便沿着原先泥马船在涂上印出的痕迹前行,弹胡见状慌不择路,误入竹筒内,不能脱身。捕者依次收拔竹筒,将筒中弹胡倒进鱼篓。

收回第一批次竹筒后,捕者再选择不远处新涂,用同样方法继续插埋,然后再去第二批次处回收竹筒中的弹胡。这样分批作业,周而复始,直至潮水涨至,一般一潮能捕 5—10 斤弹胡。

20 世纪 90 年代后,海涂承包经营,经承包户也散养弹胡,仍用传统的"筒诱法"捕捞,有的人用塑料管替代竹筒,洞口上不做"窝子"。

篾笼弶弹胡

篾笼弶弹胡的捕捞原理、方法与竹筒诱捕弹胡相似,但更为原始。

篾笼口径与瓷杯口相仿,高 10 多厘米,上成弧形罩盖,笼底中空,下部四周往上内卷成一个由竹篾编成的倒喇叭口。作业时,渔人驾泥马船带上几十只篾笼,找见弹胡洞后,稍微挖去洞口一些泥土,把篾笼盖住洞口,弹胡一出来,就会进入笼内那喇叭口外的"倒拴"中,进退两难,只能搁在那里。渔人放完篾笼后,循序回收,将笼里的弹胡倒入鱼篓中,再进行下一轮诱捕。

篾笼弶弹胡产量稍低,体力消耗也不大,用这一捕捞法的多为年龄偏大的靠海者,人称"篾笼老头"。

刀撬、钩子钩、锄挖

三北靠海人,在抲箭鳗、敲蛎黄时,都以刀作工具;抲蛏子及风冻蛤蜊时,则用铁钩;在捕捉穴中鱼蟹时,有的也用锄头帮挖。

第四章 潮涂采捕

撬箭鳗

箭鳗栖息在潮间带中区的泥穴中。穴口有两个并列的小孔,旁围一晕青色泥圈。

退潮后,靠海人带上一把木柄、钝口、弯头的特制钩刀(新浦一带叫成"撬鳗龙刀"),驾着泥马船观察,发现涂面上的箭鳗穴纹后,就按其朝向,用钩刀直插入离洞口50厘米外的泥涂中,然后双手把持刀柄,用力划至鳗洞,钩挑出箭鳗,并迅速捉进大底小口的鳗笼中。若一次未成,换个角度再划。内行的撬鳗者知晓涂下箭鳗栖息的姿势,撬刀朝其下半身划去,不会伤及箭鳗内脏要害处。

◇驾着泥马船去撬箭鳗的靠海人

新浦五塘南村有个叫"撬鳗舍"的自然村,据说以前有好几个专业撬箭鳗靠海人在此建舍定居,男的下海撬鳗,捕技娴熟,女的上街去卖,还帮买客剖杀。

现在,这样较为原始的作业场景已不多见了。

敲蛎黄

以前,御潮石塘、海闸口、濒海山丘或近岸小岛礁石上长有野生蛎黄,人们常去挖撬,俗称"敲(方言念若'拷')蛎黄"。还有一些靠海人,驶船去七姊八妹山等海岛处作业。

敲蛎黄使用撬刀、旋凿,对准蛎壳绞合部,用力揭开上盖,取出内肉,放入小木桶等容器中贮养。有的人为了赶潮水,将整个蛎黄连根敲来,上岸后再撬壳取肉。寒冬及初春、深秋时节为蛎黄撬敲旺季。

到岛礁上去敲撬蛎黄,不仅苦累、危险,而且还要注意别被蛎壳割破脚板,传有"蛎黄鲜,挑蛎难,蛎婆戳脚叫皇天"的老话。

钩蛏子

老话说"蛤蜊抠,蛏子钩"。蛏子从不出洞,潜泥1尺多,上有两个并排穴孔,当地靠海人常用铁钩钩捕。

蛏子钩由一支约70厘米长的桃枝竹下套一根弯头细钢筋组成,早先也用纺纱的旧锭子作材料。捕时,弯头朝下,从洞穴侧边插入,碰到蛏子后,下移转至蛏洞中心,用弯头钩住蛏子,慢慢提上来。

新浦那边的钩蛏人,下海时还随带一条长约60厘米、宽2.5厘米的竹片,下端削尖,上装横柄,像一把宝剑,叫为"蛏桩""蛏锹"。捕抠时先在两个穴眼中间插一下,使之成为一个开口处,然后再用钩子钩出蛏子。

潮水刚涨或刚退时,蛏子升至穴口处,会露出两根细细的须头(也称调眼、调头),间距越宽,下面的蛏子越大。因此,有人专门在"潮水门头"(即潮头、潮尾处)徘徊,待蛏子露出须头时,就把它钩出来。

钩风冻蛤蜊

以前,新浦等地一些靠海人还有拾风冻蛤蜊的习惯。

严冬时节,夜里刮过五六级以上大风,细软的表层涂泥被风潮冲走,蛤蜊半露涂面。第二天一早,捡蛤者穿上牛皮硬靴,背上篰筐,迎着寒风,踏着冰冻下海,用小钩耙把半陷在泥涂中的朗蛤钩进篰中。有一句"吙柴吙米,勿去拾风冻蛤蜊"的顺口溜,道出了拾蛤人的无奈和艰辛。

掏弹胡

在稍硬的滩涂上,人们常用小型锄头、铁耙帮挖,捕抠穴居的青蟹、沙蟹及其他招(观)潮小蟹,称为"掏蟹",但在干涂中"掏鱼"的人,在当地很少能够见到。

生于20世纪50年代的龙山镇龙山所渔民贾益民,是当地出了名的捕捉大弹胡的高手。夏秋时,他每天用竹筒张弹胡,产量出众;天寒后,弹胡进入冬眠期,别人歇手了,他却干起掏弹胡的行当来。有句老话"九洞弹胡海底鳗",说的是冬天的弹胡洞口众多,一个连着一个,且主洞和"佯洞"穴口差不多,难以分辨,要想掏到一条弹胡很费时。而贾益民谙熟这门技术,晓知弹胡洞穴变化规律,会"通过小(伴)洞找真(主)洞",看准后,就用一把特制的短柄窄面锄头挖下去,十拿九稳。

其他器具捕捫

有时,棍棒、灯盏、面盆甚至草尾等物,也可用来采捕涂中鱼蟹。

棒 牵

棒拖是指用棍棒、扁担等工具在涂上牵、刮,以发现和获取潜在浅穴中的朗蛤的一种捕捞方法,其中"扁担牵黄蛤"最为多见。

扁担牵朗蛤的渔法如下:下海时,牵蛤人带上一根普通扁担,用一条5米长的绳子系于它的两端,使绳子与扁担形成一个等腰三角形。当潮水退至离涂面还剩5—10厘米时,牵蛤人把扁担放于"潮皮"上,背拉绳子,拖着扁担前行,不时随潮变换地方。由于扁担紧贴涂面,表层涂泥被刨刮起,潜在泥下的朗蛤在潮水后退、搅动的过程中,渐渐被淘露在涂面上,人们或用手捡,或用类似泥螺拖网的黄蛤牵网在涂面上刮取,多时一潮可收获上百斤。

光 照

夜间捕捫沙蟹,也可用光照法。

梅夏夜晚,天气闷热,海边村庄一些中青年人相约下海,每人手拎一盏玻璃煤油灯,用布或纸遮住三面玻璃,留出一面亮光探照前方泥涂;新浦一带有种"三秋灯",常用来照蟹。沙蟹遇见灯光,视力受挫,伏在原地不动,照蟹人上前两步,唾手便得。

也有人在夏夜用手电筒对准洞口正在乘凉的沙蟹、管路蟹、蟛元蟹,然后用脚斜封洞的上半口,再用手去拘。

草 诱

捕捫滩涂上的蟛元蟹,还有一种挺有趣味的方法,称为"戏蟹"。

"戏蟹"的流程为：先取些壮实、老成的"狗尾巴草"，晾干后，留一半"尾巴"（穗芒），去掉籽粒，用香油浸泡。捕蟹人下涂觅见蟛元蟹洞穴后，蹲下身来，左手半掩在洞口，右手拿着草茎把"尾巴"插进洞穴，慢慢转动、提拉，蟹儿闻香被引出洞口，即被逮住。在诱捕时，要掌握草芒提拉的速度，太快了，蟛元蟹没反应，太慢了，尾芒要被蟹螯钳断。

这种怡然自得的诱捕方法，半个世纪前就销声匿迹了。

戽 凼

潮退时，有些小鱼、小虾、小蟹未随波逐流，逗留在涂中低洼处的水汪凼。于是，家住海边的一些大孩子用面盆、小挈桶把汪中的水戽干，捡扪搁在泥水中的小丈鱼、泥鱼及蟹、虾等海鲜。

也有人在退潮时，于出海浦梢及其他流沟上分段打塘，排放及戽去浦水，捕捡鱼虾。

药毒和电触

20世纪六七十年代时，个别人在泥涂上撒扬农药"六六六"粉末，致沙蟹等小海鲜窒息半死，然后将它抓获。也有少数人不择手段，用山奶（氯化氰）兑水后洒在涂上，致赤鳝中毒，然后把它捉养在盛有海水的容器中，促其清醒过来，上岸后去市街售卖。后来，也有人带蓄电池上船，拖着网用电来触鱼。

这些竭泽而渔、危及食者安全的损招，遭人谴责，均被列为禁项。

第五章 浅海捕捞

　　三北靠海人扬帆深潮、大海，形成了五花八门的网捕、钓捕技法，如张网、流网、串网、扳（撬）网、打（旋）网、拖（牵）网、游丝网和延绳空钩钓、饵钩钓、无钩有饵钓等，令人眼花缭乱。每类捕捞方式还可细分，若以张网为例，又有高桩、反纲、反捕（四平窗）、老虎窗（蔀网搁串网）、大网、挑捕、抛钉（大捕）及鳗鱼张网、虾子张网之别，可谓层出不穷。

　　时序变迁，新老交替。无论现存的，还是已经绝迹或濒临失传的这些海洋传统捕捞技艺，均系先人智慧结晶，具有一定的地域文化价值。

第一节 张 网

顾名思义,张网以张开网口,迎着潮流来获取鱼蟹。

张网布于浅海,过去用木帆船捕捞、运货。张网网式多样,架构各异,有定置和流动之分,其中定置类又有锚张网、桩张网、樯张网、船张网之别。

张网为三北潮海主要传统渔具,随处可见它的桁地,有的渔人还去七姊八妹列岛东北海面及舟山一带海域捕捞。早在雍正二年(1724),龙山、澥浦一带有许多渔民从事张网作业,形成了镇海北乡帮,并建立"北竹公所"渔会。[1]20世纪80年代后,流动张网发展加快,桁埭也向稍深水域外移。1990年,慈溪市有张网桩头4608支。[2]1995年后,实行伏季休渔制度,近海定置张网实施凭证捕捞。后来,又按上级规定,执行"最小网目3.5厘米"这个标准。

张网平时主捕游泳能力较弱、个头不大的鱼、虾,以梅鱼、白虾、箸鳗、虾鳓、鲚鱼、小白蟹为多,汛期换以稀网,捕捞黄鱼、鲳鱼、马鲛鱼、鳓鱼、海蜇等。

高 桩

桩张网在当地最为多见,有单桩、双桩、多桩的,其中以高桩张网规模为最大,渔具结构和桁地布局也相对繁复。

高桩张网属竖杆樯张网,布于低潮线下方的浅海中,桩列由西南走向东北,与潮水流向垂直。它在三北近海的发展历程,可分小桁和大桁两个阶段。

小桁张网

早期高桩张网的规模相对较小,当地靠海人称之"小桁"。

"小桁"桩头,也称"柱头",多为木质,当地靠海人常取龙山方家河头、潘岙等一带老林子里修长的枫树作桩材。一处桁埭一般竖 31 根桩,排成一列,桩距 6 米左右。桩柱夯牢后,每桩上端用"绷纲绳"紧拉串连,不使竖杆前后、左右倾斜。两桩间称一窗,每窗挂一网,计挂 30 顶网。网口为长方形,高 3 米多,宽 6 米左右,上纲的两个"角头"固定在桩柱上方。每支木桩放入 2 个(首、尾两桩只需一个)由篾丝编成、直径约 60 厘米的套圈,当地渔人称其为"夹(方言念若'轧')头",网的下纲两个"角头"分别缚系在"夹头"上。网肚俗称"网袋洞",深约 10 米,呈喇叭状。以前网口处的网眼约 5 厘米,网尾处收至 0.8 厘米,入网的小鱼小虾也难以逃脱,到了马鲛鱼、鲻鱼、鲳鱼、海蜇汛期,改挂稀目网。涨潮时,整道网都沉于水下,只露出木桩上端。落潮时,渔网上纲及上网口露出水面,但下纲及"夹头"一直处于水中,为防止其上浮,荡以块石、砖头作沉子。

小桁张网船上一般设老大、头手各一人,旺产时添一名助手相帮。潮

◇早期近岸竖杆樯张网

水即将涨平或落平时,渔船停靠在两支桩柱的"上水"(即网前迎潮一侧)边,头手和老大(助手)一前一后,同时用下缚铁钩的撩竿钩起柱下"夹头",将网的下纲提至水面后,放下撩竿,把"网袋洞"一绺一绺拉进舱内,再把网底鱼货"翻肚"在舱内,然后把网肚放入下纲外面水中,再去收取下一窗鱼货。所有网窗的鱼货取完后,一般潮水开始退或起涨,渔人调转船头,沿着桩柱,在"上水"用撩竿把全部网"夹头"撬至桩下水中。

此时,这一潮捕捞告一段落,渔人驶船回岸,将所获海鲜批给行贩或交由家人去街市叫卖,船员捎上一些生活必需品,驶回桁地抛锚休息,等候下一潮作业。小潮汛时,解下渔网在海水中清洗一下,带回家修补、栲染,待"起水"后再挂于桩柱上,进行下一水捕捞。

过去,张网渔人食宿于船上,栉风沐雨,一天4潮轮番作业,长年累月与海为伴,有时连春节也不休息。一些去外地海域张网作业的渔民,一般在春分前就出海,背井离乡,至腊月才回家,个中苦楚不言而喻。

大桁张网

20世纪60年代后期,当地渔人对"小桁"的桩材、桩列及网具做了改进。改进后的高桩张网,称以"大桁"。

"大桁"桁地位于"小桁"桁埭下方约100—200米处,把原来枫树桩改成奉化产的高10多米、胸围1尺3寸以上的粗长毛竹桩(当地靠海人俗称"奉化大毛筒")。作桩柱的毛竹,在入水部位的每段竹节中钻一个洞,让海水灌进去,以增加桩柱自重,减轻浮力。

布桁时,先把竹桩夯实,其上端用两根篾条卷成的缆索(后改为钢缆、粗塑料绳)斜拉固定,另外再用"绷纲绳"与邻桩连接。每一列竖9—11桩,桩距增至11米,计挂8—10顶网;网口高度拓至6米左右,宽11米,上纲两角系于竹桩篾索处,下纲着地并把"角头"固定在竹桩上,不设活动套圈。网袋深度也延长至20米以上,网尾开口,打上活结,网目规格与"小桁"相似。开始时,一个桁地只设竹桩一列,船上装上机械动力后,桩柱增为2—3列,网数随之翻番。

船上渔工 3 人。其中老大一人，负责值潮、摇橹、驶船；头手一人，撑篙、撩"袋洞"；中舱一人，负责倒货、理货及挑货、送货等"下手活"。

收取入网鱼货时，船行网埭"下水"。老大在船尾摇橹。头手立于船头，用撩竿拉起"网袋洞"后放进船舱，解开"和把结"，取出网肚中渔获物。"下手"在中舱相帮，分拣、装盛鱼蟹。一潮下来，渔获物多则几百斤上千斤，少时只有几十斤。

20世纪末，高桩张网渐被淘汰，大多改扪抛钉等流动张网。

反纲（杠）

反纲为定置类双桩基竖杆窗张网，也写成"反杠""翻纲"，宁波东乡那边也叫"沉子网"。

反纲张网一年四季都可捕捞，以梅鱼及鲚鱼、龙头鱼、黄鲫、白虾等小鱼虾为主，春汛时也有鲳鱼、马鲛鱼、章跳等体形较大的鱼儿入网。渔获物时多时少，元宵节后至夏至为旺期，起水下行期（即农历每月初四至初七、十一至十四、十九至廿二、廿七至三十这几天）渔获物相对较多。

桁地布置

反纲张网置于鱼况较好、水深十米上下、潮流往复的浅海中。以前每个桁地一般置 10 窗（顶）网，船上安装机械动力后，每桁网数翻了一番，最多的达 30 窗（顶）。

反纲桁地为"满天星"点式布局，每一窗网均由桩基、网架、渔网三部分组成。

捕捞前，每窗网须打好两个桩基（俗你"桩根"），一上一下，朝向东北，间距约 50—60 米。桩基材料为一段两三米长的大毛竹，上端削尖，根处串缚一条长 40 米左右的塑料绳（早先用棕索、钢缆）作为桩缆，用以连接网架。竹桩在低潮时夯打，竹尖朝下，深埋于海底 3 米以下处，一般可连续使用六七年。与邻窗桩基的距离，约为 60 米。

每窗框架由两支"风竹"和两支"撑竹"组合而成。两支风竹均为10多米长的粗大毛竹，根部处分别连接两个桩基引上来的桩缆，旁系一个塑料"退篓"（浮子）作浮标，再缚以两条各约10米的"散须绳"（叉纲）。撑竹比风竹短小，长约2米，其两端分别系上风竹根部引出的"散须绳"（叉纲）。

反纲网口宽约12米，高2米左右，呈扁方形，网纲四角分别系于两支撑竹的上、下端。网袋呈喇叭状，网肚深达10多米。网目亦由大到小，网口处为5厘米，渐渐收缩，至尾处收至1厘米。网底留口，放网时系上活结，俗称"老鸦结"。网底内处系放一块三四斤重的石块，助渔网下沉。

此外，还须备好一支6米多长的竹竿，下端缚以钢筋制成的钩子，俗称"撩钩"。后来，有的船上安装了机动起网设施，"撩钩"就不使用了。

作业原理

桩基、网架设置好后，即可布网捕捞。

反纲张网的运作原理，虽然简易，但很科学。它是以潮汐流向变化，自动调节网具状态，以获取鱼货。网具的变化过程如下：

潮水退平时，风竹、撑竹漂浮于水面，网衣卷闭不舒，囊网底部借沉石下潜。

潮水初涨时，风竹下端慢慢斜入水下，上端露出水面，撑竹及网衣稍稍下沉。水流湍急时，风竹则直竖水中，上端在空中频频颤动，绳索、撑竹和网纲亦被拉紧、下沉，网口向东南方张开，网袋沉入水下。鱼虾入网，无力洄游，流冲至网尾处便成渔获物。

潮流转缓时，撑竹倾斜，绳索渐渐宽松，至涨平时，网架、网衣皆恢复原来状态。

退潮时，风竹、撑竹和网衣的变化与涨潮一样，只不过原来的上纲（杠）绳变成下纲（杠）绳，下纲（杠）绳变成上纲（杠）绳，网口和网袋朝向改为西北方，故名反纲（杠）。

风竹、撑竹、浮子及渔网常年浮在桁地。若遇强台风等特殊天气，解开撑竹上任何一角的网纲和网衣，不让网口张开，防止狂风巨浪损坏渔具。

休渔期间,渔人将风竹、撑竹、渔网卸取回家,只留浮子作为标记,待下一轮开捕时再行安装。

捕捞流程

一天涨退四潮,每潮都可去收货。当地渔民一般一天拘一潮,天热时和鱼汛期一天拘两潮。

反纲作业的渔人大多在白天潮水即将涨平前1小时驶船去收货,船上老大一人,帮工2—3人。到了桁地后,帮工用"撩钩"钩住网尾,提至水面,再用力将网肚底处拉到船舱上,解开"老鸦结",倒出鱼货后,再打好活结把网放入水中。鱼货多时,网袋沉甸甸的,须分两三次提取,此时老大也会过来帮忙。取一窗(顶)张网鱼货一般需5—10分钟。

后来,龙山一带有几个渔民在中舱后右方装上一台起锚机,将一条30米长的锚缆连于一只10斤重的小铁锚(当地渔人称之"冷蛮")上,将手动"撩钩"起网改为机动起网。作业时,从船头将锚抛下,钩住渔网下纲后,开启锚机,下纲纲绳被提拉至船旁水面时,停机收锚。与此同时,船工俯身用一条"搭缆绳"穿过下纲,使上下纲绳合拢,再把"搭缆"系于舱柱上。接下来,两个船工抓住网片,一把一把循着往后移,至网尾处时,用力提拉到船舱中,然后解开活结,倒出网底鱼货,再打好结,解开"搭缆",仍将网放于水中。机动起网相对手动起网来说,既省力,也加快了收网的速度。

取完一窗网的鱼货,开船至下一窗网处取货。收货结束,驶船回岸,急送市街售卖。

过去,立夏至芒种期间,三北潮海梅鱼旺发,起网时往往网口处也是鱼,倒入舱时还会发出"咕咕"的叫嚷之声,一网拘上百斤,一潮拘一两千斤不足为奇。1983年5月,观城东山头渔民王恩来在郑家浦下的反纲桁地里,一潮拘了5000多斤梅鱼等鱼货,以每斤2角5分售卖,赚了1000多元,这相当于当时三个农民的全年净收入。淡季时,网空货少,一潮拘十几斤鱼虾也是常事。

龙山镇山下村有个叫"作坊"的自然村,打鱼的人不少,早就有人在拘反纲张网了,也出了好几个高手。20世纪70年代后,三北浅海反纲张网生产呈上升趋势,观城、附海一带许多靠海人从事反纲作业,涉业人员达几十个。后来逐渐消减,到了2010年,只剩观海卫东山头一带的几只反纲船了。

反捕(四平窗)

反捕亦为定置类窗张网,原慈北、姚北渔人也称"四平窗",龙山及镇海地区渔民叫成"反箄"。其捕捞原理与反纲有些相似,即将拴有绳索的竹桩打入海底,连接辘轴、网架,使渔网迎着潮流自动反复转向,反捕之名亦由此而来。

龙山、观海卫等地渔民多在七姊八妹岛以东海域设桁,长河、庵东一带渔民于离岸10多里的浅海布网。过去,渔人摇着小舢板,一两个人管理三五窗网。后来使用张网船,三五个人操控20—30窗网。船上装置了机械动力后,一个桁埠可布上几十、近百窗网,散成"满天星"。

◇渔民去换装捕捞鳗苗的窗框

反捕张网网目有紧、稀之分。平时挂以紧网,主捕虾、梅鱼、鲚鱼、虾鳎、箬鳎、白蟹等小海产品,更换狭框细目囊网可捕捞鳗苗。汛期换挂稀网,捕捉鲳鱼、鲫鱼、马鲛鱼等。以前还有草绳网(后改用尼龙丝编结),专门捕捞海蜇。

反捕张网的网具和生产技术在不断优化。下面记述的是当地渔人在20世纪后期使用的反捕张网网具结构及其操作流程。

渔具结构

反捕张网的结构虽有些不同,但一般都由网架、渔网、桩基、辘轴及绳索组成。

网　架

反捕网架由上、下、左、右4支毛竹扎成,分别称为上横担、下横担和左柱头竹、右柱头竹。上横担长4.6米,下横担长4.1米,左、右柱头竹各长5.7米。4支毛竹缚扎时,上横担两端各出头35厘米,下横担两端各出头10厘米,左、右柱头竹上方各出头70厘米,下方各出头10厘米,形成内孔3.9米宽、4.9米高的窗式框架,用来挂系网纲、网衣。下横担以及左、右柱头竹的下半段每节钻一个小洞,让海水注入增加自重,使整个网架在水下能竖立起来。潮平时,上横担浮露在水面,潮流湍急时,网架斜竖于水下,能够捕到中、下层鱼虾。

渔　网

同其他张网一样,反捕网口大,网肚渐小,呈喇叭状,其网口宽度、高度与竹框内孔相同,纲绳系于网架上,网袋深度约12米,网底开口,放网时系上活结。紧目网网口处目大为5厘米,至网底处渐缩为1厘米。到了鲳鱼、海蜇等汛期,则换成稀目网,其前口网眼为15厘米左右,网尾处缩小至3.5厘米。

桩　基

每窗网架由一竹桩固定,当地渔人称作"牛头根"。"牛头根"由3条长约70厘米、宽约8厘米的厚竹爿缚成,下端连在一起,用三枚铁钉固定,再打2道铁丝箍,系上一条50—70米长的白棕梗绳。上端开口,竹爿间距约为30厘米,外围扎一道白棕绳箍,看上去好似一倒立三角锥。"牛头根"插入海底达6米多深,以前是人力通过一根木桩夯打下去,后来运用气泵、水枪(俗称"鸭嘴巴")及一根长钢管冲压,十分牢固。

辘轴和绳索

辘轴由8圆钢筋制成,呈"8"字形,高约15厘米,宽为7厘米,上、下两个圆圈有铁销相联,旋转活络,当地渔人称之为"独轮"(独辘)、"杨大(方言念若'达')郎"。

辘轴的下圈,系结"牛头根"上那条白棕梗绳的上端。上圈缚上4条16米长的10圆白棕绳作虾须绳(叉纲),其上端分别缚在网架的4个角上,使网架固定在桩基上方的一定水域中。

操作流程

反捕张网每个桁地一般设60—80窗,装上相应规格的渔网后,即可进行捕捞。

由于网架下的辘轴能自动转向,无论涨潮、退潮,网架都会随潮流方向进行调节,因此总能迎潮张开口子待鱼虾入网。紧网、稀网收取鱼货的方式与反纲(杠)张网相似。

捞海蜇时,一般在白天潮水即将涨平时去收货,一天一次,船员3人。作业时,一人站船头撑篙,一人坐船尾划桨,一人立于中舱,一窗窗地将网肚底部勾拉至船舷边,解开网尾绳结,将那些被潮流冲入网肚中的海蜇倒入舱内,然后再打好绳结,把渔网放入水中,待下次再来收取。柯鳗鱼的水平窗网架稍小,其结构和运作方法大同小异。

老虎窗(簖网搁串网)

老虎窗,也为定置窗架式张网,网架形状有点像房屋阁楼,作业方式及原理类似反纲、反捕,是当地浅海传统捕捞渔具之一。

它的叫法，各地不一。镇海、北仑那边叫成"三杠反捕"。姚北一带下海人称作"箒网""张箒网"。庵东地区也有人叫为"夏（和）菜网"。观海卫等地的渔民称之为"老虎窗"，因其网架受到潮流冲击会产生震荡，发出似闷雷、虎啸般的涛声，三五里外也能听到，戏说成"老虎犯拗（'犯拗'为当地方言，意为发怒）"，故得此名。而龙山一带渔人则称之"搁串网"，因这种张网早期的桁地位于潮间带中下区，网架用竹桩固定，潮水退后搁在涂中，其渔获之法与小（顿）串有些相似，故名。

老虎窗一天"四埭水"（即两个涨潮、两个退潮）均有大小鱼蟹入网，俗话"一顶网一年扚到头，从小扚到大"。后来，桁埭外移于潮间带下的浅海，由涉涂取货改为驾船作业。

老虎窗渔获物以梅鱼、鲚鱼、小白蟹、虾、鳗等为主，体形不大。在夏汛时，也能捕到鲳鱼及鳓鱼、马鲛鱼、章跳等个体较大的游鱼。其产量虽不及其他张网，但效益不错，从业人员较多。1952年，庵东海星村现境内有箒网24张。20世纪70年代西一渔业队箒网达到160余张。[3]

20世纪后期，随着渔业生产模式的转换及海洋捕捞方式的变化，老虎窗渐渐消减。2014年，由澥浦陈志恩老大布设在慈溪与镇海海域交界处的一埭搁串网停止作业后，三北浅海就再也见不到这种古老的捕捞渔具了。

定置于浅海的老虎窗网架形态、桁埭布设和捕捞流程大致如下：

渔具结构

老虎窗的渔具结构与反捕（四平窗）有些相似，由网架、渔网及桩基组成。

网　架

老虎窗网架呈立体状。正立面为等腰梯形（庵东一带称作"平耙"），由4段碗口粗的毛竹扎成，分别为上横担、下横担和左立柱头、右立柱头。上横担约长3.6—4米，下横担为4—5米，左、右立柱头各高2.5米以内，缚扎完成后网架内框周边净长约12米。

网架后部由3支重量相近、长约10米的毛竹构成，成三角状，其中两

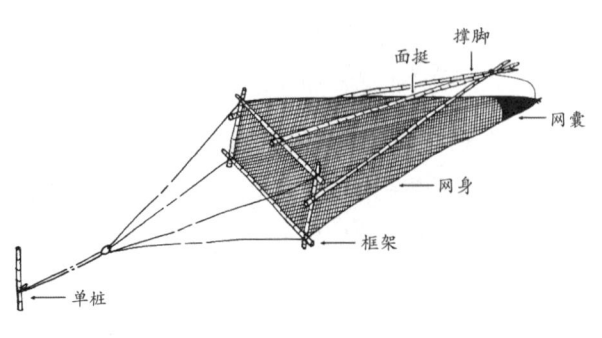

◇ "老虎窗"张网示意图

支叫"肚竹"(庵东一带称"甲竹"),根部分别系于下横担与左、右立柱竹的相交处外侧,梢端处平斜相交。另一支曰"背竹"(庵东一带称"风竹"),根部缚于上横担中点,梢端向下,叠于两支"肚竹"梢端,用绳扎牢,俗称"三须"。"三须"撑住、稳定了梯形网架,并使其略为前倾。

渔 网

在桁埭投放网架时,先安装好渔网,以防潮流击荡而散架。

渔网呈喇叭状。网口纲绳附于网架正立面的上、下横担和左、右立柱竹内侧,于四角及每隔50厘米处用绳子结系固定。网身置于"三须"中间,网肚深约9米,呈喇叭状,网尾处留以口子,用细绳系上"老鸦结"(活结)。网尾处,再缚上一条绳子,系于"三须"交叠处。

与一般张网相比,老虎窗的网线略粗,网眼稍大,这样适宜在杭州湾口潮流较为湍急处张捕。秋汛时,换挂稀目网,专扪海蜇。

桩 基

每一窗网架,由一支打入地下的竹桩加以固定,俗称"篰根"。竹桩由多年生的老毛竹制成,长约3—4米,梢端削尖朝下,深埋于海底泥层中。打桩时,在篰根处先串缚好2条粗5厘米、长12米的篾索(也称"首索"),上端分别系于网架左右立柱头的中间,使篰网不被潮流冲走。"两根首索一条根,三须平耙一张网",这是庵东一带靠海人对篰网结构的概括。

后来,慈溪中东部有的渔民打桩基时,在篰根上只缚一条长18米左右的缆绳,俗称"大缆",与上方的一个辘轴下圈相连。那辘轴呈"8"字形,如同反捕张网上的"独辘"。"独辘"上圈缚结上两条6米长的"虾须绳"（叉纲）。虾须绳分别系于网架左、右立柱竹中下部。这样，网架通过虾须绳、辘轴和大缆，固定在桩基上方的水域中。

桁埭布设

老虎窗桁埭设在潮流湍急的大潮低潮线下方（庵东、新浦一带俗称为"江滩头""花坎"），几十窗渔网呈"一"字状布局，朝向东北，横切潮流，窗距约20米。

过去，一处桁埭一般配以一艘舢板船，4个渔工管理10—30窗渔网。也有几个桁埭的渔民合在一起，再另行租借一只俗称"娘船"的卤蛋船。"娘船"载重量大，不仅是小船渔工休息、食宿的平台，而且还可作鱼货加工现场及运往岸上的工具。后来，使用了机动张网船，可管理一个桁埭几十窗渔网，就不再租用"娘船"了。

老虎窗网架转动自如，也能随着潮流方向的变化自动调节姿态，在桩基上方作360度旋转，无论涨落潮，那梯形网口始终迎着潮流。涨潮时，梯形网架口向东北方张开，退潮时，转向西南方。潮流平缓时，浮于水面，露出网架，潮流湍急时，网窗沉于水中，张开喇叭口。随潮游弋的鱼虾，进入网中后无力洄游，冲至网尾处成了渔获物。

老虎窗桁埭线路较长，影响过往船只的航行，对动态作业的流网危害最大，常有纠纷发生。因此，桁埭两端需设置樯桅、浮球等明显标记，晚上还要点亮闪光灯，提示过往船只提前绕行避让。

作业流程

一个昼夜涨、退四潮，老虎窗的网袋中每潮都有渔获物。当地渔民一般一天收货（新浦一带渔人称之为"例货"）一次，天热时和鱼汛期一天收两次。

收取渔获物，一般选在潮水涨（退）至一半时驾船离岸，抵达桁埭后，潮流开始趋缓。待网架浮露水面，渔人着手收取网袋中的渔获物。收货时，老大驾船逆潮而行（以前未装机械动力时，则由1—2名渔工划船），驶至网架尾部旁，一名渔工站立船头，用"撩钩"钩住"背竹"尾部，拉至中舱舷边，另一名渔工解开由网尾引出去、缚在背竹肚竹交叠处的那根粗绳后,与其他渔工一起,将网袋拎提至舱内,解开活结,把网内鱼蟹倒入舱内。接着,再打上活结,缚好缆绳,将网袋放入水中。取一窗网鱼货一般需五六分钟时间,一窗鱼货收完后,马上驶向邻近一窗,以同样方法快速收取鱼货。若有六七十窗张网,约需三四个小时。紧网一般每潮能捕获一百多斤小海鲜,夏汛稀网能钶得上百和几百斤鲳鱼及黄鱼、鳓鱼等。

收货结束,驾船离开桁埭回岸。炎热天气收取"四埭水"鱼货,须随带冰块,及时冷冻处理,防止变质。

大　网

大网为两桩(基)定置张网,其网具较大,故名。

大网捕捞历史不长,是 20 世纪末当地靠海人在反纲、反捕张网的基础上借鉴温州那边的渔法改进而成的。初始时,采用"三桩一网"结构,俗称"三脚网",捕捞产量并不理想,龙山小施山村施百忠等一些渔民在实践中不断修整,演变成"两桩一网"结构,效益显升,钶大网渔人随之增多。2020年夏汛休渔期结束后,当地海域有 10 余艘渔船选用大网作业。

大网桁地,一般设于低潮线下水深 3—4 米、海底平坦、远离港口和航道的浅海中,3 千米内没有同类和其他张网作业。每处桁地一般由内向外设置 5—7 顶网,邻网间相隔 60—80 米。

布桁时,每顶大网须打好两组桩基(俗称"桩根"),一上一下,横切潮流,相距约 60 米。每组桩基由 4—5 支竹桩根组成,呈梅花状,桩距 1.5 米左右,系结缆索互联,桩根的打法与反捕、反纲相似,但要牢固得多。一组桩基中,一根中心桩为主桩根,系以一条 60 米长的粗缆,缆头处与一条 40 米长的纲绳中心点相结,形成两条 20 米的"虾须绳"(叉纲)。那两条"虾须绳"又结于一根 6 米长的撑竹上、下端。撑竹上端再系一条 6—8 米长的浮子绳,上挂一只似柴油桶一般大小、带有闪光灯的塑料浮筒。至此,一组桩基安装完成。接着,按同样方法打好另一组桩根,并装上纲缆、撑竹、浮筒。一顶网的两组桩基安装完毕后,再取一条长约 50 米的缆绳,把它的两头缚在两支撑竹上,称之"绷纲绳"。

大网的网片要比其他张网网片大。其网口宽 36—40 米,高 4—5 米,周边设纲绳,四角系角缆。网身喇叭状,深 60—70 米,其中后 20 米收得较快,网线前粗后细,最小网目 3.5 厘米。网尾处留 1 米宽的口子,放网时打以网结,取货时解开。

大网作业多用张网船,船员 2—3 人,每天只捕一潮。平潮时,渔人驾船抵达桁地,潮水始涨(或始退)时开始装网,船行上风。先拉起一组桩基上的浮子绳,捞上"撑竹",将渔网一侧的上、下角缆分列扣(系)在"撑竹"的上、下端,启动网机,卷拉"绷纲绳",船前行至另一组桩基上方,把网的另一侧角缆也扣(系)于"撑竹"上。接着,把网放入水中,网口自行缓缓张开。出好一顶网后,以同样方法装好邻网的网片。

出好全部网具后,渔人在船上休息,一般待上 3.5—4 小时,开始收网。收网前,先捞起浮子绳,启动网机,拉起网端的"撑竹",解下网纲上下角缆,系于船首柱头上。接着,卷拉"绷纲绳",船只前行,至网的另一端时,解下网纲角缆,也固定在船首柱头上。此时,网上、下纲合在一起,渔人开启网机,分段将网拉入舱内,最后拉上"网袋洞"(即网尾),解开网结,取出入网鱼蟹,撑竹、浮筒、"绷纲绳"仍留原处。接下来,再去收邻网及鱼货。整个桁地的网全部收好后,立即回岸。

大网张网一天捕一潮,作业时间短,鱼货相对新鲜。主要渔获物有梅鱼、鲚鱼、虾鳗、箸鳎、白蟹、虾及鮸鱼、鲻鱼、鲈鱼等。

挑 捕

挑捕为船张网,原先以两只竹编笼箅挂挑舷外代网,兜捕潮海表层的小鱼、小虾,故亦称"挑箅(莆)"。

挑捕渔法在当地早就应用,"宋时已有'业海人竞以舟载竹莆出海捕之'的记载"[4]。龙山雁门岭下邱王村有个叫"跳头"的古代出海船埠,传有"九十九格石阶窗,九十九只挑捕船"老话,描述了当地渔人坷挑捕的盛况。清代范市文人范观濂《山北乡土集》中的《竹枝词》道:"南门(指龙山所,编者注)亭路接邱王,挑捕船多尽出洋。更向下金家峚走,渔家澥浦聚帆樯。"

挑捕作业与高桩、反纲、反捕、老虎窗等张网不同,不设固定桁地,驾船流动捕捞。与虾子张网也有差异,它不在海中边行边捕,而是泊船定点作业。挑捕还有一个特点,即一边在海上作业,一边将捕获的鱼虾现场加工成烤虾、咸鱼。

渔 具

挑捕作业多在秋冬时节,利用空置的流网船、串网船、蟹船、大捕(抛钉)船等体形稍大的船只下海。出海前,备置好网架、网、锚等一些渔具。

网 架

网架早先由一支10米长的大毛竹作杠,后来改用两根长约6米木杠或铁管。平时,木杠直放前舷边。作业前,两根木杠内端1米处叠连,横系于中舱的龙骨上,外端缚上笼箸、网架,挑挂在船外两侧的水中,犹如蜻蜓的双翅。横杠的外端再分别缚上一道曳纲,固定在船头上,作业时,横杠与左、右两条曳纲形成一个等腰三角形,着力在纲绳上。

网 片

每只挑捕船上置两顶囊网。渔网原为三角锥体状,用竹筐支撑网口,尺寸不大,后改成长方形,上、下纲宽4—6米,左、右纲高3—4米。网袋洞深达10多米,网肚逐步缩小,至尾处留口,系以活结,并缚上一条绳子。网衣由麻线织成,网目较小,只有1厘米,上口用4股线,中间3股线,网袋后半处为2股线。"小桁"高桩张网的网片也可替代。

船 锚

挑捕网网眼小,迎潮作业时阻力大,船锚吃力也重。因此,挑捕船铁锚不同于常见的"猪耳朵锚",其造型特别,有点像耕田的犁杖。抛锚后,其

"犁镱""犁镱"吃泥较深，拉力大，当地渔人称之"犁镱锚""莫锚"。锚绳较长，达二三十米，挂系于船头。

加工设施

除上述渔具外，还需备好3只缸灶、铁锅和几只小竹筐等加工用具。

捕捞流程

当地渔人挑捕作业一般选离岸不远、鱼况较好、水深6米以上的浅海，主捕游在上层海水的小虾、小鱼。出海时往往两船相约，结伴同行，至桁地后各自作业，一般相隔一里左右，便于相互照应。

挑捕船设老大一人，负责选择桁地，指挥生产。

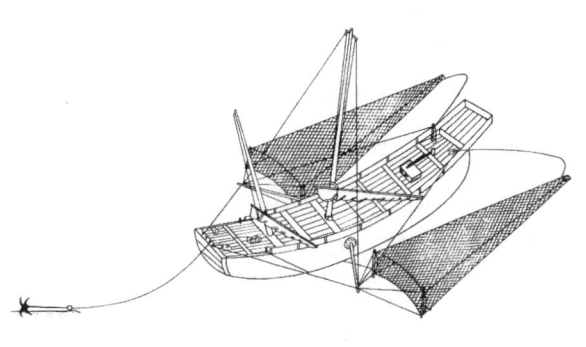

◇船张网示意图

船员五六人，他们的工作较为轻松，体力、技术上的要求也不高，多为一些趁在闲季赚点辛苦铜钿的五六十岁老年靠海人。

渔船出海时，船员们先将网架、网衣分别挂缚在左右两根横杠中，连系好横杠，缚住曳纲，再将网尾处的绳子系于后舱。到了桁地，船头顶着潮流，抛下犁锚，船泊后再把渔网放入两侧的海水中。受潮流影响，曳纲很快被拉紧，网口也自动张开，网肚自然下沉，形成喇叭状网袋。那些随流入网的鱼虾冲入网底处后，再也无力洄游出来。

挑捕一般每隔一两小时起网一次，左右两网同时进行。收货时，船员拉起系在网尾的绳子，将"网袋洞"拉至船舷边，解开活结，把网肚内的鱼虾倒至筐中，然后再打好绳结，把网肚抛入水中，待下一轮收网。

挑捕作业，除了风潮、大潮以外，无论涨潮、落潮均可进行。夜间作业时，船上须挂桅灯、艄灯，既可避免来船碰撞，又能以光亮引诱鱼虾。

现场加工

渔人下海扠挑捕，一般连续二三昼夜为一周期，吃住在船上。若渔况好，有时也会捕上五六天。渔获物主要为小白虾和鲚鱼，一潮下来能捕到几十斤。

为保证鱼虾的质量，船员对刚捕获的鱼虾，立即进行分拣，清除杂物，把数量最多的小虾用海水洗净，一次取以三四斤，置于小竹筐中，放入缸灶上面那只煮沸咸盐水的铁锅中浸淘，熟后沥干储存。现场烧制的小烤虾，又鲜又糯，常为当地居民早餐泡饭的"下饭"。对其他的鱼蟹，也视气候等情况进行保鲜或腌制处理。

20 世纪 50 年代公社化后，三北潮海已看不见挑捕船了。现在，能够描述出挑捕技法的人，也寥寥无几了。

抛钉（大捕）

三北靠海人传承不守旧，创新不离本，植根传统，不断吸收现代文明成果，续写辉煌。

据旧志记载，浙东沿海过去是有一种以铁碇（锚）抛入海底代桩、挂网捕鱼的方法，称以大捕（篰、莆），舟山人叫成"抛碇"，而三北和镇海一带渔人则称为"抛钉"。渔获物以白虾、梅鱼、鲚鱼、箸鳎、虾鲦及梭子蟹等为多，春时亦有少量鲍鱼、鲈鱼、黄鱼上网。

抛钉为近海流动性底层张网，适宜于潮流湍激海区捕捞。过去，抛钉作业船只不大，渔具偏小，从业者较少。新中国成立后，当地渔民基本上放弃了这种捕捞方法。20 世纪 80 年代，渔业生产体制改革，渔民捕捞积极性空前高涨，各类定置张网遍布三北浅海。龙山小施山村几个靠海人见无处可竖桩下网，便另辟蹊径，重拾抛钉这个传统技法。

抛钉捕捞的场地不受限制，作业方式又机动灵活，初试阶段产量虽不高，但还是得到附近村庄一些靠海人的认可。后来，龙山山下村渔民赖伟强率先在抛钉船上装起了小起网机,这一"机械替代人力"的突破,有利于使用更宽、更高的渔网,也增加了下网的数量,产量明显增加,于是众人跟着效仿,一些原有定置张网的渔人也改换成这种捕法。至20世纪末,三北一带潮海上常年有二十多艘抛钉船在作业。

21世纪初,龙山山下村项再岳等几位渔民合伙买来了一条载重20多吨的木船,装上大功率机械设备,更新网具,下海进行抛钉作业,人们称之为"大抛钉""海底串"。后来,又扩大规模,改进捕捞技艺,出现了250马力、载重90吨、置放35顶大网的大抛钉铁壳船,成了当地海洋捕捞一种崭新业态。

大抛钉张网作业流程大致如下:

置渔具

现在扪大抛钉的张网船,长20米以上,宽4米左右,载重量普遍达20吨以上,机械动力80—150马力,起网(锚)机安装在前舱后甲板中间。

网　片

每艘抛钉船置网30顶左右,作业时连成一道。网衣为平面长方形,宽70—90米,高13—15米,网眼3.5厘米以上。四周有纲绳,上下粗,左右细,上、下纲再缚附一条平行的辅纲,上辅纲每隔1米串一只拳头般大小的塑料浮子,下辅纲每隔25厘米箍环一颗近半斤的镴锡沉子。

铁　锚

每船配头锚、尾锚各一只,相邻两网间再各置一只铁锚。下海时,若投放30顶网,则需备好31只铁锚。那铁锚为新月双齿猪耳状,厚实粗重,锚杆长约1米,每只锚重200斤左右。

缆绳和樯桅

每只锚的锚环上系有两根粗缆,渔人称为"大缆"。头锚与尾锚的大缆相同,均一长一短。长的一根约40米,作业时头锚大缆与樯桅相连,尾锚大缆栓在船首柱头上。短的一根长18米,端处用"蜈蚣结"延伸出两条约20米长的"虾须绳"(叉纲),作业时分别系于渔网一侧的上、下纲端处。那些准备抛于相邻两网间的铁锚,也系两根大缆,同为18米长,也分别用"蜈蚣结"连接上两条20米长的"虾须绳"。

此外,再用实心泡沫塑料制成一个橹桅,上插一支2米长的竹竿,顶端绑以太阳能闪光灯。

◇顺网

顺　网

出海作业前,船泊码头,需理顺好网及锚、缆。

首先,把准备放在网堞最后的一顶网(即尾网)置于中舱,下纲在前,上纲在后。接下来,把连着大缆的尾锚抬至船首甲板上,长缆缚在前舱柱头上,短缆在起网机右舷(渔人俗称"橹后")引入中舱,把两根"虾须绳"分别对接于尾网一侧上、下纲的两端。然后抬上第二只铁锚,紧放于尾锚的后面,将一条大缆的两根"虾须绳"分别结于尾网另一侧的上、下纲两端。再置放好第二顶网,并把第二只铁锚的另一条大缆的两根"虾须绳",分别结于第二顶网一侧的上、下纲的两端。然后,以同样方法把第三只铁锚的两根缆绳分别系于第二、三顶网的两侧网角上……这样,连续进行,最后抬上头锚,将短缆的两根"虾须绳"分别对接于最后置放在上面的那顶网(即头网)上,再把长缆缚在橹桅上。

至此,铁锚在船头依次排列,渔网在中舱分层堆放,锚、缆、网及橹桅有序连接,各类渔具被串联在一起。

出　网

抛钉船船员6人,其中老大、机手、捞货、扫网片各一人,司纲两人。

涨潮、落潮,抛钉船均可进行捕捞作业,桁地一般选在水深15米上下的近岸浅海上,杭州湾口滩浒岛、渔山岛一带也是三北渔人常去捕捞的地方。

若抲涨水,一般在潮水涨前抵达桁地。潮水起涨,开始放网,船朝东北方,以5—6节航速直行,使网埭横切潮流。船工先从右舷抛出樯桅、长缆、头锚,依次带出短缆、"虾须绳"、头网及另一侧绳缆,接着,再按次序抛下排在后面的铁锚、渔网……这样连续投放,直至尾网、尾锚。出网时动作要快,否则抛下的网衣会被船下的螺旋桨缠住。

尾网、尾锚入水后,减速停机,船头调向东南,观察远处樯桅方位及过往船只动向,若在夜间,还需打开船上的桅灯、艄灯。一道30顶网的网埭,约有5—6里长,需半个小时才能出完。

若抲落水,一般在潮水初落前抵达桁地,船则朝西南向,也是横切潮流,渔具投放次序和要领与抲涨水一样。

拔　网

放网结束,渔人船上暂歇。此时,水中的30顶70米宽、15米高的平面渔网,随着越来越急的潮流,其剖面形成一个横"U"状,即上纲下沉,下纲触底,两纲靠近,形成2—3米高的"网口",平面网衣被潮流冲成5—6米深的网肚,那些随潮游弋的小鱼虾就被冲入网底。

渔人一般于放网后两三小时起网,俗称"拔网"。此时潮水尚未趋缓。拔网时,老大掌舵,机手开动起网机,司纲人员解开柱头上的大缆绳,把它置于起网机的转轮中,随着起网机转动回收长缆,放于中舱,同时拉起尾锚,放在船头靠前的甲板上,把短缆套于起网机的转轮中。此时,船机加力,以35度角与网埭相交前行,短缆边两根"虾须绳"缓缓靠拢,尾网的上、下纲绳也合在一起,船工将网由外向内(抲落潮时改为由内向外)拖拉至船舱中,捞货的船工抖动渔网,用撩盆(抄网)或小筐把网内的鱼蟹挽入大箩筐中。接着,再起第二只铁锚、第二顶网……如此连续进行,直至把头网、头锚和樯桅回收至舱内。

拔网需2个多小时。在此期间,船员们各司其职,互相配合,并将收回的渔具按先前顺锚、顺缆、顺网的做法,整齐地摆放好,以便下一潮捕捞。

理 货

拔网一结束，老大马上开船，选择坷下一水的地点。船工们将捕获的鱼蟹倒至前舱甲板上进行分拣，大梅鱼、大虾等一些鲜活、价贵的海鲜，放入海水桶中存养，开启氧气泵。别的鱼货，在春、夏、秋季时与冰块一起，盛入密封的泡沫塑料箱内，寒冬时节则不做冷冻处理。

再次捕捞的桁地，一般选在能避开上一潮水脉的不远处，按同样的操作程序，将渔具投放至水中。

出海的抛钉船，大多连续坷上两三潮，返航时间一般选在半夜时分。船靠码头，马上将渔获物直送市场，或批发给等在那里的约定客户，以赶上早市。

抛钉出海作业时间比大流网短，一般每次下海能坷到1000余斤海产品，经济效益不错。坷抛钉也有风险，近10年来，已有2个渔民在捕捞时因风浪及操作不当发生意外而遇难。

鳗苗张网及浮子网

杭州湾口海面为中国鳗苗主要产地之一，汛期自12月至翌年4月，初春为盛期。三北渔人常用三角网、人字网、虾子网、竖杆樯张网等一些无特定形态的渔具来张捕鳗鲡幼苗。

21世纪后，鳗苗作为特种资源，须审批后方可下海捕坷。

传统鳗苗张网

当地捕坷鳗苗的网具多为锥形窗式定置张网，网口高、宽均在2米以内，网口网目1.6厘米，至网底缩至0.5厘米，也有用细孔麻布裁拼制而成，网尾留有口子，网架系于竹桩上。作业船一般为1吨左右小舢板，船工1—2人，管理3—6顶网。鳗苗张网桁地大多选在河浦出海闸下水深5—10米的浅海中，作业时需不时解开囊网底口的活结取出渔获物，以免鳗苗入网时间太长而被潮流逼迫挤压致死。取出的鳗苗立即放入盛有海水的容器内养护,聚集一定数量后送至岸上。

在淡水闸口和纳咸闸的浦梢处,一般用三角网、扳罾捕捞鳗苗,起网后操"抄网"捞取鳗苗。

20世纪70年代初,鳗苗旺发,当地渔人也用高桩、水平窗、反纲、反捕等定置张网挂以蚊帐似的细目网进行捕捞。后来,捕捞区域扩展至深水区,还常去上海、江苏海域作业,并创新出一种效益更高、俗称"浮子网"的捫鳗苗网具。

浮子网

浮子网是相对于被称为"沉子网"的反纲张网而命名的,桩基设置、作业地点与反纲、反捕等张网有些相似。它的桁地布局和作业流程如下:

布　桁

浮子网网纲系于绳索上。一处桁地一般置有101条桩绳,排连成一条直线,绳头上各缚一只浮球,看上去长长一行,故名浮子网。2根绳桩间为一窗,一窗挂一网,共计100顶。

桁地选定后,先打第一根绳桩。绳桩的桩基为一支1.2米长的根部毛竹,初始为人力夯打,后用气泵、水枪、长钢管冲压,插入泥中4米多深。竹桩上缚有一条10多米长的白棕绳,上端挂好浮球。接着,在前方10米处,以同样方式、同样材料打好第2号绳桩。然后,在第2号绳桩前方再每隔5米分别打上第3号至第100号绳桩。最后,在100号绳桩前方10米处打好最后一桩,形成一垾一里多长的桩线。绳桩安装时,需借调4条船,其中两只船分别泊于桁地的两端,指挥绳桩安装的方位,使网埭横切潮流。另外两只船的船工负责打桩,并连接好绳索、浮子。

绳桩安装完毕,便可挂网。浮子网网口宽5.3米,高1.2米,网肚深约10米,呈喇叭状,网底开口,系以活结。网的左右两纲分别系于两侧桩绳上,每窗挂一顶紧目网。随着科技的进步,大多数渔民又在网底安装了保护设施,以保证入网鳗苗的成活率。

◇刚从网中取出的鳗苗

取鳗苗

鳗苗浮游于海水上层,渔网的上纲与水面相平。潮水起涨后半小时,渔人驶船开始收货,先解开第一顶网网尾的活结,把入网的鳗苗撩入盛有海水的桶内,然后打好绳结,仍把网袋放入水中。待所有渔网的鳗苗收完后,休息片刻,再进行下一轮收货。这样来回间歇作业,直至潮水快涨平时。装上保护器的浮子网,也可在潮水将涨平时一次性收取入网鳗苗。退潮时,鳗苗产量很低,渔人停捕,抓紧时间将捕获的鳗苗去收购点售卖。

现在,当地仍有几十艘张网船在浙江省政府规定的"开渔期"内捕捞鳗苗,大多数渔人选用了浮子网,还常驻上海、江苏一带近海捕捞。

浮子网于鳗苗捕捞中应运而生,只有几十年历史,它不仅仅是当地渔人孜孜探求的一门新手技,更是一种文化传承和智慧的象征。

虾子张网

虾子,系墨氏胸刺水蚤、虫肢歪水蚤、钩虾、无尾涟虫等近海细小浮游生物的统称。

当地靠海人早有张网、拖网捕捞虾子的习惯,《宁波水产志》记载:"虾子张网历史悠之……慈溪鸣鹤、庵东一带亦有张虾子作业,为传统作业。渔期在农历二至四月和七至十月,以二至四月为旺期,其时水温低,用3支竹桩固定2顶网框。七至十月水温高则用曳纲用人力涉水来回拖曳……"[5]

虾子张网有好几种形态,各不相同。规模较大、较为先进的定置张网,大多布桁于水深5米左右的浅海中,框架结构,面阔1.4米,高1米,上缘和下缘为竹制,左右两杠用小杉木扎成,在上缘竹中间再系一支长3米的竹竿,称"尾巴竹"。一个网架一般系网2顶,网衣由蚊帐布或苎麻布裁缝而成,网袋深3米,网身呈梯状收缩,网尾系于"尾巴竹"后。框架四角各系上下共4条叉纲,汇集于一旋转器上环,下环系桩绳固定于海底桩上,其网架结构有点像老虎窗(搁串网)。作业船载重1吨上下,船工2—3人,置以10多桩网具,也称一堂。一般每天去桁地一次,从网底捞取渔获物。

有的渔民在虾子汛期时,利用一些定置类张网的桩架、网架,挂以细目网进行捕捞。

虾子旺季,也有人采用流动方式进行捕捞。当潮水平时,渔人驶船选择好桁地,将几十顶有翼的虾子网,以竹棒固定,横切潮流,排成一线,至潮水涨停或退停前收网取货。一般来说,坷涨潮时以行东南风、坷落潮时以吹西北风产量为高。

为保护和改善海洋生态,当地海洋渔业管理部门对虾子张网捕捞也做出了新的规定。

【参考文献】

[1]周科勤、杨和福主编:《宁波水产志》,海洋出版社,2006,第523页。

[2]俞福海主编:《宁波市志》,中华书局,1995,第1362页。

[3]章仁苗主编:《海星村志》,浙江人民出版社,2014,第217页。

[4]周科勤、杨和福主编:《宁波水产志》,海洋出版社,2006,第127页。

[5]周科勤、杨和福主编:《宁波水产志》,海洋出版社,2006,第126页。

第二节　流刺网

流刺网，即为流动的刺网，由众多网片连成一长埭，横布于主捕对象的活动通道，随潮流漂移，以网衣挂刺、缠络鱼蟹以达渔获。其网片数量多少、网衣长短、网目大小、网线粗细、放网深浅，都视渔场环境、海域广度、渔船规模和主捕对象体形大小及其生活习性而定。

澥浦、龙山毗邻，旧时同属定海（镇海）县灵绪乡，当地渔民早就开始抲流网了，人船众多，号为"镇海北帮"，扬名浙东及黄海渔场。明清两度海禁，流网捕捞船只减少，开禁后又复兴盛。清嘉庆二年（1797），镇海北帮建立维丰公所，有流网船300余艘。光绪十八年（1892），分设南北两所，北公所管辖澥浦、十七房、邱王、金家岙等地流网船70艘。[1]20世纪30年代后，流网船渐减。新中国成立后，当地一些流网船，汛期时在本地及沥港、嵊泗、长江口等外地海域流放。

当地渔人抲流刺网，均单船作业，有小流网、大流网、游丝网三种。大、小流网主捕鳓鱼、鲳鱼、马鲛鱼、鲵鱼、鲨鱼、大黄鱼及白蟹等，游丝网渔获物以大小鲻（梭）鱼为多。

小流网

流网也称"溜网"，有大、小之分，其捕捞原理、网具结构相似，但渔具规模、船工人数、作业渔场有所不同。

当地渔民大多使用小流网进行捕捞作业。

渔具和渔工

小流网船载重量3—6吨,多用木帆张网船替代。船上员工4—5人,其中老大1人。

过去,船上置网50爿以上,每爿网长20—30米,高6米左右,网眼一般在10厘米左右,比张网、串网、缉网疏朗得多。每爿网衣的上纲每隔3米左右系上一只小竹筒浮子(俗称"小封管"),再另缚结上2条绳子,绳头上分别挂连一只大竹筒浮子(俗称"大封管")。下纲也每隔3米绑一只斤把重的石瓦沉子。另置一块20斤重的柱石或磨片,放网时挂在尾爿网片的后纲下角。

出海前需"顺网",将数十爿网片接连叠放,上纲排在船后,下纲置于前面,网衣整齐堆放在中舱。首爿(叠于最上面的那爿)网衣的前纲绳两角、尾爿(叠于最下面的那爿)网衣的后纲绳两角分别系上两条叉纲(散须),叉纲再接于各自的缆绳上。

流网船的樯桅被尊称为"老相公",高约6米,桅杆顶处用棕衣扎成一个伞状的明显标志,老远的地方也能看到它,中、下部各绑一只浮球,底部套入一爿20斤重的石盘,使樯桅平稳立于半水中。樯桅和"大封管"都是观察网路走向的标志物。

传统线路与作业流程

小流网走本埠线路,也走外海线路。

三北及附近一带抲小流网的渔民,大多从龙山海域出发,至崇寿外海王盘洋收网,这是一条传统的流网线路。1968年后,高王公社七大队渔业队新打了3艘小型机帆船抲小流网,为便于操作,特意在龙山太平闸设立生产基地。

农历四五月是三北近海溜鱼汛期,当地小流网渔民在立夏前后就开始试捕,驾船自龙山码头随退潮出海。这段时间,早晨常起西南风,傍晚多刮东南风,有助于渔民白天作业来回航行。渔船外驶三四千米后,开始下网。此时若风大,就降下部分风帆,无风时则扯下篷帆,一人摇橹,一人划桨,朝东北方向慢中速前行、出网。

出网时，渔船处于下风处，两名船工相对而站，先将与首爿网缘散须、缆绳相连的橹桅扔入海中，再把网衣及上纲浮子、下纲沉子一绺一绺地同步抛放于右舷外的水中，越远越好。另一船工则专扔"大封管"。全部网片及尾网沉石出完后，再将与尾爿网缘散须绳相连的那条缆绳拴于船上。

出网过程，有风时约需30分钟，无风时则要近1小时。这样一道二三里长的直立网埭与船循潮横行，漂向东霍山南。船工不时观察远处橹桅变化，并鸣螺告知来往船只及时避让。当潮水起涨时，网埭转漂西北方向，经西霍山、长檀山、扁担礁后，至崇寿外海王盘洋起网，俗称"走南水"。大潮水流急，每水约需3小时。小潮潮流缓，有时只能走半程。游鱼触及网衣，鱼鳍便被网线挂住，进退两难，成了渔获物。

拔网（起网）时，先使船身与网埭形成35—40度斜角，一名船工在船头用力拔起下纲，并拉放至舱面，也以此来带动船身前进，所以这个岗位最为吃力，大家轮流替换。另一船工在对面收起上纲。再有一人在中间"扫网衣"，即把网衣拉进舱内，摘下被缠住的鱼货，鱼多时老大也会过来帮忙。拔完网片，再把"老相公"请进船中。拔网作业一般需两个小时。

拔网结束，将鱼货装入筐内，戽净舱中积水，竖起篷帆，乘"单抢风"回程。有时也再"走北水"，即在拔网后再次出网，循退潮走原路漂流至龙山海域收网。

"三月鲳，四月鳓，五月黄鱼大又黄"民谚，说的就是小流网春夏汛期捕鱼规律。夏汛后，当地渔民驶船去东霍、西霍、黄礁一带岛礁缝中，选低潮时改流沉网，每水两三小时，渔获物以鮸鱼、毛鲿为多。

小流网每船每水一般可获近百或几百斤海产品，多时达千斤。一些有经验的渔民，有时不长途漂流，而是选在涨潮高潮或退潮低潮、鱼群最集中时快速出网，只溜1个小时，人不辛苦，效益相对较好。

其他线路

小流网船除在当地海域作业外，还南走象山台州海湾，北去嵊泗一带洋面捕捞。20世纪50年代，龙山西门外村渔民赖尧财带着三个儿子，远赴大目洋、猫头洋、台州湾等地溜鱼，几位同乡渔民也结伴前往。1963年春，龙山渔业大队曾在舟山黄大洋一网溜了2000多斤鳓鱼。秋冬时节溜白蟹，也去嵊泗一带，每水五六小时，单船产量在百斤左右。

过去，镇海城关、定海、岱山等外地渔民也常来三北海域牁流网，淞浦口、龙山码头、邱洋税关埠头、澥浦月洞门下及观海卫一带浦口，为当地和外地流网船鱼货交易的主要场所。20世纪70年代，小流网作为生产队一项集体副业，盛行一时，渔船翻倍增加。80年代后实行农业联产承包制，流网船只锐减。

出海溜鱼、溜蟹有一定风险，现在当地渔民已不再从事流网这个行当了。

大流网

大流网捕捞起源于龙山毗邻的澥浦，因此也称"澥浦大流网"。与小流网相比，大流网有船只大、网埭长、船员多、路线远、产量高及下海周期长和现场加工等特点。

当地牁大流网的渔人，大多数居住在龙山一带。虞洽卿三北轮埠码头建成后，当地牁大流网的渔人增多，常合伙去外海进行大流网捕捞作业，其中以赖、金、郭姓为多，蛮有名气的有赖尧传及项阿梦、阿洪等几个老大。

大流网船以风力、人工驱动，长约20米，宽3.5米，深2米，载重量30—35吨，为以前当地渔船中体形最大的一款。船上置双橹、双桨，竖软篷头桅、大桅，配深水舵，排水快，吃水深，能抗七八级风浪。船内鳖壳长，甲板阔，设有10舱，集生产、生活、加工、仓储为一体。过去，大多数渔民打造不起这样的大船，就从澥浦、镇海、舟山等地的渔乡、船行去租借、赊赊。

大流网船置网200—300片，网纲绳较粗，网目大小、纲绳与缆绳的连接、浮子沉子的材料和设置、顺网过程，与小流网相差无几。大流网樯桅特别高大,主杆为一支10米高的毛竹,顶处用不吸水的棕衣扎成五个分杈,三四里外也能看到它,中、下部也各绑一只浮球,底部套入一只30斤重的石盘,使樯桅平稳垂于半水中,上端保持不斜不倒。

大流网船出海作业,船上渔民10人左右,其中老大、副老大各一人,轮流掌舵,伙计若干人,负责炊事的"伙将顽(方言念若'弯')"一人。

渔 场

当地小流网船,一般只于春夏汛期在附近海域作业,而大流网则常年去外洋,捕捞鳓鱼、鲳鱼、鲨鱼、黄鱼及白蟹等海产品。

元宵节一过,当地钶大流网的渔人就着手准备。捕捞的线路一般由南往北,入网水层从深至浅。

春汛溜鲳鱼。农历二月初,当地渔人常南驶大陈、渔山洋面,捕捞潜于海底的鲳鱼。鲳鱼流网每爿长18米,高6米,网目9厘米,每次出网200多爿,连成一列,俗称一"漕"。作业时,视水温、水深及鱼群分布状况,增减浮子、沉子,缩短和延长"大封管"绳子,使网衣下沉至鱼儿游栖的中、底水层。

夏汛溜上、中水层的鳓鱼,兼捕马鲛鱼、鲐鱼,与鲳鱼网片共用,最多时每漕出网300爿。先去吕泗洋渔场(俗称"下洋头"),后转至佘山东北和大戢渔场(俗称"上洋头"),渔期自谷雨至大暑三个月,以芒种至夏至为旺季,传有"谷雨到渔场,立夏赶卖场,大暑大谢洋"渔谚。

秋汛溜白蟹。溜蟹采用底层流刺网,每爿网长18米,高4.5米,网目14厘米。每船备网120—160爿,60—80片网为一列,分两漕轮流置换。作业渔场多在吕泗洋、佘山花鸟、嵊山、渔山一带,开捕后作业地由北向南、由西向东流动,水浅处向水稍深处转移。汛期在9—12月,秋分至小雪为盛期,渔获物为梭子蟹及少量箬鳎。有时蟹汛结束,调换网片追赶冬季带鱼汛。

冬春溜鲨鱼。用近底层的流刺网捕捞,每船备200多爿网,每爿网长18米,高4.5米,网目14厘米,网线加粗,分3漕交替使用。一漕只放60—80爿网,其中每间隔8—10爿置1爿鲐鱼(俗名青占鱼)网。渔场主要在"三块头"。"三块头"位于黄海,水深60米左右,以自北向南的3个海岛为陆标,分别称为"高块""中块""低块"。"高块"在石岛东偏南、仁川西岛偏南、木浦岛西北,可锚泊避风。"中块"北距"高块"风帆船6个小时航程。"低块"在木浦岛西南、济州岛偏北。汛期在霜降至翌年清明间,渔获物以花露鲨、书生鲨、燕子鲨、带鱼鲨为主,兼捕鲐鱼、鲵鱼、马鲛鱼、箬鳎。20世纪50年代初,龙山一带有好几个"大老大"谙熟那里的海域环境,根据水深、水色、航向航程、底质地貌及底栖生物状况,就能知晓渔船大概方位。有的船有时还到靠近济州岛海域去捕捞。

过去,在冬至至翌年清明期间,当地大流网渔民还捕捉鲐鱼(青占鱼)。鲐鱼网片稍低,网目偏小,捕捞方法与鲨鱼流网相似,作业地点在温台外海及黄海渔场。

作业程序

大流网出网、溜网、收网的工序与方式,与小流网大同小异,捕捞过程大致如下:

出　　网

到了渔场后,待潮水涨时,找一处附近无流网船作业的海域,鸣螺下网,若有风,就降下主篷,扬起头帆。无风则扯下所有篷帆,两人摇橹,慢速航行。出网前,两名船工先将与首爿网缘相连的樯桅放入海中,再将网片连同沉子、浮子,步调一致地扔抛至2米外的水中,另一船工专抛"大封管"。整个出网过程,有风时不用1小时,无风时则需近2小时。

溜　　网

全部网片出完后,船上鸣螺,一漕长长的网埭横切主流,缓缓前行,樯桅及"大封管"也循潮漂流。游鱼触网后,即被挂住。黄鱼汛旺发时,成片海水被泛得发黄,竹篙入水被鱼儿拥挤得不会立刻倒下。若遇上鲳鱼或鲫鱼鱼群,鱼儿竞相跃于海面,银光闪烁。当地渔民称这类现象为"打蛋"。

拔　　网

潮水涨平后开始"拔网"。有风时,挂上小帆,船身与网带形成30—35

度斜角,3—4名船工在船头用力拔起下纲,并拉放至舱面,也带动船身前行。2名船工在对面提起上纲。另2人在中间"扫网衣",即把网衣拉进舱内,摘下被缠住的鱼蟹。拔完网后,再把樯桅请进船中。拔网作业一般需两个小时。

加 工

一只大流网一次出网一般可获上千斤水产,多时可达好几千斤。为使鱼货不变质,除老大驾船驶向锚地外,其他船工上甲板对鱼蟹进行初加工。鱼货特别多时,就卖给在海上收购的冰鲜船及当地鱼行。

鳓鱼捕获后在船上用盐"头抱"后,排列入舱,面层封盐,铺上竹帘,压以石块,上岸后再做二番加工,制成"三抱鳓鱼"。捕获的黄鱼除了鲜卖,还把它制成鱼鲞,渔人在船上将鲜黄鱼剖开,去除内脏,拌盐排于桶(缸)内,七天或回乡后再进行风干处理。鲳鱼加工处理时也需剖肚,再加盐腌渍。冬汛捕鲨鱼,多带冰保鲜。

秋汛溜白蟹起网时,边摘边分类,雌蟹膏满肥壮的,放入配制好的饱和咸卤船舱或桶内,直接制成"新风"红膏舱蟹,雄蟹和瘦蟹、残蟹则加工成浜蟹、蟹扁、蟹股、蟹浆。

栈洋与休整

一潮作业完成后,将船锚泊于附近岛礁处,在那里过夜,称之"栈洋"。

在南方渔场开捕时,一个月回乡休整、补给一次,以后每半月一次。回乡后,先把船上的鲜鱼、咸鱼、干货,去市上售卖或进行深加工处理,再卸下网具进行洗、晒、补、栲,采购生产生活用品,做好再次出海的准备工作。

大流网作业有时也会突遇风暴,无法起网,船工们便躲入舱内,听天由命。1960年农历三月初三那天,在吕泗洋舸大流网的100余只船,遇上一场突如其来的风暴,许多人遇险。

20世纪90年代开始,当地渔人不再用大流网捕鱼了。

游丝网

游丝网,也称"油丝网",当地过去只在湖泊、江河中捕捞淡水鱼。

20世纪60年代,龙山公社渔业大队一些师傅大胆探索,将游丝网移引于浅海中,成了当地一种新的海洋捕捞网具。近年来,游丝网也被当作一项颇具刺激性的海上休闲活动,悄然兴起。

当地海上游丝网多为流动类,以网衣挂刺、缠络鱼蟹。此外,也有一些渔人在布网时,网埠一端用插竿固定,整埠网片在一定海域漂移,呈一端定置、一端流动状态。

流动游丝网

当地随船流动的游丝网,一般每顶网长50—60米,宽(高)1.2—1.5米,主网衣由直径1.2或1.5毫米(俗称"一二丝""一五丝")细网线(丝)织成,外向再包两层网目较大、网线较粗的网衣,俗称"三层网"。每顶网的上纲装有300颗左右的浮子,下纲缚裹镴锡。主网网目2—6.5厘米的称作小(紧)网,网目6.5厘米以上的称作大(宽)网。小网网线细巧,大网稍粗。

◇游丝网

大网只能抲大一点的鱼,捕不住小鱼,小网有时也能挂住大鱼,但往往被挣破而逃脱,因此当地渔人有"多大的网眼抲多大的鱼"这一说法。

初始,当地渔人驾张网船出海作业,船工3名,无风时靠摇橹、划桨、撑篙驱动,行速缓慢,转向也不灵活。后来,将一台6.5马力柴油发动机安装在载重量1吨的小舢板船上,不仅行速快,船工也减至两人。21世纪后,许多渔人用上了机动浮船和小汽艇,一个人也能作业。

按渔网规格、实操方式和渔获物不同,流动的游丝网又可分为浮网、沉网、走网3种形态。

浮 网

浮网,分量轻,网目小,每顶网约重1.5斤,常抲夏季时浮头于水面的小鲻鱼及"大麦黄""梅黑眼"等一些体形稍大的小丈鱼。浮网一般于潮水涨平(或者退平)前1—2小时出网,动作快的每潮可抲3—4网。水面转清、快要平潮、风平浪静及刮西南风时为最佳捕抲时段。

抲浮网的出网和捕捞,分泊船顺流出网、开机行船出网两种方式。

泊船顺流出网方法,适用于单人、小船作业,流程大致如下:在潮水平前1小时,关机抛锚,停住船只,在鱼群外侧抛出橹桅或大浮球,接着放出第一顶游丝网网衣,让它悄然顺着潮流直漂,接着再连放下一顶……放完尾网后再连上一个橹桅或大浮球,一道网可连放15顶以上,网埭达1千米。放完网后就拉起船锚,将船驶至网埭内侧距网20—30米处,调转船身,与网埭平行加速行驶,同时用竹竿拍击水面,或用木棒敲船舷,驱赶鱼儿游向渔网处,船至网埭尽头,即可去收网。收网时一般逆风操作,船与网成35度夹角,渔人一边拉网,一边将上纲串于一竹棒中,若有鱼被网眼挂住,当即摘下,放入有水或冰块的容器中。遇上大鱼还需用撩盆(抄网)接应一下,免得出水时被挣脱。

载重量大的渔船,一般采用开机行船出网法。船只出海,配船工2—3人,预先将每顶游丝网的上纲、网衣连接好,然后随着船的行进,同步放出橹桅和所有网片。其长处为出网速度快,缺点是容易惊动鱼群,所以出网时船要离鱼群远一点。扰鱼、驱鱼和收樯桅、起网的操作程序与上法相同，只是在收网时开机前进，船速较快，大鲻鱼比较容易逃脱。

沉　　网

沉网与浮网的网具式样相同，但网眼疏，网线粗，上纲浮子大，下纲沉子重，每顶网重达5.5斤，故也称"重网"。沉网以捕捞中等鲻（梭）鱼和秋季"高（茭）脚白（体形大的一种小丈鱼）"、冬天"红嘴巴"（体形大的一种小丈鱼）为主，偶尔也能捞到几条大鲻鱼。

小船捞沉网多采用随流出网法，1—2人操作，在潮水涨平或退平先后一两小时内顺水作业。顺风时，船只关机，先将一根10米长的牵绳系于樯桅和第一顶游丝网间，再把樯桅抛至船外5米处，接着将首网的前端快速放入水中，待网沉入水底固定后，船只随潮缓缓朝东南方漂行出网，放完第一顶网的后缘时，就与下一顶网前缘相连接、投放，这样，到潮水平时可放出15—20顶沉网。放网时尽量让网埭与潮水流向一致，否则网路弯曲，容易滚成团状。若遇侧风，还需用桨、篙等工具相助。出完网后，待上1小时左右，再顶风起网，收摘挂在网眼中的鱼儿。

若用大船捞沉网，则需2—3人，操作方法与捞浮网"开机行船出网法"相似。

冬季小潮汛期，沉网可24小时置于水中，渔获物增多，那些被扎挂在网中的鱼也不会变质。天热时下海，船上需备冰块，以冷冻鱼货。

走　　网

走网也称"箆网"，与浮网、沉网稍有不同。它分宽、窄两种规格，窄网每顶长（宽）约50米，高1.5米左右，重量为3—4斤。宽网每顶长（宽）80米左右，高5—6米，网眼8厘米以上，重量约15斤。潮深3米左右处作业时，大多使用窄网，潮深达5米以上时则用宽网。

渔人驾船出海，一般随带3顶走网，由1—2人操作。作业前，先将第一顶网连接好樯桅（浮球），理顺网衣，开动船只，让网片自动从船尾滑入水中。出网线路一般朝东北方向，横切潮流。下网时间最好选在潮水旺涨、水流湍急时，因为在此时放网，网片下纲沉至海底后，整道网也会慢慢顺潮而横行,达到了网"走"的效果。同时,受潮流影响,网片前行时成一斜面,下纲沉在前下方水底,上纲浮于上后方半水中,当在海底觅食的鲻鱼碰网往上逃窜时,就刚好扎入网眼中,因此产量较高,且以大鲻鱼居多。

出完网后,待上20分钟,便可收网,操作方法与沉网相同。收网结束,开始走第二道网。一般一潮下来能拘上3—4网,3小时后返航。

走网以拘大鲻鱼为主,一年四季都可进行,冬天为盛。盛夏初秋时,还能捕拘到10多斤重的鮸鱼、1—2斤重的大箬鳎及大白蟹、青蟹等海产。走网渔获物颇丰,最少时一潮也有二三十斤,碰到鱼群时产量倍增,龙山渔民魏阿炳在2016年早春创下过一潮捕了170多斤鲻鱼的高产纪录。

风浪对走网影响不大,刮6级风的时候也可作业。拘走网和拘沉网、浮网一样,最担心的是水下障碍物,如留在海底的竹桩、木桩及突兀的礁石,还有过往船只无意的侵扰。好在游丝网成本不高,一般每顶浮网价约70元,宽的走网也只需200来元钱,渔人们往往一顶网只拘一年,每年换新网。

一端定置游丝网

一端定置的游丝网多在夏季浅潮区作业,1—2人就可操作。每顶网长30—40米,高0.5—0.7米,网线较细,网目也只有2—3厘米,上纲系塑料浮子,下纲配圆椎或方形镴锡。

涨潮时,渔人驾上小船,携带5—6顶网,选潮间带下区(也称串网埠)、潮水深度约0.5米处作桁地。作业时,先把一顶网的一端以竹竿固定,再把剩余的网一顶一顶连接起来,放于潮水中。放至最后一顶网时,在网尾处挂一杆由竹竿、红旗制成的樯桅,使整条网埠一端固定、一端随潮流漂荡,其走向基本与海岸平行。

浅潮游丝网在风平、浪静、潮缓时,1—2小时起网一次,运作方法与浅海游丝网相仿,渔获物以泥鱼及小丈鱼、小章跳为多。

【参考文献】

[1]周科勤、杨和福主编:《宁波水产志》,海洋出版社,2006,第523—524页。

第三节　高串、跳网及地笼网

串网、跳网均系海上陷阱类作业,在三北潮海较为常见。后来还出现了一种称作"地笼网"的陷阱类网具,其结构与串网、跳网各异,但捕诱原理相似。

为保护近海水产资源,当地渔民按上级规定,已不再使用滩涂串网和地笼网。

高　串

过去,当地属串网类的渔具有高串、小(顿)串及矮串、张串等。人们所说的串网,大多指高串。

高串也称"大串",配以串网船流动作业,渔工6—8人左右。桁埭布于潮间带中下区,小潮时稍上,大潮期下移,渔获物有鲻鱼、白蟹、青蟹、白虾、黄虾、小丈鱼、箬鳎、泥鱼、梅鱼等,个头要比"张网货"大。汛期时,偶尔也有黄鱼、鳓鱼、鲨鱼、黄貂鱼等大鱼入网。

串网作业前,将几十爿高约2.4米的细目渔网连在一起,间隔2.5米拴住一支4米多高的竹竿(以乌竹为多),一般一道(漕)网置串竹500根上下。拴网时,下纲系在竹竿根端上方30厘米处,上纲缚于竹竿梢头下方约60厘米处,两支串杆间的渔网称作一窗,下海时整齐地排列堆放在船舱中,竹根和下纲放于橹后一侧。

潮水涨平时,船老大选择一处鱼口多的潮面,由西向东指挥下网。头篙手把握方向,后篙手撑动渔船,如风大浪急,前后各增一人。船老大掌网定位，其余船工协力将网杆一窗一窗地拉紧插牢，使下纲陷入泥涂中，上纲则略出潮面。为防止网内的鱼蟹随潮流出，先在西梢串成一个耳朵状、漩涡式的空心网兜，渔民称之为"鸡笼""笋头""板尾"，鱼儿能进难出。接着，往北串插百米（此段网埭也称"蔚台""串网横"）。布网时，有的还在"蔚台"中间一窗串成一个口宽2米、深6米多的外凸长方形的"鱼笼"，内设两道网片"倒拴"，顶处也盖上网衣，游入"鱼笼"的鱼蟹很多，它与"鸡笼"一样，均为陷阱及集鱼圈。接下来，网埭转朝向东偏上方向串，一直串至东梢头（此段网埭也叫"串网直"），形成西梢偏下、东梢稍上、面迎退潮线的一道近似弧形的网埭。潮水中的鱼蟹至此，即循流沿网而游，最后进入集鱼圈或搁浅于网衣旁。

串网完毕，渔船驶靠西梢旁。当潮水退至1米左右深时，船工们先后下水，一手扶一只圆形推桶，一手抄短柄抄网（也称"撩盆"）循网分段来回撩挽鱼蟹，称"撩大水货"。潮水即将退尽时，船工摇动几下串杆，推桶回船，并将搁在泥涂上的鱼蟹顺手带走。

船工撩货结束，回至船上，吃了老大烧好的饭菜，把捞获的海鲜装上笋筐，放至无档的泥马船上，由一两个船工驶往码头、市街售卖。其余船工在船上休息，待潮水回涨，渔船能撑动时，由西向东把网杆拔起，连同渔网一起堆放在船上，若发现有大的破洞就稍做修补，待下一潮再串。有时不拔起网竿，只放下上纲，卷系好网衣，待下一潮涨平时再装好网，于原地重复作业，俗称"菩（为埋的意思）纲串"，但一般不超过三潮。

大串以夏秋为旺，春次之，数九严寒休渔。一般每日串夜潮一次，到了鱼汛期，有时串日、夜两潮。遇上小潮则停串，去岸上栲网、补网和休整。大汛时，有时为多捕些鱼蟹，两艘渔船组合，把两道渔网连成一漕，俗称"交（方言念若'高'）漕"，所获渔物平分，相得益彰。

在鲻鱼汛期，渔人也会在部分串网上再挂一道专捕鲻鱼的稀目网，当地人称之"半浪"。"半浪"常挂于西梢"蔚台"一带，网埭长60米上下，网片高约1.2米，上纲系在串竹的顶端，下纲缚接在串网上纲，在退潮中形成一个向外下荡的网袋肚。其捕捞原理与跳网有些相似，潮水退时，鲻鱼随潮洄游，触网后本能跃起，越过串网后，就碰搁在"半浪"网袋中，难以脱身。西门外村一位老渔民说，20世纪50年代时，有一次他们遇到鱼群，一潮就在串网半浪上捕捡了一千多斤鲻鱼。

以前，三北一些渔人也去舟山群岛等地进行串网作业。

跳　网

跳网颇具特色，为原姚北一带海域中一种常见渔具，专捕鲻鱼、梭鱼以及鲈鱼、章跳等善跳性大鱼。

跳网由前道打底网和后道飞网组成，早先多用旧网裁拼，每爿网衣长3—7米，宽（高）1米，网片短窄，网埭不长。作业时，渔人驾小船带着8—10爿网衣，至平潮时水深1米的海域布桁，用竹桩打成一排，上置纲绳，把带去的网拼连成一道垂直于涨、落潮的流向的打底网埭，在它后面约1米处再斜插一道竹桩，把飞网置成袋形下凹状。鲻鱼顺流游来，遇打底网后本能跃起，正好落入后排飞网的袋肚中，渔民便驾船捞取。下一个落潮或涨潮，打底网、飞网位置则互相转换。

后来，人们对跳网网具做了改进，捕捞效果明显提升。

改装后的打底网和飞网，每爿网衣长12米，宽（高）1.3米，6爿打底网和6爿飞网称"一背"，5背网组成一个桁埭。打底网网目稍大，一尺编织20眼，俗称"5分眼"；飞网网目略密，一尺编织24眼，俗称"4分眼"。飞网的上、下纲绳间有一条约1.3米长的绳子相连，挂上后形成了一个网兜。

潮水退尽后，拘跳网渔人常选油泥涂埭作为桁地。作业前，一般先搭飞网支架，撑杆多为5米左右长的龙须竹，根端斜插于涂下60—70厘米，竿距4—5米不等，以潮流急缓而定。网埭两端再各插一根毛竹，并打上扳桩，然后用粗绳把所有竹竿连接、拉紧，绳头分别系于两端扳桩上。整埭飞网支架东西走向，与潮流垂直。

飞网支架装好后，把飞网的上纲绳系于竹竿上，高度2米上下，以伸手可及为宜。下纲绳先不做固定，待开捕前再系在竹竿中下部。接着，在飞网上水（即涨潮在网南、退潮在网北）80—100厘米处，每隔2米再插埋一支2米高的箭子竹，其走向与飞网网埭平行，长度等同。然后，把打底网系于箭子竹上，下纲紧贴涂面，成一道一字形长排网笆。有些渔人习惯先搭打底网，再架飞网。

涨潮时，打底网全部没入水中。飞网的上、下纲绳需视水位变化及时移动、调整，使上纲绳控制在离水面30—40厘米、下纲绳保持在离水面10厘米以上这个高度上，让整道网片成一个斜面兜状，其兜底始终靠近水面。随潮游来的鱼触及打底网后，跃出水面逃生，正好落搁在飞网网兜中。

一个跳网桁埭，一般由5人合伙。船老大负责驾驶渔船，当潮水高于1.3米后，船上其余4人分成2组，各乘一个竹筏（也称"小划子"）从西、东端（分别称"上撩头""下撩头"）来回捞取搁网之鱼。小划子前面的渔人手握飞网上纲绳，带动划子前进，同时随时调整飞网高度。后面的渔人则托住网底，把鱼拍入小划子中。两只小划子在网埭中间碰头后，各自后退，划子上的两个渔人也互换角色，继续捞货。

跳网渔期在农历四至八月，一般农历初十至十六、二十六至翌月初一那几天平潮前后的1.5—2个小时内，为最佳捕捞时段，每潮可捕获鲻鱼几十斤。一位庵东老渔民说，20世纪五六十年代鲻鱼旺发，有时遇网跳蹿的鲻鱼像"爆芝麻"一般，落入飞网中，一潮下来能抲到几百斤。后来因鱼类资源枯减等因素，跳网捕鱼也成为历史了。

地笼网

早前，三北一带靠海人借鉴内河倒拴竹笼（俗称"倒箔笼"）捕鱼方法，在浦梢和潮水中置放了一种叫"地笼网"的渔具，其形态为圆椎或长方体状，长数米至十几米，有的黄昏放网，翌日早晨去取渔获物，有的定点长期

◇近岸地笼网

布放,适时去收货。

20世纪80年代后,东中部一带渔民把地笼网外移至潮间带下方浅海中,桁地规模也不断扩大。所置的网具多为长方体,长10多米,宽、高各40厘米左右,两端和网身内每隔40厘米用一道细钢筋扎成的方圈固定,两道方圈间称一窗,网身两侧一方逢单、另一方逢双隔窗设一扁形倒喇叭口,鱼蟹只能进、不能出。网笼内,靠近两端的两窗方圈上再分别装一倒喇叭网口;网笼两端各连一个网袋,为鱼蟹汇集处。若置用喇叭状的圆椎状网具,则从网尾处收货。

从事这项作业的渔民,一般每人置有几十至近百只网笼。布桁时,每只网笼用一小铁锚固定,上扬樯桅,顺着潮流排放,一般十余只为一列。

地笼网长放水中,渔人一天一次乘船去收货。地笼网的渔获物除青蟹外,在下涂还能捕获到鲜活的白蟹、鲚鱼、梅鱼、海鳗、鲻鱼、白虾、黄姑鱼,上涂则伴有泥鱼、赤鳝、弹胡等小海鲜。

第四节　打网、拖网、撬网

打网、拖网和撬网，不是当地渔民潮海捕捞的主要网具，但有其适存环境的自身特点，因此被部分渔人选用、青睐。

内河撒网打鱼，在当地老早就有，驾船去潮海打鱼，那是20世纪的事了。拖网、撬网在应用过程中，不断创新，也有闪光之处。

打　网

打网，属掩罩类渔网，也称"旋网""天打网""手撒网"。

海上与内河不同，在摇摇晃晃的小船上撒网，非常人所能胜任。西门外村村民赖尧财（1905—1972），出身打鱼世家，祖传的旋网技艺娴熟无比，在窄长的舟身上，任凭风浪簸荡，他稳立船头，经常捕获20多斤重的大鲈鱼、大鲍鱼，也曾在澥浦山外一网旋进200多斤鲻鱼，成当地绝唱。他的几个儿子也是海上打网好手，可后来都改了行。如今，三北海域中看不见一只打网船，这项古老的手技已成了非物质文化遗产。

当地渔人海上使用的打网，呈圆锥形，网衣长（深）7米，由细麻线（后用尼龙丝）织成，网目疏朗。底下周边设纲，缚附120颗镴坠，每隔2颗镴坠再系1根挂纽，使纲绳下沉着底时向内卷成袋状。网顶上系一引纲（俗称"网头绳""手牵"），长10米左右。网撒出去后，像一顶从天而下的降落伞，也似一朵倒开的喇叭花，网圈直径约10米，十分壮观。

打网船头平、尾窄、中舱宽，轻巧细长，早前也有用竹筏和小舢板作业的。船上渔工2人，一人在前观察、撒网，曰"打手"，一人后舱划船、撑篙，称"划手"。

打网船出海作业，一般选潮间带下鱼况尚好的浅海区。撒网时，停住船身，"打手"站在船头处，将网头绳套在左手，齐整地挂上底纲以上四分之一的渔网，右手收好上面余下的渔网，有节奏地轻晃几下，循着风向、潮流，尽力一甩，把网旋撒出去。渔网借沉子重量，快速下沉至海底，此时"划手"撑篙，船往后退，"打手"缓缓顺势拉收引纲，使沉子不离开水底又逐渐向中心靠拢，直至底纲聚在一起。此时，网中的鱼蟹都被夹持在网肚中，"打手"缓缓回收网衣，提至网口处时用一大撩盆（抄网）兜底接住，然后连同渔网一起拎放至舱内。如这一网渔获物多，"划手"也会上前相帮。

收网后，再找新的地方进行下一网作业。

拖 网

早先，当地渔人不驾船只，一个人涉于浅潮中，拖拉细目渔网捕㧟小鱼小虾，后推行驾船曳网捕法，生产规模随之扩大。

拖网有单拖、双拖之分。本地渔民以"单拖"为多，一两个人置一套网具，摇一只小船下海作业，又因以㧟底层鱼虾为主，亦称"底拖"。

过去，当地的底层小拖网，无囊。下纲系5米长竹竿，配沉子，网口呈三角形，网袋深2米，用40—50米曳纲系于船舷，随潮拖曳。大小潮汛、白昼夜晚均可作业。捕捞区域在花鸟、络华、岱山、秀山等岛屿周围水深20米左右海域。主捕虾子，兼捕舌（箬）鳎、蟹类。[1]

本地渔民谙熟拖网捕捞要领，技法精湛。1950年，龙山乡龙山所村毛良红、李家村文华等几个力壮的靠海人，被宁波海洋渔业公司录用，安排在大拖网船上作渔工。1964年12月，龙山公社渔业大队19岁渔民赖金华应征入伍，在南海舰队当海军，上级发现他有娴熟的捕鱼本领，就临时将他抽调到部队500马力"双拖"拖网船队任捕捞队长，几次去雷州半岛东部海域捕捞，有一个航次拖了5万多斤大黄鱼。

三北潮海以前还有一种主捕小虾的拖虾网，由囊网衣对折，两边用缘网缝合成横长方袋形,上网口撑一根5米多长竹竿,下纲口系沉子及棕片,再配以吊纲、叉纲(虾须绳)、曳纲,组成阔5米、深1米多的拖虾网具。作业时,渔民1—2人,驾小舢板至浅海,于船舷放下网具。曳纲系于船柱头上,其长度一般为水深的2—3倍,流速快时稍放长些,流缓时适当收缩。船工摇橹顺水曳网前行,约1小时后,船工拉动曳纲、叉纲,提起吊纲,将网拖入舱内,倒出鱼虾,继续放网拖捕。

拖网可常年生产,以春秋两季为盛,在小潮汛流缓与港道沟槽间作业,产量较高。

拖 风

20世纪50年代公社化后,绝大多数渔业大队未把拖网列为集体经营项目,因此三北潮海很难见到拖网船。80年代后,渔业生产经营体制改革,有的靠海人重操旧业,推出了一种规模稍大的拖网网具,俗称"拖风"。

拖风亦为单拖、底拖,是传统拖网的一种改进版。作业时用的舢板、小张网船,亦称为"拖风船",船上安装12马力柴油机。捕捞地点一般选在当地潮间带最下方、海底平坦无礁石和废弃桩根、水深3—5米的水域,有时也去七姊八妹列岛等外海捕捞。一般来说,大小潮汛、涨潮落潮、顺流逆流甚至斜流,均可进行拖网作业。涨、落平潮前后及小潮汛等流速相对缓慢时,为最佳的拖捕时段。

拖风翼网较短,呈"凹"形,一般宽6米左右,高约1.3米,网袋深3米多,网尾部分也呈横长方形。网纲为塑料绳,比拇指还要粗些,上纲绳缚于一根长约6米的细钢管(原先用竹竿)上,系以10只左右塑料泡沫筒子(原先用竹筒)作浮子,下纲宕上30只中间有横洞的椭圆形"柱石"作沉子。上纲钢管中心处系上一条长15—20米的曳纲,拴在后艄右舷柱头上,钢管两端再分别系一条6米长的散须(即叉纲),绳头与曳纲连接,两条散须与上纲钢管形成一个等边三角形。网目亦视主捕对象而变,春季虾子旺产时,多用细目网。秋冬时鱼儿行动变缓,箬鳎、梅鱼等小鱼也会上网,网口网目扩为2—3厘米,网尾收至1厘米左右。有的也用张网网衣拼凑而成。往深水处拖蟹时,则选用稀目网。

船上一般设老大和放网船工各一人。作业前,渔网置放于船尾,曳纲、散须及网口叠在下面,网尾朝上。出网时,老大掌舵,渔船慢速前行,司网船工先将网尾部分抛至船右后侧水中,待网身顺直后,再扔下网口、散须及曳纲,尽量保持网身、曳纲在一条直线上。放网后,船速提至5—6节(主拖小虾时稍慢)。一般天热时近1小时起网一次,天冷时间隔时间长一些,若遇水下有障碍物或曳纲绷紧时,就立即提起网具。起网时,船只调头转身,靠近渔网,两人合力拉起曳纲、散须,把网口、网袋拖至船内,网底鱼货覆在中舱舱板上,然后再把网具抛入水中。此后,老大继续驾船,船工分拣处理鱼货。天冷时,把刚捕获的箬鳎、梅鱼养放在水桶中,能活一段时间。拖网渔人大多早上出门,拖上五六网后,驾船回港。

20世纪90年代后,当地浅海被各种定置张网及活水拉钓占据,再加上废弃在海底的各类桩根逐年增加,拖网作业时网具常遭损坏,防不胜防。1999年,龙山山下村渔民蒋岳素在龙山码头下面的那艘拖风船歇停后,三北浅海从此再也无人使用这种渔具了。

撬　网

撬网主捕鲻鱼。

鲻鱼天热时常浮于水面乘风沐露,晚上见到光亮趋之若鹜。鉴于鲻鱼这种慕光及"晾梅"习性,当地靠海人探索出一种船、光、网组合而成的诱捕鲻鱼技法,名曰"抲撬网"。

撬网作业,有三个要件。一是船只,大多为打网船、小舢板,或用竹筏替代。二为缉(腰)网,网眼3厘米以上的称"大网",网目1.5厘米左右的叫"小网",小网比普通缉(腰)网稍小些。三是准备好一盏煤油桅灯(初为蜡烛灯笼)及其他照明设备。

专舠鲻鱼时,以大网为主。船上渔工两人,一人称"撬手",一人为帮手。一般选夏季及初秋风平、浪静、流缓、气温高的夜晚,于涨潮中作业,作业地点常在潮间带下水深两三米、泥质油软的浅海中。捕舠时,"撬手"先在船头抛下船锚,帮手在后艄克舵控制船向,舟身逆潮。接着,"撬手"点亮桅灯,吊在船头一支两米高的竹竿上,或挂在船首前沿,然后跨坐于船头,撑开缉(腰)网沉于前方半水中。有鲻鱼游入网中央时,撬手一手下压长杆下方作为支点,另一手用力上提横档作力点,快速起网,网肚离水后,持网转身至中舱上,用力一抖,顺势把网中的鲻鱼抖拍在船舱内,再回身将网轻轻放入船前水中。如成群鲻鱼朝网游来,则稍等片刻,待"大部队"进入后再起网,这样一网可以多舠几条。舠一潮大网约三四个小时,产量一般为20—50斤。渔获物除大鲻鱼外,还有"梅黑眼"、章跳等。

小网作业地点稍上,潮水深度约 1.5 米,渔获物以"大麦黄"及小丈鱼为主,个头、产量均不如大网。捕舠时,船不抛锚,由帮手撑篙迎潮缓行,"撬手"立于船头,挂上桅灯,放下缉(腰)网,前纲贴于水底,起网、收鱼方式与大网相似。小网还可在涨潮时于浦梢水流湍急处泊船兜缉,除"大麦黄"、小丈鱼外,还能捕获到泥鱼、章跳、黄甲蟹、白虾等海鲜。

无论舠大网还是舠小网,都须保持安静,也不可让灯光熄灭,否则鱼儿受惊,需待上一段时间后才会浮游过来。起网要恰到好处,过早提网,鱼就会回转逃脱。若动作滞缓,入网的鱼触及网衣后,也会本能地跃到网外。

后来,人们对撬网做了改进,煤油桅灯换成为电瓶灯,增强了光亮度,又加长网杆、加大网衣,并在船头设立支架,把撑网的横档置于支架槽内,撬手坐于中舱前部,用手揿压网杆底处,以杠杆原理将网撬提起来,再用一只竹丝制的海兜把鱼货撩挽进舱中,人省力气,产量也明显提升。龙山山下村有一位舠大网的渔民,曾创出一潮捕获 140 多斤鲻鱼的高产纪录。

【参考文献】

[1]慈溪市地方志编纂委员会编:《慈溪市志》,浙江人民出版社,2015,第 847 页。

第五节　钩绳钓

内河、小湖水波不扬,渔人们常悠然一处,放绳钩钓鱼鳖。大海上可不一样,潮流滚涌,无风起浪,于此钓捕并非易事。三北靠海人孜孜以求,将内河钩绳钓法移植于大海中,成就了一个又一个梦想。

除垂(手)钓外,当地渔人在海上进行绳钩钓作业的有延绳空钩钓、延绳有饵有钩钓、延绳有饵无钩钓等几种类型。

延绳空钩钓(活水拉钓)

延绳空钩钓,一般每条干线上系结若干条等距离的支线,支线下端缚钓钩,不挂饵料,利用浮子、沉子等装置将其敷没在一定的水层,扎钓游鱼。作业时,数十条干线连接成一组,形成广阔的捕区。

当地潮海延绳空钩作业主要为"活水拉钓"。

活水拉钓放于浅海水底,大多于秋、冬、春三季作业,夏天休渔。其桁埠设在插钓作业地的下方,低潮时水深也有两三米,主捕大鲻鱼及鲈鱼、章跳、鮸鱼、黄貂鱼、鲨鱼等,每船每潮的产量一般为百斤上下,少时只有几条,高时可达数百斤。

船只与钓具

活水拉钓作业需要船只,当地渔人常以张网船替代,早先以人力和风帆驱动,后为机械动力。

以前,活水拉钓每船置拉钓22夹,后来增至50—60夹,最多的甚至达百夹。其钩子形状和装置与插钓相似,也用竹夹竿排挂钩绳,绳子略为粗、

◇活水拉钓钓具

长些。每夹钓绳下缚110枚钓钩（比插钓多6枚），上系3个口径约8厘米、高12厘米左右的小竹浮筒或塑料浮子，俗称"退篰"。钓绳一端打一绳纽，称以"甩头绳"，另一端系一条12—15厘米长的小竹条，称作"竹销"，旁挂一块7斤左右用稻草绳绑捆的石头，作为沉子，保持钓绳离地20厘米、钓钩离地4厘米。

此外，还需备好铁锚、樯桅、绳子等渔具。那铁锚为常见的"尖刺锚"，重约10斤，作业时系上2条"唤头绳"，一条长约40米，连于由棕榈、大竹浮筒和沉石制成的樯桅上，另一条长约20米，连在第一夹的钓绳首端。

放绳钩

出海作业，一般船员5人，其中老大一名，"放手"一名、"递手"两名、"连销工"一名。老大为现场指挥者，负责摇橹掌舵、选择桁地；"放手"为主力船工，专司抛收绳钩、铁锚等事务；"递手"传递网具，做好一些辅助工作；"连销工"套连"竹销"，理顺绳钩，把连接好的一夹夹拉钓有序地交给"递手"。

钓具投放程序为：选好桁地后，老大摇船前行，其他人员各就各位。出绳时，"放手"站立于船头，先后抛下樯桅、铁锚，再接过"递手"递上来的第一夹绳钩,按序将绳钩、浮子(小竹浮筒)放入海中,放至尾端十几枚钩时,把它们一起扔下去,接着顺手将石块沉子也丢下水去,然后马上投放的第2夹绳钩、浮子、沉子……待所有钓夹绳钩都放完后,用力拉紧,并在最后一夹尾处时,再用铁锚固定,挂上樯桅。这样,几十夹拉钓衔尾相随,连成一线,其走向在鲻鱼汛期一般为南北向,主钶黄貊鱼时转成东西向。

放绳钩抢时间、赶潮水,需一气呵成,因此精力要集中,出手要利索,动作要细巧,千万不能弄乱绳钩。绳钩放好后,驶船回家。

收　货

活水拉钩多在白天作业,一般头天放下的绳钩,第二天去收货,收货后马上易地投放绳钩。若遇上严寒或暴风狂潮,则推迟一两天去收货。

潮水涨平或退平前2小时,渔人驾船去桁地,逆流收回上一天投放的樯桅、铁锚和绳钩。收绳时也须细心,把一夹一夹拉钓整齐地放入舱中,见有被钩住的鱼,就用撩盆挽住,摘下后放至舱中。所有渔具收完后,抛锚停船,船工们集中精力理顺绳钩,再盘放于夹竿孔缝中。待大部分夹竿的绳钩整好后,老大驶船寻找新的桁地,其他船员继续整理,待老大选好桁地后,再投放拉钓……

据说活水拉钓是从温州传到上虞,民国十六年(1927)又传至泗门朗海、庵东及慈北、镇北一带。新中国成立后,三北一带有几十个渔人从事过这个行业,后来只剩下观海卫、附海一带六七只船在钶活水拉钓。附海郑家浦郝成富、阮伯万、毛百刚等一些渔民,技术娴熟,常合伙经营,20世纪70年代时曾一潮捕获3700多斤游鱼。后来,这些渔人年事渐高,不再下海了。

生于1950年的观海卫东山头靠海人王恩来,是三北潮海钶活水拉钓的最后一个守望者,一直钶到2014年。他是个捕活水拉钓的高手,创出了许多高产纪录,还发明了一人一船作业的新技法。

延绳有饵有钩钓

很早以前,三北一带有一种俗称"夜钓"的延绳多钩捕鱼方法,即一条长绳系上几十枚钩子,挂以蚯蚓等诱饵,入夜投放河中,翌晨收取上钩鱼鳖。后来,当地钶鱼人把这个古老的内河捕鱼方式移于当地的潮海中。20世纪50年代人民公社化后,这种小型化的捕捞方式因未列入集体生产经营范围,个别渔人把它作为私人副业,偷偷在潮海中捕钶,但因属"资本主义尾巴"而不让搞,还被批判。此后,这种延绳饵钩钓捕方式,在三北海域慢慢沉寂、消失了。

2015年春节后,龙山镇小施山村渔民施建明等人赴上海金山近海捕钶鳗苗,看到那里有人用长绳在海中捕钓,上前观察,发现他们的作业手法与三北上辈渔人"夜钓"捕法相近。大家琢磨了一番,决计在家乡潮海重现这项传统捕鱼技艺。

回家后,他们稍做筹备,便驾船下海践行,想不到竟一炮打响,首次试钓就捕获了鮸鱼、黄貂、黄鱼、箬鳎等10余条。接着,大家集思广益,不断探索,很快在原有的基础上演化成一种新的套路,经济效益随之提升,附近渔民亦纷纷效仿。

当地延绳饵钩钓的演化过程如下:

改良捕捞工具

过去,当地渔民一般都驾小舢板下海捕钓,靠人力和风力驱动,行速很慢。后来使用木质机动船,快速灵活,有的渔人还用实心塑料泡沫等材料,克隆成船体,配上250型汽油划桨机,成本低廉,且具个性。2010年后,又出现一种更为轻便的小汽艇。

钓绳、钓线、钓钩也做了改进。以细巧、牢固、不吸水的维尼龙绳作为钓绳,400米为一道,两端各置一只小铁锚和一支樯桅。钓绳上间隔2—3米缚结一条45厘米长的支线,下端系上一枚10号钓钩。一道钓绳,一般挂缚120—200枚的钢钩,以及适量镴锡沉子。

第五章 浅海捕捞

◇盛绳、钩的大盆

每道钓绳，再配置一只大塑料盆，直径约 80 厘米，高 30 厘米左右，盆内盛以钓绳。盆檐上覆盖一条旧轮胎制的橡皮圈，每隔 1.5 厘米割划一道细槽，以嵌挂钓线。

每只船一般置有 6 道钓绳、6 只盛绳盆、6 对樯桅和铁锚、1 顶长柄撩盆（抄网）。若寒冬时节下海，再增 6 道钓绳、6 只盛绳盆。

创新操作流程

海钓船上一般有两名船工，一人负责驾驶船只，一人专司放绳、起绳。在春、夏、秋季，一般每船随带 6 道钓绳下海。出海前，备上一些活虾作诱饵，把每道钓绳盛于一盆，120 条钓线有序地嵌入盆檐上的细槽内，钩尖朝下，扎挂于檐槽旁。投放前，适时在钓钩上穿好诱饵，垂挂于盆外檐下。以这种方式挂排，可防止绳、线、钩纠缠、错乱，也方便饵料穿扎。

钓船驶至桁地，慢速前行，先抛下钓绳首端处的樯桅、铁锚，再把钓绳连同钓线平直地放入水中，让钓钩沉底。放到钓绳尾端时，再下抛船锚、樯桅。接着，在附近海区以同样方法将其他 5 道钓绳依次投放至水下。一道钓绳投放，一般需 20 分钟。

放绳完成后休息片刻,视潮流形势开始起绳。船工驾船先至第一道钓绳首端处,收回船锚、樯桅,提拉起绳子,慢速前行,同时将钓绳、钓线、钓钩放入盆中,见有被钓住的鱼儿,解摘下来放入舱内,若钓到一斤以上的大鱼时,则用撩盆(抄网)在水面下接应一下,免得拉起钓绳时被挣脱。一道钓绳收回后,再按序收取其他几道钓绳。全部钓绳收完后,将其带回家里再作整理。

冬季天寒水冷,渔货及饵料不易变质,因此遇上寒冬小潮汛,渔人一般采用12道钓绳分两组轮流作业方法,即渔人下海时不回收当天放下的网具,而是待到第二天才去收取在水中过夜的6道钓绳和鱼货,并投放好新带去的6道钓绳。因钓绳、饵料放在水中的时间长,产量相对较高。

不断探索改进

钓绳投放地点,关系到渔获物的产量与品种。三北靠海人根据海域地理状况,反复实践、检验,得出了"水深在5米以上的海沟或海槽处、岛岩和暗礁旁、潮流湍急处、浦梢下方以及跨海大桥桥墩边,均可选为作业地点"的共识。

◇钓获的一条大鲈鱼

对于下海作业时间,大家认为无论涨潮、退潮和顺流、逆流,均可投放绳钩,以大潮平潮前后一个小时为好。在小潮汛时,全潮可以作业。就时节来说,全年均可捕钓,但所获鱼货以三、四月份为多。

延绳饵钩钓的技术要求不高,风险亦不大,收益相对不错,多的时候一潮可捕得上百斤鱼货,且个体大而匀称,多为鮸鱼、鲈鱼、黄鱼和黄姑鱼、箸鳎、黄貂鱼等名贵海产品。2017年春汛时,龙山镇小施山村渔民俞永万捕到了好几条大鱼,有10斤重的鮸鱼、8斤多重的鲈鱼。其中,两条2斤多重的大箸鳎和一条9斤重的黄貂鱼一上岸堤就被当地饭店收去,卖了1000元钱。

旧瓶装新酒,古曲唱今戏。"长线金钩钓大鱼"在当地潮海再次兴起,实现了传统技法与现代生产的对接与重叠,推进了海洋渔业的创新发展。2017年开渔时节,三北渔人出海的钓船达10多艘,除了在当地海域作业,还去舟山金塘跨海大桥旁边和灰鳖洋外30多米深水处捕钓。随着人们生活方式的变化,这种延绳钓捕法,又被作为一项颇有刺激的海上休闲活动,受到游人青睐。

延绳有饵无钩钓

白蟹有贪食、咬住饵料不放的习性,当地渔人除网捕外,也用"延绳有饵无钩钓"的方法予以诱捕。

下海前,钓蟹人先在家里准备好约200米长的一条纤绳,权作干线,每隔半米再置一条支线,以缚吊诱饵,也有人不设支线,直接把诱饵嵌缠在干线中。干线间隔3米挂宕一块斤把重的柱石,作为沉子。此外,再配两支樯桅、两只大块石沉子。

整条泥鳅(大的可分两段)、切成段的黄鳝、晒干的小块狗肉都可作为诱饵,其中以腥臊气味浓烈的狗肉最为灵验。

潮水退时,两个钓蟹人驾小舢板出海,驶至低潮线下方水深约三四米的浅海处,顺着风流,将纤绳、沉子放入水底,拉直,两端用大的块石固定,上扬樯桅(晚间加置浮标灯)。半个小时后开始捞蟹,一人划船,一人左手提拉起樯桅旁的绳子,虎口朝上顺着绳子前行,见前方水中有咬住绳中诱饵的白蟹时,就用撩盆(抄网)将它挽进舱中。到达终点后,不收绳子,在一旁待上半个小时,再进行下一轮捕撩。一般每轮能捕到十多只白蟹,偶尔也能诱获到青蟹。

潮流涨激时,收绳回岸。到家后,晒燥纤绳,晒干和补齐泥鳅、黄鳝、狗肉等诱饵,待下一潮再用。

钓蟹作业一般在秋季进行,以天气晴、潮汛小、风浪平的日子为好。

第六章 人工养殖

三北浅滩早期海产品人工养殖,规模小,品种少,管理粗放,在海洋渔业生产中并不起眼。

20世纪后半叶,当地渔民和科技人员因地制宜,摸着石头过河,悉心探索耕海牧渔新路子,海水养殖取得了突破性进展,1997年滩涂养殖产量首次超过近海捕捞产量,又连年高产稳产,实现了自然再生产与经济再生产的有机结合。

第一节　探索历程

当地海水人工养殖始于何时,难以考察,但探索步子一直没有中断过。20世纪80年代以后,随着科技进步和海涂权属变化,人们以市场为导向,以效益为中心,在已围涂地、近岸潮滩上进行贝、鱼、甲壳类海产品的规模化养殖,一口口池塘和广袤海涂成了致富的"聚宝盆"。

旧时粗放养殖

早先,当地海水养殖品种只有蚶子、蛏子,且涂田小块零星,养管粗率,大多任其自然成长。

刮苗播养蚶子

至正《四明续志》载:"有芽蚶,壳棱细布,肉肥……冬日有之,亦采苗苗之海涂,谓之蚶田",可见早在元代,浙东一带就开始蚶子人工采苗放养了。

过去渔民不识文墨,养殖之法均口传心授,累世相传。据当地老渔人口述,养蚶者一般于冬春时节大潮汛时,用刮苗手网刮取涂面表层泥沙,淘滤后采得蚶苗。蚶苗经暂养后,播于潮间带中区软泥油涂中,随潮水的自然涨落,来调节水土环境,获取天然饵料。成蚶活动能力弱,不善深潜,只在泥中垂直运动,很少水平移位,养管较为方便,一般放养2—3年就可上市。

新中国成立后,当地渔人不再养育蚶子了。2005年,龙山镇太平闸、小施山一带渔人,又在新围涂地中用这种传统方法播养蚶子,因潮水盐度不高、泥土沙质偏低未获成功。

建埕放养蛏子

早先养蛏之法，与养蚶有些相似。

蛏子学名缢蛏，雌雄异体，成蛏受水温等环境刺激，引发精卵排放，精子卵随潮漂流发育，6—9天后下沉潜入泥中，长成蛏苗。

当地种蛏者一般于春季在高潮区的浦口、沟槽两侧，用括板、竹框支撑筛绢制成的淌袋，或用夏布小网，括取涂面泥土，筛洗淘净后，取得"小如米粒，大者倍之"的蛏苗（当地渔人也称"蛏秧"），然后播撒在潮间带中区的蛏田（俗称"蛏埕"）中。潮汛涨入后，蛏秧钻入泥中，上有小洞，此蛏即活。涂肥的蛏埕，一般逾年即可采收。

紫菜野苗放养

紫菜野生于浅海潮间带的岩礁上，潮涨时没于水下，轻盈绵软，随流摇曳，退潮时露出海面，一个冬春为一个周期，能连收六七茬。

20世纪中叶，龙山一带渔人学习借鉴镇海渔民的做法，在夏秋时先清除岩上附着生物，洒以石灰水，将采来的野生紫菜苗进行放养，做小规模试验，产量有所增加。

当代试养成功项目

新中国成立后，当地渔人和水产科研人员积极探索海水人工养殖方式，攻克了一个又一个适宜于当地环境的海水养殖项目，形成了以缢蛏（蛏子）、泥螺、海瓜子、大弹涂鱼、青蟹、梭鱼、南美白对虾等为主养品种的优势特色产业。

1993年，龙山镇渔民在伏龙山下海涂上试养缢蛏成功后，当地进入规模化滩涂人工养殖新阶段。《慈溪市农业志》记载，该年当地滩涂养殖面积3公顷，产量13吨，后逐年跳跃式递增。1999年后，海水养殖面积保持在5000公顷以上。2008年，海水养殖面积5322公顷，产量15891吨，其中缢蛏 2188 吨,泥螺 3955 吨,蛤类 1706 吨,海瓜子 1652 吨,青蟹 430 吨,梭鱼 919 吨,大弹涂鱼 330 吨,脊尾白虾 70 吨,南美白对虾 2937 吨(不包括内塘),其他海产品 1704 吨。[1]

内塘海产品养殖首战告捷

随着湖泊、江河水资源保护力度的加大,当地淡水养殖面积缩减,海产品捕捞量又维持在一定水平上,因此,市场上的水产品尤其是三北居民喜食的海产品出现供不应求的状况。

20 世纪 70 年代后期,慈溪沿海有 2.2 万亩已围滩涂,植棉太咸,晒盐太淡,丛生荒草。一些老盐田废弃后,也未得到很好的开发利用。1978 年,慈溪县水产部门多次组织科技人员进行考察,发动群众挖塘养鱼。1979 年,西三乡涂汛潭村首创荒涂挖塘养鱼,次年即获成功。

1984 年,当地沿海荒涂养鱼,被列入联合国世界粮食计划署开发援助项目(编号 WFP—2700),慈溪县及 27 个相关乡、镇成立领导机构,实施项目工程建设。1986 年 8 月竣工,计建商品渔场 40 个,面积 1.07 万亩。一年后,获淡水、海水商品鱼蟹 2650 吨,鱼塘也扩大到 1.4 万亩。[2]

内塘养殖成功,缓解了当地水产品的供需矛盾,促进了出口创汇,解决了农村剩余劳动力的转移,也拉开了三北海洋渔业生产模式转变的帷幕。

海涂养殖异军突起

1993 年 9 月,慈溪市政府发文要求大力发展水产养殖业,推出"谁投资、谁开发、谁经营、谁受益"的政策,当地海涂养殖面积、产量呈跳跃式增长,一发而不可收。

1996 年,慈溪市实施百里海水养殖带工程,当地居民纷纷投入海涂开发。新浦等地许多人弃农、弃蜂,承包海涂养殖。范市太平闸、小施山 68 户社员自行组成 16 个联合体,承包滩涂 5541 亩,合伙从事滩涂养殖。港商叶耀东也回到家乡,经营了掌起 3000 亩滩涂。一些以采捕野生海鲜为主要收入的靠海人,也参与其中。人们因地制宜,积极探索,初步形成了东部以养贝类为主,西部以养青蟹、虾为主,中部为两者结合的格局。

第六章 人工养殖

此后，各地由平涂养殖向蓄水围养、低坝高网养殖、围塘精养、立体养殖等多方位拓展。1992年，庵东养殖户首创的低坝高网人工养殖方法，在宁波乃至全省的海水养殖中起到了引领作用。1999年7月，庵东镇被浙江省海洋局命名为渔业滩涂养殖首批"蓝色工程示范区"。2001年2月，龙山镇、庵东镇分别荣获浙江省"泥螺之乡""青蟹之乡"的美誉，四灶浦水产养殖的公司高姚生也获得了浙江省"水产养殖状元"的称号。2020年，慈溪市入选"浙江省渔业健康养殖示范县"培育创建名录。

◇滩涂养殖基地（摄于2004年）（图源《慈溪文化鸟瞰》）

缢蛏涂养先声夺人

1958年"大跃进"，慈溪县海涂试养蛏子300多亩，计产2400担，亩产6担多，后因当时农村形势变化，未予推广。20世纪80年代后期，有的养殖户先在内塘鱼池中春秋两次投放蛏苗，与对虾组合混养，生长正常，后移至海涂上试养，效益不佳。

1992年，龙山山下村陈兴堂、陈兴满等渔人去乐清等地取经，投资1.05万元，合伙在伏龙山下海涂上试养了2公顷蛏子，当年收获29吨。翌年，种蛏者扩至20多人，蛏田增达60公顷，又获成功。此后，全市蛏田面积、蛏子产量连续四年翻番，1997年放养391公顷，产量4763吨，2005年放养565公顷，产量9006吨。[3]后因滩涂围垦，养殖面积有所减少。

南美白对虾养殖和育苗获得成功

南美白对虾（凡纳滨对虾），原产南太平洋沿岸海域，具抗病力强、适盐性广、产量高、营养要求低、养殖管理方便、销售价格高等特点，为当今世界三大优良虾种之一。

2000年7月2日，慈溪市水产技术推广站从福建厦门对虾育苗场空运100万尾南美白对虾种苗，投放在四灶浦西涂浒山联合渔场两口不同盐度的池塘中试养，面积达3公顷，当年9—10月起捕，每公顷产量达2115千克，净利8.2万元。[4]这次试养成功后，大面积推广，成了三北海水养殖的主要名特品种。

2003年，西三振华水产养殖场等育苗场用南美白对虾卵片培育淡化幼苗成功，获取淡化苗3000万尾。从此，当地养殖户能在自己家门口购到苗种，解决了过去从外地采集、长途运输所造成的虾苗成活率低的难题。2004年，慈溪市各水产育苗场共生产南美白对虾淡化虾苗3.2亿尾，2008年达

◇南美白对虾试养池塘

18.2 亿尾。[5]

梭鱼育苗从零起步

梭鱼生长快、个体大、食性杂,水温适应范围广,在海水、咸淡水及淡水水域均能正常生长,庵东、新浦和观海卫等地渔人采用池塘、围塘、低坝高网三种方式,单养梭鱼或与其他品种混养、套养。20 世纪 90 年代后,随着放养面积不断扩大,原来捞取自然鱼苗的做法,难以满足养殖发展的需要。

面对这种新情况,慈溪市水产技术推广中心于 2001 年在灵峰浦水产育苗场开展梭鱼人工育苗技术探索,翌年春季获得成功,产出鱼苗 20 万尾,至 2008 年共育梭鱼苗 140 万尾。[6]

当地人工繁育的梭鱼苗,生长正常,除供给当地养殖户外,多数由政府出资,散放于近海和塘河中,也被列入了宁波海洋渔业局放流品种,流放在象山港海域,为改善海洋渔业生态环境起到积极作用。

尚未推开项目

在实践过程中,有好几个人工养殖项目进展并不顺利,有的另辟蹊径,或掉头转向,有的未做大面积推广,或推开后养殖面积缩减,但探索的步子从未停过。

紫菜试养三番五次

1969 年和 1979 年,当地渔民两次在龙山码头一带海域试养紫菜,均无收获。此后,浙江省海水水产研究所在海黄山海域试养,也没成功。21 世纪初,龙山西门外村在青岛海洋生物研究所专家指导下,利用当地潮海养过两道紫菜,仍未如愿。

2004 年,慈溪市水产技术推广中心从象山购入 200 张紫菜种网帘,在龙山码头附近 0.33 公顷的海域上试养,因缺乏经验,菜苗长势弱,成活率低。2006 年,又在淡水泓闸外海域试养紫菜 0.67 公顷,长势正常,后遇急流,网帘冲丢。2007 年、2008 年,慈溪市水产技术推广中心与龙山镇小施

◇试养紫菜

山渔业合作社合作,在当地浅海放养紫菜 20 公顷,2008 年收获干菜 3.6 吨。由于整体效益不佳,紫菜养殖未做大面积推广。

蛎黄试养也遇挫折

2004 年,龙山海管部门在灵峰浦至淡水泓塘下 600 多亩海涂上试养蛎黄。当地养殖者借鉴奉化等地的做法,先在潮间带的涂地打下水泥桩或竹桩,桩距约 20 米,挂上绳子。再用汽车、自行车内胎去奉化种苗场附苗,然后缚上支线悬挂在桩间的绳子上,下面用桩基或石块固定。但因自然因素制约,也不理想。

对虾养殖改弦易辙

1981、1982 年,在龙山农垦场试养中国对虾,收获无几。1987 年,慈溪县水产养殖场在西一乡 16 公顷池塘中混养中国对虾与脊尾对虾,每公顷产量 255 千克。1988 年试养 4.67 公顷,因每公顷产量不足 225 千克而停养。[7]此后,其他地方继续试养,1996 年 7—8 月,境内虾病爆发,有的养殖场放养的中国对虾几乎"全军覆灭"。

1997 年后,引入刀额新对虾等品种进行试养,效果不太显著。

2000年5月，慈溪市水产技术推广站从福建厦门首次引进南美白对虾，分别在海水和咸淡水池塘试养，生长情况良好，后大面积推广。

尝试沙蚕、文蛤、青蛤、石磺人工养殖

1998年，慈溪市水产局在龙山滩涂进行沙蚕养殖试验，生长正常。龙山镇龙山所村陈夏芬，承包了滩涂1000亩，用当地自然苗和从乐清引进的蚕苗进行养殖，均达到了预期效果。后来，因放养滩涂的北面围了新塘，塘外滩涂泥质又不大适合养放沙蚕，就改养其他海产品了。

2000年，乐清养殖户承包了龙山海涂，从江苏、山东等地引进种苗，养殖文蛤，产品由徐龙鳗业集团收购加工后出口日本、泰国等地，当地许多农户也效仿养殖。2002年，全市养殖面积达460公顷，2004年增至930公顷，产量7100吨，产值9700万元，出口创汇1180万美元，为当时省内连片最大的文蛤养殖和出口基地。[8] 2005年后，新塘围成，养殖滩地移作他用，就不再养殖文蛤了。此外，也有人在淞浦下面海涂零星养殖青蛤，生长状况还算正常，就是对口的饵料跟不上，肉体不饱满，于是停养了。

2005年，庵东镇富民村金兴龙等人，在当地平坦海涂试养了60亩左右石磺，养殖区内每隔10米开挖一条浅沟，边界处围以1米高的尼龙网，以米糠、油涂泥作饵料，当年就有收益。后因育苗技术及管理上跟不上而放弃。[9]

海水养殖管理

1994年9月，慈溪市政府印发《关于确定滩涂使用权有关问题的通知》，向从事滩涂养殖的单位和个人颁发经营权证，确认滩涂养殖经营权。此后，又加强了海涂规划管理和开发利用，出台扶持政策，养殖者的生产积极性被充分调动。

划定捕养区块

为规范滩涂资源管理，妥善解决部分渔民及群众自然采捕需要，早在20世纪90年代，龙山、三北、师桥等镇就出台了管理办法，把所属滩涂划为

水产养殖区、公共采捕区和水利设施保护区,并采取各种措施加强管理。

水产养殖区占地面积最大,分段承包给养殖经营单位,塘外2000米以内的滩涂上,不准其他人"靠(赶)小海"和布网、放钩。

在公共采捕区范围内,靠海人仍可常年去那里采捕野生水产品。

在塘脚、丁坝附近,出海闸、浦梢及下海通道两侧,航道、码头等周边,划出一定范围,作为水利设施保护区。

政策扶持

1998年,慈溪市政府下发《关于进一步加快发展水产养殖业若干意见的通知》,鼓励全社会采用多种形式从事水产养殖开发。1998—2000年,当地政府每年安排100万度平价电和20万元资金,鼓励开发浅海滩涂,扶持养殖户上规模、上档次。对引进名特优新苗种的经营实体,免征农林特产税,并给予一定的经济补助。

维护海洋生态环境

市、镇两级海管部门依法管控,宣传贯彻渔业生产法律法规,监督落实休渔制度,规范渔船、网具使用,制止海涂施药、地形改造等中出现的违法违规行为,优化海洋生态环境。

制定发展规划

出台《慈溪市养殖水域滩涂规划(2017—2030年)》,对新养殖区实行统一布局和标准化建设。养殖区(不包括宁波杭州湾新区部分)规划面积为25342.40公顷,养殖产量稳定在5.50万吨左右,实现养殖总产值12亿元以上,力求把三北浅滩建为全国有较大影响力的湾区型水产养殖基地新样板。

四灶浦至慈镇交界区的湾海,规划为养旅产业深融圈。通过湿地休闲体验园、土著特色种质资源保护园建设,打造形成浅海滩涂统合产业带。通过以生态种养结合型产业示范园、集约化高效型工厂化养殖示范园和种子种苗研发园建设,打造形成现代滨海生态高效养殖产业带。

滨海池塘,将围绕宁波市主导的养殖品种、土著特色品种和名优特新品种，创新生产方式，优化品种结构，引入智慧养殖、休闲渔业和海派风情等现代产业元素，建成以绿色、高值产出为特征的现代滨海生态高效养殖产业带。

【参考文献】

［１］慈溪市农业志编纂委员会编：《慈溪市农业志》，上海辞书出版社，2014，第317—318页。

［２］慈溪市地方志编纂委员会编：《慈溪县志》，浙江人民出版社，1992，第302页。

［３］慈溪市农业志编纂委员会编：《慈溪市农业志》，上海辞书出版社，2014，第317、322页。

［４］慈溪市农业志编纂委员会编：《慈溪市农业志》，上海辞书出版社，2014，第323页。

［５］慈溪市农业志编纂委员会编：《慈溪市农业志》，上海辞书出版社，2014，第318页。

［６］慈溪市农业志编纂委员会编：《慈溪市农业志》，上海辞书出版社，2014，第318页。

［７］慈溪市农业志编纂委员会编：《慈溪市农业志》，上海辞书出版社，2014，第317页。

［８］慈溪市农业志编纂委员会编：《慈溪市农业志》，上海辞书出版社，2014，第322页。

［９］《庵东镇志》编纂委员会编：《庵东镇志》，中国文史出版社，2019，第731页。

第二节　人工养殖模式

20世纪后期，当地海产品人工养殖在滩涂和内塘大面积展开，遍地开花。

迎潮堤（即一线海塘）内涂地中所挖的池塘，俗称内塘，可淡水养殖，也可海水养殖。

滩涂上的人工养殖，有平涂、低坝高网、蓄水及"渔光互补"等几种方式。一般来说，慈东一带养殖户承包的海涂面积相对较小，只有宽35米—50米、纵深至低潮线这么狭长一溜，绝大部分为平涂养放。中西部地区海涂养殖户承包的面积大小不一，大多采用近岸滩涂低坝高网养殖、下涂平涂养殖方式。慈东镇龙浦以东滩涂上，架设了太阳能电池板进行发电，当地养殖户则在棚架进行养殖，两者兼之。

因自然条件制约，当地浅海养殖这一块仍为短板，紫菜人工试养尚不理想，网箱养殖也未起步。

内塘海水养殖

内塘海水养殖管理，与淡水鱼塘大体相同。

海水鱼塘单池面积0.33—3公顷不等，四周用泥土拦成护坝，后也以水泥挡板、混凝土或部分石料围坝。坝高1—1.5米，坝内侧挖以围沟，养殖期塘内水深保持0.8—1米，塘堤上设置进水、排水闸。涨潮时，可将潮水引入河道，澄清后翻入塘内。一般冬季排水干塘，清除淤泥，日晒冰冻，清除病菌。不干水池在放苗时用生石灰、漂白粉泼洒消毒。

◇内塘养殖

内塘养殖技术在探索中不断完善。种苗投放后，先期采用叶轮式、水车式及喷射式增氧机增氧，2005年后引入底冲式增氧机，使上下水层溶氧均匀，既优化底栖性鱼类生长环境，又节约了用电费用。早先几年，以换水或施氮、磷肥来调节水质肥瘦，后来采用生物制剂进行控制，更加科学合理。1988年前，渔民多用菜籽饼、糠饼及青饲料作饵料喂养，后改投全价鱼饲料、颗粒饲料，在鱼虾等主养品种的不同生长期按不同配比投放，有的还辅以低值的小杂鱼、贝螺肉和动物"下脚料"。

内塘一般放养的海产品有青蟹、对虾、鲈鱼、鲻梭鱼、文蛤、缢蛏、马来魟鲷、南美白对虾、刀额新对虾等。为提高效益，常采用鲻鱼、梭鱼与虾混养，青蟹与虾类混养、轮养，虾、蟹类与贝类混养，对虾、鲈鱼专养等方式。

平涂养殖

平涂养殖区，在迎潮海塘下的滩荡北延至小潮低潮线，以潮水涨落调节滩涂环境，获得天然饵料，助主养苗种自然生长。

慈东大㿼闸至四灶浦一带的东中部地区滩涂，地势平坦，底质砂性轻、黏性大，底栖硅藻丰富，涂泥稳定，潮流畅通，风浪相对较小，保肥性好，人们多采用平涂养殖。

平涂以放养传统涂产品为主，有大弹涂鱼和泥螺、蛏子、海瓜子等，副产品为海蛳螺、赤鳝等一些栖涂海鲜和随潮而来的野生青蟹、泥鱼、小丈鱼等鱼蟹。至 2000 年，全市平涂养殖面积已达 4677 公顷，产量 7932 吨。2008 年为 2881 公顷，产量 9373 吨。[1]

幼苗放养前，用高效低毒药物，清除滩涂上沙蟹、和尚蟹等敌害物种，及时清除芦草，周边围上 2 米高的边网。主养的鱼、贝类海鲜，与就地生长和随潮流入的鱼蟹共栖一涂，自然相处，其日常管理相对简单，平时投入较少，技术要求不是很高。

低坝高网养殖

三北滩涂扇顶及以西部分，底质砂性重，黏性小，潮流急，潮位高，潮差大，近岸滩涂上长有大片水草，不利平涂贝、鱼类放养。1992 年，庵东镇钱江村冯张万等人在内塘养殖的基础上，创新出一种外塘低坝养殖方法，在慈溪市水产技术推广站的指导下，进行了完善，很快被推广开来。

低坝高网养殖区一般选于小潮高潮线上下、大潮高潮线以下的泥沙质或软泥质的滩涂。养殖池由堤坝、围网圈成，单池面积 1—2 公顷，多呈长

◇低坝高网养殖区

方形，堤坝由涂土堆筑，高 0.3—0.6 米，坝基宽 0.8—1.2 米，坝顶宽 0.3—0.5 米，土坝内侧挖环沟，深宽均 0.5 米左右，养殖期塘内蓄水 0.25 米左右。坝顶每隔 1 米左右插竖一竹桩，栏围聚乙烯网，网片高 2—3 米，以防止塘内鱼蟹逃脱。北坝筑有水闸，潮水涨时漫过堤坝，一日两次自然换水，同时纳入鲻鱼、泥鱼、脊尾白虾、梭子蟹、青蟹等一些野生苗种及天然饵料。塘底略低于外涂，建塘时底土捣碎耙平，用木板压平抹光，以后每年清淤平整一次。池塘消毒、苗种投放、喂养饲料等日常管理，与内塘相仿。

池中主养品种，一般选择适宜低盐度海水生活、成长快、在台风季节前可起捕的季节性收获的鱼、虾、蟹类，主要有对虾、青蟹、脊尾白虾、鲻鱼、梭鱼及泥鱼等。放养方式由原来以对虾、青蟹单养为主，转向青蟹、对虾混养轮养，虾、贝混养，虾、鱼、蟹混养等。与平涂养殖相比，低坝高网收益相对较高，但建设时需投入一定资金，风险也较大。

低坝高网养殖主要分布在周巷、庵东、崇寿、新浦、附海等地海涂上。因年度间养殖种类和面积不同，产量变化较大。2001 年，慈溪市低坝高网养殖达 2628 公顷，产量 2408 吨。2005 年 939 公顷，产量 4746 吨。2008 年 360 公顷，产量 830 吨。[2]

为保护海洋生态环境，当地低坝高网养殖已经停止，转向平涂养殖。

滩涂蓄水养殖

1996 年，观海卫、附海、新浦、龙山等地养殖户在平涂养殖的基础上，进行泥螺、海瓜子等贝类海产品蓄水试养，效益很好，产量要比平涂养殖的高 70% 以上。

滩涂蓄水养殖，一般选择风浪平静、潮流畅通、涂质细软、底栖硅藻丰盛的潮间滩涂，筑泥坝蓄水。每池面积 0.33—0.67 公顷，坝身高于常年高潮位，一般为 1.5 米。再建好出海埠头、闸口和塘间道路，布成塘连片、渠相连、路相通的格局。

种苗放养前,也需平整畦田,用药物消毒,除去敌害生物。放苗后,塘内水位控制在 10—30 厘米,适时换水,增加滤食时间。

池内一般放养泥螺、海瓜子、蛏子、青蟹、鲻鱼、梭鱼、虾类等自然苗种,也可养殖耐低盐度的南美白对虾等。自然苗种多从海涂或入海河浦中采集,充氧存活,再投放池中。

2001 年底,慈溪市海涂蓄水养殖面积达 633 公顷,产量 9361 吨。2003 年为 1530 公顷,产量 3001 吨。[3]

滩涂蓄水养殖需筑堤坝,改变了海涂地形,已经不再推开了。

"渔光互补"养殖

在龙山镇龙浦以东海涂上,还实施了一项"220 兆瓦海涂'渔光互补'建设工程",即在滩涂上建设太阳能电站进行光伏发电,同时在光伏棚架下的海涂上开展海产品人工养殖。

太阳能电站由慈溪协能新能源科技有限公司建设,第一期滩涂电池板面积达 5800 亩,于 2018 年建成后并网发电,至 2019 年 12 月发电量为 2.5 亿度。光伏棚下海产品养殖由慈溪市龙渔渔业专业合作社和友陆海涂水产养殖公司、百益海涂水产养殖公司一起实施,绩效也不错。

电站的光伏方阵棚有 3 米高,以架空方式建设,每隔 500 米设置一条 20 米宽的纵向通道,前列与后列间也留出 4 米宽横向支道,以投射阳光,畅通气流,通行人船。

据慈溪市龙渔渔业专业合作社社长洪建明介绍,养殖单位的边界用塑料网分隔,按照太阳能电板方阵排列形态,合理布局。一般将养殖滩涂划为上(南)、中、下(北)三区,主养不同品类的海产品。北区处于潮间带中下方,约占养殖面积的三分之一,每潮潮水都能涨至,蓄水主养海瓜子。该区下端有泥土横塘,隔 200 米左右开一个缺口,让潮水自由进出,并保持一位水位。中区位于潮间带中上方,涂面最大,占了养殖面积一半还多,其内

第六章 人工养殖

◇"渔光互补"养殖基地

部再隔成两三片,均为泥螺放养区。此段滩涂大潮时潮水能涨到,小潮时上端涂面有时潮水涨不到。上区在一线海塘下方,面积不大,多长芦苇、丝草,宜养青蟹。该地段只有在大潮时潮水才能到达,小潮时需要灌水。

"渔光互补"人工养殖的日常管理,基本上与平涂、蓄水养殖相仿,但也有两处出彩的地方。

一是这种新颖的组合,推进了海洋渔业经济发展。电站的光伏方阵棚以架空方式建设,遮盖了大部分泥涂,这对喜阴适水的海瓜子、泥螺养殖来说较为有利,避免了高温时平涂养殖中出现的海瓜子被"晒煞"的状况。同时,发电、养殖单位结合科技游、环保游、滨海游,增设海鲜捕捡、垂钓等项目,生态能源发展与特色渔业旅游相得益彰。

二是船具结构上有所创新。从古至今,当地滩涂上作业的靠海人要么步行,要么应用泥马船。"渔光互补"养殖区的中涂、下涂常灌留海水,茫茫一片,作业人员行走、养管费时费力。他们不断探索,引进了一种既能浮水又可在滩荡及干涂上驶行,可以载人也宜运物的水陆两用机动船,生产效率大为提高。

【参考文献】

[1]慈溪市农业志编纂委员会编:《慈溪市农业志》,上海辞书出版社,2014,第319页。

[2]慈溪市农业志编纂委员会编:《慈溪市农业志》,上海辞书出版社,2014,第320页。

[3]慈溪市农业志编纂委员会编:《慈溪市农业志》,上海辞书出版社,2014,第320页。

第三节 养管技术

当地海水人工养殖的产品可分两类。一类为本地海涂自然生长的品种,有泥螺、海瓜子、大弹涂鱼、梭鱼和青蟹、缢蛏、沙蚕等。另一类为外来引进品种,主要为各种对虾。

从事养殖业的靠海者积极探索,因地制宜,不断改进和完善各种海产品的日常养管技术。

泥螺养法

泥螺及海瓜子、弹涂鱼均为平涂养殖的当家品种,一起混养、套养于潮间带中区及其上下方的滩涂上。它们觅食海水和涂泥中的硅藻等微生物,自生自长。放养前,养殖户各自清除沙蟹等敌害生物,在承包区周边以竹(木)桩系聚乙烯网片作为围栏、边界,网高1米多,其中20厘米埋入泥下。

泥螺雌雄同体,异体受精,每年5月、9月各有一次繁殖高峰期。卵群为软球状透明体,比鲜荔枝稍大些,俗称"泥螺蛋"。无数受精卵包在软球胶膜内,数天后破膜而出,一个月后成幼螺。本地养殖户投放的苗种,先期从庵东、新浦一带采集,后去宁海、乐清、玉环、三门等地进货,现在大多来自上海崇明、辽宁一带。

泥螺种苗一般在立春至端午期间分批投放。2—3月放养的苗种,平涂为每平方米20—30粒,蓄水塘为50—100粒。养殖期间把握好涂泥水分和养分,小潮时提防长时间露干,大潮汛时则需适当露干,平时稍许施些发酵过的鸡粪或化学氮磷肥。

螺苗放养45—90天,一般单颗泥螺可达3克以上,此时,可捡大留小,分批起捕,并补放苗种。每年可养2—3茬。旺产时,每人每天最多能捡到100斤泥螺。

泥螺品质与所栖滩涂泥沙含量及底栖硅藻丰度相关。慈溪市东中部地区海涂土质好,"油泥"丰富,所产泥螺不含"泥筋",肉质脆嫩鲜美。经试验,含有"泥筋"的外地泥螺,移养在当地"油涂"上,生长良好,半月后"泥筋"自然排除,品质明显提升。养殖户最怕狂风暴雨天气,因为大风会把油泥刮走,大雨会冲淡潮水盐度。

海瓜子养法

20世纪90年代初,范市、师桥渔民在滩涂试养海瓜子,效益颇佳,后逐年推开。

当地海瓜子自然苗种资源丰富,但因放养面积广,有时也去宁海、三门、玉环一带采集。海瓜子种苗只有芝麻、米粒般大小,称为"米子"。21世纪后,龙山渔人曾在当地海涂进行人工育苗,效果不大理想。

海瓜子养殖分平涂、低坝蓄水、池塘三种方式,一般在清明立夏间(也有年内十二月至翌年二月)放苗,平涂每公顷放养3000—4500粒,低坝蓄水5300—6800粒,池塘1.5万粒左右。[1]蓄水养殖海瓜子,多在大潮汛期退潮露涂时撒播种苗,待潮水涨至涂面前半小时结束,让它有一定时间潜入泥中。

养殖期间,用活水丹、尿素培养底栖硅藻。春秋水位宜浅,冬夏稍深,重点做好高温及台风期的防护工作。

放养的苗种一般当年夏秋或翌年可长成商品蛤,收获旺季在6—9月份,一人一天可手捡10—20斤海瓜子。一般来说,新涂养殖要比老涂发得快、产量高。

大弹涂鱼养法

大弹涂鱼是三北海涂传统优势鱼种,价值高,过去各地都有捕拘野生弹涂鱼的靠海人。

大弹涂鱼栖息于潮间带中区,繁殖快,野生鱼苗充沛,质量好,养殖者就地取之,全国各地的弹涂鱼养殖户也来三北采购自然苗种。2002年曾试验人工育苗,因怀卵量少而未能推广。

平涂养殖的大弹涂鱼管理相对粗放,自然纳苗,自然生长。塘养的每隔15天左右排水晒塘,然后灌水,培养底栖硅藻。

◇收捕养殖的大弹涂鱼

大弹涂鱼捕期在农历四月至九月,以七至八月为旺季,常以传统的筒管诱捕,一般平时每天能捕到10—20斤。十一月后,鱼儿钻入穴底,进入冬眠期,养殖者停止捕拘。因竹筒捕拘费时费力,有的渔人后来也用塑料筒、笼子、抄网、吊网捕拘。

除平涂大面积放养大弹涂鱼外,自1993年开始,龙山、观城等地养殖户采用围塘和池塘两种方式精养。养殖前,鱼塘进行消毒,后撒米糠培育饵料,6—8月投放自然鱼苗,投放前让鱼苗在高锰酸钾稀液中存养15分钟,每公顷放1.5万尾以上。

缢蛏养法

缢蛏(蛏子)人工养殖,分平涂、水塘两种,均春时播苗,夏季收获,成本不高,但养护管理要比泥螺、海瓜子、弹涂鱼繁复一些。

涂养蛏子，多选在中潮区下段风浪平静、潮流畅通、涂土油肥的涂埭，每天都有干露的时候。放苗前，先清除沙蟹、赤鳝及"涂子"等敌害生物，筑成顺潮流方向、中间高两边略低、宽约3—4米、长约50米、像水稻秧田似的"蛏田（埕）"，畦与畦之间开挖一条30厘米宽、15厘米深的沟埭，或驾泥马船来回行驶形成船泓，用以排水和行人。

冬季刮取的自然蛏苗，需在塘内暂养、培育。当地养殖户也做过种苗试育，也未成功，多去乐清、玉环进苗。蛏苗长1厘米左右，1斤有3000—4000夹（粒），一般惊蛰至清明放苗。外地蛏苗运到后，应立即撒播在退潮后的蛏田中，不能过夜。

蛏苗放养后，需常检查蛏埕，疏通水沟，喷药防病，及时消除敌害生物。内河洪水排放前，要加固周边蛏堤，以防泥沙漫上蛏埕，阻塞蛏孔，洪水过后及时清除淡水和盖在埕面上的泥沙。高温天气，筑管好蛏田下缘的土堤，预防"潮头水"烫死蛏子。

春天播的蛏苗，若蛏田泥质肥沃，养管得当，农历七、八月就能达到每千克100夹（只）的商品规格，可以上市。十月初，蛏子进入生育期，肉体瘦弱，有"十月蛏一根筋"之说。涂质及养管不好的，第二、三年才能起捕，称作"二年蛏""三年蛏"。蛏田最好轮休轮养，不宜多年放养。

蛏子起捕常用翻土挖捉法，遗剩下的蛏子第二天会爬上涂面，可再去收取。收蛏要干净，防止死蛏腐烂污染涂质。

21世纪初，澥浦至淞浦新的御潮石塘建成后，慈东海涂蛏子养殖面积缩减。后来，大多海涂承包户因蛏子养殖管理要求高，及上级规定海涂不能施用药物致使敌害生物增多，成蛏的个头也没有先前那么大等实际情况，纷纷改养泥螺、海瓜子、弹胡等一些易养海鲜，蛏子平涂养殖面积锐减。

内塘养蛏子，常与青蟹、东方对虾混养，以鸡粪、鹌鹑粪、烂鱼虾发酵后的汁水作饲料喂养，塘水水位保持在50厘米左右。若单养蛏子，水位控制在10—20厘米间。

青蟹养法

1992年,周巷、庵东、崇寿、新浦、附海、观海卫等地开始海水养殖青蟹,后成滩涂"低坝高网"的主养品种。青蟹常与鲻鱼、梭鱼、虾、贝类混养。

养殖青蟹以泥沙底质为佳。养区需筑堤坝,坝上四周置网、板等围拦设施,重点提防台风期间堤塘坍缺造成青蟹逃逸。池中放置砖瓦片、涵管等作为人造洞穴供其栖息,防止青蟹相互残杀。放养前,先清塘、消毒、除害,待药性消失后再放蟹苗。

青蟹纳苗有自然和人工两种,以人工纳苗为主。青蟹繁殖期为5—9月,卵化的幼体漂于潮间带觅食、生长。养殖户常在夏秋期间向串网渔人收购蟹苗,一元硬币及小酒盅大小的每只售价1—2元。西部地区也有人用"淌网"、蛳螺网在滩涂草荡中捕取蟹苗,其苗粒只有绿豆、黄豆一般大小,多供于内塘青蟹养殖户。除采集本地自然苗外,也去鄞州、乐清一带进苗。夏苗一般在6月、7月投放,饲养3—4个月后,当年可达商品蟹规格。秋苗在9、10月放养,翌年5、6月份后收获,避开了台风季节。

内塘养殖青蟹,应保持良好水质,控制水位,调节好水温、盐度,每天更换20%—50%池水。灌入的池水需经120目筛绢过滤,蟹苗期池水盐度掌握在3.0%—3.5%,幼蟹阶段降至1.5%—2%,盐度不足时,蜕壳时容易引发死亡现象。专养的密度一般控制在每亩1000—2000只之间,混养的以200—300只为宜。饵料以含钙量丰富的新鲜贝肉、虾肉及防菌药物拌和破壳蛳螺、小杂鱼、糠麸为主。

收获成蟹,可用手捕、网捕和饵料诱捕、干池捡捕等方法。

南美白对虾养法

1988年,我国首次从美国引进南美白对虾种苗。2000年7月,慈溪市水产技术推广站从福建厦门引入该虾苗,分别在海水和咸淡水池塘试养,

◇捕捞内塘对虾

成功后大面积推广。

南美白对虾5月初至6月初放苗,每公顷投放60万—90万尾,喂投全价配合饲养,蜕壳时停喂饲料。做好桃拉综合征病、白斑病等病毒防范工作,1500平方米的池塘配一套1千瓦增氧设备,气温过高或过低时每天开机10小时以上。池水透明度达50厘米以上时,施尿素调节。呈黑、褐、墨绿、酱油色时,及时换水。

精养虾塘种苗放养80天左右,可起捕三分之一,9月初再捕一次,9月底或10月初干塘捕净。也有养殖单位在虾塘用水泥柱打桩、钢管连接搭成塑料膜大棚,提早放苗,提前收捕。

捕捞作业多在日落后进行。装运用水的盐度须比原养池水高些,并用冰块将水温调节至15摄氏度左右,使用充氧设备则更好。

近来,也有人在内塘挖七八十米的深井,用地下水进行南美白对虾养殖试验。

【参考文献】

[1]慈溪市农业志编纂委员会编:《慈溪市农业志》,上海辞书出版社,2014,第322页。

第七章 产品营销

早先,当地渔人捕获的海产品以自销为主,后来行贩、鱼栈也参与了交易。

新中国成立后,建立了以生产资料公有制为基础的水产供销体系,开展有计划的购销活动。20世纪80年代后,海产品价格逐步放开,形成由市场调节、多种渠道并存的海产品流通格局。

第一节　旧时海产品交易

三北濒海,自古以来海产品交易活跃,供销两旺,这是内陆地区所无法比拟的。

海鲜买卖

过去,与靠海人进行海产品交易、流通的,主要有当地居民及渔行、行贩、加工商家等。

靠海人

靠海人是海产品的捕捞者,也是流通、交易过程中的首道卖方。

把捡螺拾蛤、缉鱼捕蟹作为副业的农民、盐工,一般以自食为主,只有在渔获物多时才上街去卖。

一些对推缉网、扳罾网、弶弹胡、勾箭鳗、踏赤鳝、捡海瓜子等有一技之长的涂民,上岸后即把小海鲜拿往街市、村巷兜售,卖剩的自己吃。串网、打网、拉钓、跳网等渔人,平时捕获量也不大,大多自己或家人去街市、村坊零售,上栈行的较少。

流网、张网渔人,旺产时常将捕捞上来的大宗新鲜海产品,批发给海上冰鲜船和设在码头边、街市上的鱼行,以及先行约定的行贩。平时则安排家人在街市设摊或走村穿巷兜卖。

买　客

当地居民是海产品的日常买主。三北居民喜欢吃海鲜,每家每户餐桌上总能见到鱼鳗蟹虾。集市周边居民,也晓潮候,能估算出下海渔人挑货到街市售卖的大概时间，有些人会适时提着竹篮上街市等候，挑买一些心仪的鱼蟹。

当天捕捞、当天上市的海鲜，大多"眼睛还会眨，嘴巴还会嘎（方言念若'格'，即开合之意），脚爪还会爬，身子还会跳"，透骨新鲜，早晚皆有，这是三北人舌尖上的福分。那些生活在翠屏山脉南边的人，过去因交通不便，没有口福品尝到这种新鲜的海产品。

行　栈

早先，鱼行替渔人代卖鱼货，从中收取佣金，称为"牙行"。双方有约在先，鱼行向渔人投放出海或修理船网所需钱款，称为"放船（行）头"，渔人所捕海产品须卖给鱼行。鱼行也以行票支付，俗称"咸单""鸟头票"，在渔市上与货币通用。

后来，一些"牙行"设立固定处所，挂出招牌，为避"牙行"捐税，故称"鱼行栈"，从单纯转卖鱼货拓展到向渔民供应粮食、渔需物资等业务。一些实力雄厚的鱼行栈还以"放山本"等形式发放出海资金，攫夺海产品专卖权，垄断、操控一定区域的海产品市场。

鱼行运作也有行规。海产品带有一定水分，进栈后一般扣除2%，行话叫"九八扣"，也叫"毛钱"，意为物外有毛，去毛后才是实货。以7%作为客户给行主的报酬，称"佣金"，行话叫"九三扣佣"。行主也须回扣1.88%给船工，作货物进栈的犒劳，行话叫"插花钱""外出花"。

行　贩

过去，当地有一批专门从事海产品买卖的行贩。他们从渔人或鱼行处赊账批进鱼货，挑着担子走街串村上门叫卖，也赶集市、庙会。此外，也有少数人进行长途贩运，把码头上收购来的海鲜运至余姚、

◇匆匆行路赶市场

慈城、宁波、上海等地销售。

旧时渔人和行贩没有自行车、三轮车,更别说汽车和制冷设备,捕上来的鱼蟹从潮头到集市、村巷,全靠步行肩挑。刚拘来的海鲜不能久放,特别在夏季更容易变质、变味,因此,他们总是挑着担子匆匆赶路,与时间争鲜活、争价钿。

海产品加工商

过去,三北各地有一些海产品加工的商店,他们向渔人收购海鲜,用盐渍、糟醉、日晒、风干等多种方法来延长保质期。民国十八年(1929),姚北浒山、横河、逍林等地有腌腊鱼鳖商店9家,店员26人。[1]观海卫、师桥、淹浦、掌起、范市、龙头场等原慈北、镇北一带也有这类商家。

晚清、民国时,常有本地和外地冰鲜船在三北浅海收购鱼货。冰鲜船多由搞运输的木帆船改装,出海前先到"冰厂"(制冰的地屋)充冰,至渔场后,白昼桅上挂一面号旗,夜间点一盏油灯。渔民见此信号,便前来过鲜。称后,一层冰一层鱼货堆入舱内,上岸后再做处理。冰鲜船虽自身不捕鱼,但为渔船在海上持续捕捞和产品保鲜创造了条件。

传统集市

集市,是当地海产品销售以及渔需物资供给的主要场所。

过去,三北各集镇及人口集中的大村,多在街路边设立以销售农副产品为主的综合性集市。1992年版《慈溪县志》记载:"宋、元间,大古塘筑成,塘南农作为主,塘北制盐、捕鱼,民间各以自产物品互易,渐成集市。至明代中叶,沿大古塘先后形成龙山、龙头场、范市桥、裘市、东埠头、鸣鹤场、王家埭、石人山、匡堰、埋马、店桥、浒山、周巷等集市。后随海塘逐条向北围筑,地域扩大,集市不断增加,至清光绪年间,现境集市增加至46处。"[2]

集市有固定区位和市日,来自各地的商贩、卖主,天刚亮就赶到街市设摊,赶集的人熙熙攘攘、摩肩接踵,叫卖声、唱喏声、讨价还价声、聊谈声充斥回荡，整条街市热闹、生动。有的集市还设有秤手，俗称"中人"，从事商品称量、计价业务，促成交易，以收取设摊卖主少量手续费作酬薪。

集镇街市中设有渔需物资店铺，供应毛竹、木材、篷布、网线（片）、栲皮（胶）、钓钩、铁锚、桐油、棕片、明矾、食盐等物资。

有的渔港码头附近，也设有以海产品批发业务为主的鱼市场。

原镇北地区渔市

过去，镇（海）北龙山一带以流网、张网见长，渔市散见各地。邱王、西门外、龙头场、施公山、方家河头、海甸戍、范市等地都有集市，购销两旺，当地清代文人自怡山人有首《凤湖竹枝词》是这样描述的："西海涂头捕捉忙，纷纷渔担集龙场（龙场，即龙头场）。晚潮小市鱼虾贱，解橐归来已夕阳。"

梅林浦、金墩浦、镇龙浦、淞浦等沿海浦口，设有渔船码头，也进行海产品交易。岱山、镇海等地的渔民从前也常来龙山外海扣流网、张网，所获鱼货亦就地售卖。

◇过去龙山西门外老街离海很近，一天到晚有卖海鲜的地摊

明代时，龙山所北一里的金墩浦，"北连大海，西接凤浦渔市泊船之处"[3]。所东四里的梅林浦，为清代"邱洋口"税关码头。上述两地均有本地和外地渔船进行的海产品批量交易。

龙头盐场于南宋时设立，场署建在石人山下。明清以来，自林家永福桥到田央陈老虎牌，形成了一条二里长街，据当地老人说，民国期间街上设有店铺、客栈数十家，其中经营海产品的商号不下五家。

明清后，范市成为当地商贸重镇，通基隆桥周围商贾云集，快船江畔店铺林立，有"海有鱼货，陆有单帮，市面胜天堂"之称。其下方的淞浦码头，

199

民国期间开设了大同、茂兴、新丰等七八家鱼行,每天都有客商赶来收购刚上岸的海鲜,有的还以当地土特产与渔民进行交易。

原慈北地区渔市

翠屏丘陵北麓慈镇交界处的东埠头市,在唐宋时就有名气。东埠头曾名东墟埠,有四条古道通往山南的宁波、慈城及余姚等地,地理和区位优势明显,为镇(海)北、慈(溪)北一带山货和海货集散重地。

观海卫为浙东名卫、慈北重镇,经贸活跃,凭借自身及附近古窑浦、高背浦、徐家浦、郑家浦等许多出海码头的水利、渔业资源优势,渔市一直兴旺不衰。抗战期间,宁波甬江、上海吴淞等港口被日寇封锁,大小渔船、商船严禁通行,舟山一些渔民、渔商为寻找水产品销售市场,进入观海卫一带港口交易,据说鱼汛时节每潮大小渔船多达近百艘,日上市量2000多担。观海卫一批商人也做起海鲜生意,先后开设了宏大、瑞大、宝大、晋大、协大、公大、宏源、协源、恒昌、祥昇、祥大等十多家水产代理行,并将产品运销到宁波、绍兴、杭州直至上海等地。1949年夏,国民党军队败退东南海岛,舟山至观城停航,观海卫一带许多鱼行停业、关闭。

除东埠头、观海卫外,掌起桥、古窑浦、宓家埭、淹浦、师桥、鸣鹤场等处均有水产品市肆。旧时淹浦"浦口估帆相次泊",也为慈北海鲜等土特产交易的一个重要场所,东西塘下设有元通行、广大行等许多商铺,市场上买卖两旺,民间传有"宁波江夏,勿及淹浦塘下"老话。清时,杜湖、白洋湖畔的鸣鹤场、宓家埭虽离海已远,但集市的海鲜交易仍很繁忙,两位清人的《白湖竹枝词》可以为证。一首由叶声闻所写:"语作葫芦集运河,今朝水市价如何?白虾青蟹一时贵,小艇迎来贩客多。"另一首诗的作者为叶元垲,诗曰:"海气蒸人日色昏,黄梅时节竹生孙。箭鳗霉蛤龙须笋,贩客挑来跣足奔。"

原姚北地区渔市

横河一带村落集中,集市形成早,市面兴旺,装载海产品的渔船常来赶集。明清时,横河市街除早市外,"午后三四点钟捕网货小海鲜上集市买卖,形成夜市"[4]。

明代中叶时,三山所城内尚无民居,乡民在城外买卖山货、鱼蔬。清初,卫所裁撤,乡民迁徙入城,商市渐兴,清道光《浒山志》记载:"浒山市,自所城东门至西门,百货丛集。单日鱼虾、蔬果陈列街巷,自东门外至城内板桥止。"[5]

坎墩十里长街上,自东往西有六灶、二灶、周家路和直塘四个集市,均有海产品交易,其中周家路成市最早、市业最旺。[6]明成化十五年(1479),周家路十字街口东西两侧已设市场,街路铺红石板,以长石条为界沿。该处紧靠娘娘殿和航船埠头,为坎墩商贸最繁华地方和姚北最大海产品集散地,有人戏说"走过上海大世界,不如周家路十字街"。清道光《浒山志》记载:"坎镇市鱼虾,朝、晡两集。"后来,还增设了半夜市及随潮开设的机动市。参与半夜市交易的主要是渔民日落后到岸的海鲜品,设摊批发给来自浒山、匡堰、彭桥、横河等地的行贩,有时为了赶时间、抢货源,一些外地行贩住在客栈等货,或者北往四塘、五塘接货,有的甚至直接去渔民在海涂高墩临时搭建的"大棚舍"中取货。货源落实后,再到周家路市过秤结算。因此,尽管是夜半三更,市场上仍然灯明人闹。机动市没有固定时间,当地渔民按潮时变化,以最快速度把刚捕获的海鲜挑到街市,一到就卖,货色鲜活,俗称"赶潮货"。二灶市的贸易市场一直设在老街,明末清初创市以来,每日早晚开业,海边人挑来海鲜于此售卖,亦有常驻摊贩坐地行销,人众物旺。六灶市也于明末清初创立,每日傍晚开市,经营的主要为后海捕来的海鲜、河江淡水鱼虾和农副产品,集市规模虽不大,但有固定商贩回顾,也算繁闹。直塘市成市稍晚,摊位也少,主要为附近居民菜篮子服务。

逍路头和新浦成市历史虽不长,但市面素来早晚不散。清光绪年间,新浦沿晏海塘角附近形成了每日市的海产品市场,也有人返销于余姚、慈城等地。清末民初时,新浦街上开设了许多海鲜牙行,其中以大兴商行最为有名。大兴行创办人叶富盛,十三岁丧父,起早摸黑下海捕拘鱼蟹,挑起养家糊口重任,后发现贩鱼更有利可图,便改做行贩,四处叫卖,弱冠之年开起了牙行,请来先生和秤手,专营海鲜,直至抗战前夕。

明清以来,庵东、周巷、长河一带人口集聚,海产品交易随之加快。《周巷镇志》载:明洪武十四年(1381),在大古塘南已辟有海产摊市,后在直街形成集市。商贸发展后,集市扩移至大古塘上,形成以埋沟桥为中心的街市。[7]清代周巷人景山,为嘉庆庚辰(1820)岁贡,他有首《鲊菜歌》,描述了当地村民"劈竹练麻制渔器,候潮随汐驾渔船"的下海捕捞盛况,和"夏来鲊菜(编者注:鲊菜为网捕、笼捕海鲜的总称)多于菜,沿门贩客更成队"的海鲜买卖热闹场景。附近的悦来市街、上庵东街、驿亭路、周家路街、小安街等集市也很兴旺,海产品交易长年不断。登州街市也有一百多年历史,一到傍晚,附近渔民把捕获的海鲜挑到街上设摊叫卖,买客众多,当地百姓戏谑为"夜打登州"。清道光二十八年(1848),人们在万嵩庵两侧,发起集市,称人和市。抗战爆发后,上海、宁波相继沦陷,大量客商及货物涌入庵东,原先并不起眼的街市顿时热闹起来,当地人戏称为"小上海"。

【参考文献】

[1]周科勤、杨和福主编:《宁波水产志》,海洋出版社,2006,第589页。

[2]慈溪市地方志编纂委员会编:《慈溪县志》,浙江人民出版社,1992,第510页。

[3]周粟等编纂:嘉靖《观海卫志》卷之一龙山所。

[4]《横河镇志》编纂委员会编:《横河镇志》下册,方志出版社,2007,第625页。

[5]高杲、沈煜编纂:道光《浒山志》卷二镇市。

[6]王清毅、沈建余:《东西集市》,见方柏令主编《十里长街》,新华出版社,2006,第42页。

[7]《周巷镇志》编纂委员会编:《周巷镇志》,浙江古籍出版社,2013,第375页。

第二节　当代海产品购销制度

新中国成立后,当地人民政府整顿市场秩序,相继成立县、乡供销合作社,稳定水产品购销、流通。1956年,基本完成对私营渔商的社会主义改造,有的鱼行栈实行公私合营,有的改组成合作商店,有的保留为个体商贩。同年,成立了慈溪县水产供销公司,承担全县水产品经营、加工和渔需物资供应等业务,实行计划购销。改革开放后,形成了股份合作、民营、个体等多种经济成分并存的水产经营体制。

新中国成立后的海产品购销,大体可分自由购销、国营水产公司计划购销、派购议(换)购结合、市场开放四个阶段。

自由购销

新中国成立初至1955年,是当地渔业生产恢复、发展时期。其间,靠海人沿袭以往做法,将捕获的海产品上街或上行交易,价格随行就市,购销自由。

1953年下半年开始,推行"国营经济为领导,合作社为基础,发动私营商人投资经营,并推动群众自己加工、自己运销"的鱼货处理方式,慈溪县供销合作社观城供销站专门设立了水产批发部。1954年7月起,一些鱼行实行公私合营,其中观城恒昌鱼行合营后定名为"恒昌水产批发处"。翌年5月,由县供销合作社接收,更名为"慈溪县供销合作社水产采购批发站",经营全县水产品购销、代购销业务。

计划购销

1956年后,大黄鱼、小黄鱼、鳓鱼、鲳鱼、海蜇等被列为国家收购物资,由国营水产供销公司统一收购、统一调拨、统一销售。非主要经济鱼类和涂滩水产品,允许靠海人自产自销,入市交易。重要渔需物资由县物资和供销部门统一调配,实行计划供应。

国营水产供销社承担全县水产品批发业务,兼营零售,各地供销社、水产合营商店及合作商贩以零售为主。为打开水产品销售市场,保持鱼价稳定,县采购批发站一方面向宁波水产交易市场采购,一方面从本地高背浦等一些港口进货,并对渔民自产自销的三类水产品和计划外海产品开展代销业务。渔业生产大队按规定的自留鱼部分,自行处置,或自食自销,或由供销社议价收购。

1966年"文化大革命"开始,水产品全部划为二类产品,渔业队集体捕捞的海产品除渔民自留鱼外,由国营水产供销公司实行全额收购销售,不得跨县投售和自行上市贸易。

慈溪为人口大县,水产资源虽然丰富,但仍不能满足人们的需求。20世纪60年代至80年代,黄鱼、带鱼、墨鱼、鳓鱼、马鲛鱼等海洋经济鱼类大部分依靠外援,每年从宁波港口和其他产地调入10万担左右,实行居民户、农业户凭票供应。调入的海产品因路途远,周转多,其损耗由政府贴补。1975年以后,海产品供应更趋紧张,县内供销社系统开始向外组织采购三类小宗水产品和计划外鱼货,来补充市场供应。

派购议(换)购

党的十一届三中全会后,水产购销政策发生了历史性变化。

初时,对集体渔业社队的海产品实行派购与议购相结合的政策,即以渔业生产单位前三年平均实际产量作为基数,其中50%作为派购任务,由县里逐级下达到基本核算单位,签订合约,一定三年不变。基本核算单位首先要完成合同规定的派购任务,完成任务后,其余海产品由国家议价收购,也可进入水产市场交易。对未完成派购任务的,要追究经济责任或减少柴油、木材等重要渔需物资的供应。不属省管的非经济鱼类的鲜杂货,不搞派购,由当地供销社定点收购,就地生产,就地销售。

1982年,对机动张网、流网船作业实行一年一定派购任务,按马力、航程核定油量,汛前铺底,按期拨给,汛后结算。水产供销管理机构同渔业队订立派购合同,实行渔获物收购与渔需物资挂钩,如:收购1吨三矾海蜇,补给0.5方木材;收购1吨鲳鱼或鳓鱼、马鲛鱼,补给0.3方木材。

县水产供销公司等国营企业积极发挥渔业生产、流通、服务中的龙头和主渠道作用。1980年8月后,除公司门市部,还设立浒山营业部、观城营业部、龙山收购站等分支机构。1984年,建立慈溪县水产供销公司龙山贸易客栈。

海蜇是当地渔民秋汛捕捞的主要海产品,销往国内外。1975年开始,县水产公司委托基层供销社收购、加工。1980年后县水产公司自行在龙山(镇龙浦)、观城(海黄山、郑家浦、徐家浦)、庵东(西二)等地设立收购点,无论多少,不分昼夜,随到随收。海蜇头派购与议购比例分别为30%、70%,机动船每投售一万斤鲜海蜇,回供柴油100公斤。

20世纪80年代中期,渔需物资供应逐步放开,渔需物资公司专门经营网线、柴油、水泥、渔机具等捕捞、加工、养殖所需物资。1986年,慈溪县水产养殖公司下设两个门市部,经营水产品和苗种、饲料、机械等渔需物资。

市场开放

1985年后,按上级指示,在继续实行以柴油、木材等物资同生产者换购鱼货的特需供应同时,水产品实行议价销售,不做派购,价格放开,鼓励产、销方直接见面。渔民就地生产,就地销售,也可长途运销,不受行政区域限

◇海堤上收购海鲜　　　　　　　　　　　　◇村镇农贸市场中的海鲜专摊

制。此时,有些人开始转行,做起海产品贩卖生意,如龙山山下村社员李国强和妻子,天未亮就到龙山码头收购海鲜,开始肩挑,后用自行车把海鲜送至宁波码头,再坐轮船到上海售卖。有的人购置冷藏设备,或开店营销,或开着带冰船、冷藏车去渔场、渔港收购海产品,再销往本地或外地市场。

20世纪90年代后,探索建立以市场为导向的渔工贸一体化经营体系,开展水产品的精、深加工。徐龙鳗业有限公司等许多龙头企业,还推行"公司+渔民"模式,形成海产品生产、加工、流通"一条龙"。

这一时期,国际贸易和交往频繁,海蜇、鳗苗、沙蚕等海产品大量出口国外,创取外汇。1985年10月20日,欧洲共同体两位专家由农牧渔业部项目办公室同志陪同,前来考察无偿援助建造年产万吨饲料厂事宜,同意定点慈溪,援助金额为105万欧元,5年后建成投产。1990年9至11月,慈溪集约化水产养殖示范项目3位技术人员赴法国水产养殖服务社,进行饲料生产、设备维修等业务培训。

进入21世纪后,各地对传统的路街市场进行迁移,建起了中心城区及观海卫等几个大型水产批发市场,以及上百家设有水产品专区的城区、镇村农贸市场,海鲜经营场地上了一个档次。

第七章　产品营销

水产品实行市场调节后,打破了地区封锁和垄断经营,形成了多种经济成分、多条流通渠道、多样经营方式和较少环节的流通体制,渔民销售自由,群众购买方便,市场繁荣活跃。

◇新建成的"中国慈溪长三角市场群"中的海水产交易区

第八章 渔人生态

　　三北靠海人以海为家，伴浪共舞，撑一张帆，驶八面风，长篙扁舟，在汩汩潮流中，淘出了一则则令人难忘的故事，一个个身怀绝技的弄潮健儿。

　　往事千秋，辰光不再，还是让我们蹚过记忆的港湾，穿越被海涛湮没的时空，回望一下靠海人不同寻常的生存环境和创业品性。

第一节　生产方式

风雨之舟,曲折前行。当地靠海人的生产体制几经变革,大体经历了个体及合伙经营、长元制、集体化生产、新的经济合作体等几种方式,与生产力发展相适应,与时代前行同步。

旧时生产组织形式

旧时,三北沿海许多农民、盐工,把靠海作为家庭副业;一些有一技之长的涂民,多在潮涂上单干,小打小闹;那些专门从事海洋捕捞的渔人,初为个体独家经营或几个人合伙作业,后随渔场外拓、作业周期延长,出现了人、船网折脚(股)分配以及拥有生产资料者雇佣渔工进行捕捞的生产方式。

明清至民国期间,当地海洋渔业生产呈个体、合伙经营及长元制、硬脚制、拨份制等多种生产管理制度并存的局面。

个体经营和合伙生产

过去,下海搞副业的农(盐)民,和撬箭鳗、踏赤鳝、弶(涨)弹胡、竖小串和矻拉钓、小笆、大棚等一些兼业涂民,都自筹渔具、单打独营,或以家庭成员组成一个生产单位,在滩涂、浅潮上进行小型捕捞作业,渔获物自得、自食、自售。打网、游丝网、拖网等一些小型浅海捕捞作业,也常为一户一船独家经营。

有时,几个渔民各自提供相同数量的渔具,临时或短期合伙作业,一人一脚(股),大家平分渔获物。从事横流、跳网、百袋网、矮网等捕捞作业的靠海者,大多采用这种合伙生产形式。

长元制

长元即渔东、老板,他们拥有一定数量的渔具和资本,出资雇用渔工,组织一艘或几艘渔船的捕捞生产,以获取利润。多数流网及部分高串、大型张网生产采取这种方式。

长元可分三类:一类与渔工一起下海作业,大多自任老大,称"水上长元";第二类自己不下海,仅在陆上指挥和组织生产,称"岸上长元";另一类本人具有一定生产技术,但无足够生产资料,靠租赁渔具、雇佣渔工出海来进行生产,称为"砂锅长元"(砂锅为泥制品,易碎裂,此名蕴含着"遇上天灾人祸,即遭破产"的戏谑之意)。

长元支付受雇渔民工钱,一般按汛计算,有包薪、拨份和常网、开脚三种形式,也有混合并用的。一些技术性不强的岗位多为包薪者,老大、出网等有一定技术的少数船员,也有实行"拨份与常网制"的。

硬脚制和拨份制

硬脚制亦称"渔伙制",几个渔民自备网具,租来渔船,合伙经营,同担风险,共负盈亏。合伙的渔人按各自技能和岗位分工,议定脚(股)数,每汛渔获所得,扣除费用开支,按脚(股)分配,传有"舱板凳上分铜钿,硬碰硬,硬脚撑"的俚语。硬脚制多被张网、串网、小流网、活水拉钓等一些经营成本相对较轻的中型捕捞作业所采用。

拨份制与硬脚制稍有不同,它是将船具、网具等生产资料和劳动力分别折股(脚),一般船网和劳力各为50脚,即投资者得利润的50%,生产者以船上职务定脚,汛后按脚分配另外50%的收益。

此外,龙山一带扣大流网的渔人,也采用过一种特殊的合伙经营方式:几个实力较强的渔民作为发起人,从外地租来船只,投资网具,作为股东,出海捕捞时再雇上几个渔工。股东也下海作业,或兼老大,或为船员。出海所有船工均按汛领取不同的岗位工资。每汛所得收入,减去船租、成本和工资,剩下来的则按股分红。

集体所有制生产模式

新中国成立后,渔民翻身当家作主,生产方式亦由个私经营转向集体化生产。

新中国成立初期,实行民主改革,把处于失业、半失业状态的渔民,引入"硬脚制合伙生产"这种过渡形式的组织中,以摆脱长元的雇佣剥削。1950年冬,龙山区(时属镇海县,含范市、龙山、澥浦、沙河等乡镇)的流网作业改雇佣制为劳资分成制,资方得68%,劳方得32%,劳方按船上职务分配。[1]人民政府保护和鼓励他们多捕、多卖,以改善生活。

1953年开始,渔民按自愿互利原则,沿用硬脚制合伙生产形式,组织互助组。互助组一般由老大兼组长,个人私有的船、网具等生产资料,租给组里使用,取消了长元和渔民的雇佣关系。1954年,在常年互助组的基础上组成渔业生产初级合作社,个人的船网工具统一折价入社,予以分红。渔民按体力强弱和职务、技术高低评分。1955年,高王乡、洋山乡、逍林乡、西二乡、龙山乡、海塘乡等地成立了高级渔业合作社,对劳动渔民(社员)的私有船网工具全部折价归集体所有,结束股金分红,实行"各尽所能,记工评分,按劳取酬"的分配方式。对于非劳动渔民所有的船网工具,则按赎买政策处理。在此期间,慈溪县还有20多个农(盐)业合作社内设立渔业组,从事水上捕捞作业。

1958年人民公社化后,龙山、观城、逍林、浒山、长河、周巷、庵东及泗门等地,以区为单位成立渔业大队,下设淡水捕捞和海水捕捞队,渔民实行"基本工资加奖励"的供给制度,吃"大锅饭"。1961年后,管理权下放,实行大队与生产队两级核算,恢复了按劳分配制度。此后,许多核算单位对作业船组实行"三包两奖"政策,"三包"即包工、包产、包成本,"两奖"为超产奖和节支提成奖。"文化大革命"初期,也曾出现小队并大队的情况,后很快予以纠正。自"大跃进"至"文革"这段时期,强调集体化生产,不能单干,渔民搞些副业、农(盐)民"赶小海"被说成"资本主义尾巴",进行批判。

20世纪70年代后,县里成立了水产捕捞、养殖及渔需、冷藏等一些地方国营企业,以示范引领、经营服务为主,很少直接从事捕捞生产。

改革开放后的生产方式

党的十一届三中全会后,实行改革开放,渔业计划经济向市场经济转型。各渔业生产队推行定额包干和以船核算的方式,冲破了生产资料管理使用、收益分配上的两个大锅饭,在此基础上,逐步建立起以渔人、渔船为基本层次,以股份合作经济为主体,以多种经济成分和多重经营形式为特征的合作经济新体制。

联产承包责任制和"双层经营"

20世纪80年代初,推行联产承包责任制(俗称"大包干"),船、网等生产工具仍为渔业大队集体所有,分给作业单位固定使用,也出现了"一家班""亲友联合体"形态的生产班组。作业单位有生产经营、产品处理、收益分配等自主权,按规定每年向集体上缴折旧费、大修费、公共积累(公积金、公益金)和管理费,其余收入均可分配,"干活大呼隆,分配一拉平"的现象得以明显纠改,大家心齐力勤。

1984年后,对船网工具折价下放,以船核算,下达一年一定的派购任务,按渔船马力、航程分配燃料,并把不适宜由渔船、渔户、渔民直接经营的项目和需要管理协调的事情交由乡、村(大队)统一管理。这种分散和统一相结合的"双层经营"模式,既能保持渔民的生产积极性,又体现了乡、村级集体经营的优越性。

这段时期,慈溪县有龙山公社渔业队、山下渔业队,雁门公社东门外渔业队、田央公社渔业队、地舍大队渔业队、龙场公社渔业队、地舍渔业队、沿海公社太平闸渔业队、小施山渔业队,五洞闸公社古窑二大队,洋山公社周家段渔业队,观城公社下营渔业队、青龙桥渔业队,东山公社二节渔业队、河西渔业队、龙王塘渔业队、附海公社渔业队、郑家浦渔业队,新浦公社下洋浦大队，沧田公社三大队渔业队、十大队渔业队，仲寿公社渔业队，义四公社定海渔业队，小安公社天灯舍渔业队，西一公社渔业队，西二公社渔业队，西三公社渔业队，东一公社渔业队，东二公社渔业队等几十个农村海洋渔业生产单位。

1987年3月，慈溪县委印发《关于稳定完善精养鱼塘联产承包责任制规定》，明确鱼塘产权归属不变，使用权归渔场，渔场以"五定"方式将鱼塘承包给渔民。1991年，继续采用渔场统一经营、渔民分户承包形式，承包期限定十年左右。

个私经营

改革开放后，推缉、拉钓、抲沙蟹、捡蛤蜊和海瓜子等一些传统小型捕捞作业，仍以人、户为单位，实行个体经营。

后来，滩涂养殖和一些小型船网作业，渐以个体、家庭为主，出现了一批重点户、专业户。有的经营者还投放资金，招聘若干渔工，扩大生产规模。

国有涉渔企业改制

20世纪90年代，当地国有涉渔企业为求生存、发展，也进行了一系列改革，如推行经营承包，划小核算单位，人员优化组合，确定上交指标，实行自主经营，自负盈亏。后来，又加快了现代企业建设步伐，吸纳企事业单位和个人资金入股，改制成有限责任公司和股份制公司。至1999年，完成了国有涉渔企业的改制工作。

合作制

20世纪90年代，当地政府加强海涂管理和开发利用，划片承包给单位和个人。1993年，师桥渔民自愿组合，自筹资金，向镇政府租赁海涂商品渔场，成立了慈溪第一家渔业股份合作制企业。至1997年，慈溪市有海洋渔业股份合作制企业125家，其中海水捕捞22家，股金105万元，海水养殖103家，股金1156万元。[2]

推行渔业股份合作制，是群众渔业生产资料产权制度和经营体制又一次变革。渔业股份合作制企业,是若干人自筹资金、带资带劳入股、自主经营、自负盈亏、自我发展、独立承担民事责任的经济组织,具有产权明晰、利益直接、风险共担、机制灵活等特点,经营活力强,经济效益好。渔业股份合作制形式多样,主要有"以劳带股、合股经营""劳股合作、雇工经营""多元合股、联合经营"三种类型。

2002年,观海卫高背浦渔民率先成立专业合作社。合作社由当地从事渔业生产经营的渔户、购销户、加工企业,按"民办、民管、民受益"的原则自发组建,实行联合生产、规模经营。2008年,慈溪市渔业专业合作社达30多家。

【参考文献】

[1]《镇海县志》编纂委员会编:《镇海县志》,中国大百科全书出版社上海分社,1994,第390页。

[2]周科勤、杨和福主编:《宁波水产志》,海洋出版社,2006,第309页。

第二节　主管机构和行业社团

我国管理渔业和渔人的行政机构自古就有,但在基层较为松散,三北一带亦如此。1978年12月,建立慈溪县水产局,后又设置了一些事业性的管理、科研及培训机构,渔业管理、服务职能得以强化。

早先,当地渔人民间社团组织的管理也较松懈,靠海人参与面不广,镇(海)北一带的张网、流网渔民虽在清雍正年间就开始创办行业社团,但渔人得益不多。新中国成立后,当地渔业、渔人民间组织的运作方式几经变化,行业自律和为靠海人服务的职能有所加强。

主管渔业渔人的行政机构

我国最早管理渔业的官员称"虞",由原始社会末期部落首领舜帝创设。秦代置少府,"掌山海池泽之税,以给供养"。隋、唐、宋、明、清各朝渔业管理职权归于工部。元世祖轻渔,中央六部无人专管。清代晚期由农务司执掌。

民国政府成立后,渔业行政职能先归实业部,后属农林部下设的渔业局等机构,出台了《渔业法》《海洋渔业管理局组织条例》等一些法规,但各地贯彻、落实不力。1925年,在上海设立江浙渔业局。1936年,成立浙江省渔业管理委员会,在宁波、台州、温州设办事处,各县配备少量渔业指导人员。

1949年5月,宁波解放,专员公署农林处专配水产干部1人。1951年,宁波专署农林办公室设水产科,翌年改为水产局,相关县也成立了渔业生产指挥部,主要任务是组织恢复渔业生产,做好渔业设施建设和物资供应工作。1954年4月,慈溪县农林水利局设立水产股,之后,县级农林水利行政管理机构名称几经变化,但一直设有水产管理的职能股室。

1978年,国家加强对渔业管理,国务院成立了国家水产总局。同年12月,从慈溪县水利局内划出水产股,组建水产局,始与县水产供销公司合署,1982年10月后政企分离。水产局及后来的海洋与渔业局主要履行以下职能:执行国家和上级关于水产业的法律、方针和政策,研究、制定和实施本地水产业发展布局和规划,指导渔业经济体制改革、渔业经营管理和渔业社会化服务;落实休渔制度,做好水生野生动物保护工作,对各种渔业船舶证件、渔具、渔获物和捕捞方法等进行执法管理;确定浅海滩涂使用权,开展海域水质污染治理等工作。

1983年,建立慈溪县水产技术推广站,为全额拨款全民事业单位,赋予水产养殖试验示范及先进实用养殖技术的推广、渔业技术信息发布及渔业技术咨询服务等职责。1996年,成立慈溪市水产研究所,与慈溪市水产技术推广站(后更名为慈溪市水产技术推广中心)实行一套班子两块牌子,开展水产养殖技术推广及创新、水产高科技养殖示范点建设、名特优新品种引进及良种选育等工作。

1984年,成立事业性质的慈溪县渔业培训站,2001年12月改制歇业。1985年9月,在庵东中学设立水产职业高中班,学制2年。

1985年1月以后,设立慈溪县渔政管理站、渔船渔港监督站、渔业船舶检验站,购置了渔政执法船。22个乡镇建立渔政分站。

2001年12月,撤销慈溪市水产局,与农林局、农经委合并成立新的农业局,挂"海洋与渔业局"牌子,实行两块牌子、一套班子模式,行政职能日益强化。2003年,成立慈溪市海洋与渔业执法大队,翌年建立中国海监慈溪市大队,加强海洋管理、监察。近年来,积极开展渔业"一打三整治"专项执法活动,围绕"护幼苗、治渔具、抓伏休"三大重点,打击"三无"船舶和涉渔违法行为,维护渔场、市场行为,营造全社会保护海洋资源、修复振兴渔场的良好氛围。

新中国成立后，当地乡镇一级的海洋渔业管理一直由农业部门分管。1993年，渔业重点乡镇配备专职副乡（镇）长，建立了乡（镇）海洋捕捞、海涂养殖等专门管理机构，落实渔技人员，并按照上级部署，制订本区域海涂开发计划，调处辖区内渔业生产和滩涂权属纠纷，保护养殖户合法权益，开展养殖试验、示范和技术推广工作，代理发放相关证照。

渔人社团组织

随着海洋捕捞业的发展，以渔民集居地域或专业门类为基础的渔业民间社团在三北各地应运而生。

旧时渔业行会

五代及宋后，龙山镇现境和澥浦镇同属定海县（清康熙时改为镇海县）灵绪乡（1930年后为镇海县三区、龙山区），这一带渔民素称"镇（海）北（乡）帮"，渔业民间社团组建得比较早。清雍正二年（1724），该地张网渔民仿手工业行会组织形式，在宁波双街创建"北竹（莆）公所"，为当时浙江省内少有的几个渔帮民间组织之一。后来，公所又在舟山、杭州、上海等地开设海产品流通商贸行会，"镇北帮"张网渔民也报名入会。清嘉庆元年（1796），在岱山一带从事海产品加工的"镇北帮"厂商，也成立了"老渔商公所"，协调处置相关事务，办事机构设在岱山东沙角。翌年，"镇北帮"300多艘流网船抱团成立"维丰公所"，所址在澥浦月洞门侧。清光绪十八年（1892），"维丰公所"分设南北两所，澥浦、十七房、邱王、金家岙等地70艘流网船划为"维丰北公所"，聘请举人蔡汝衡为董事。[1]

渔业公所为封建式渔业团体，推选的董事有一定的地位，同时，还聘请几位晓法律、懂业务的人担任"先生"、书记、账房，调节捕捞生产、海事纠纷，干预鱼价，组织护渔船只防匪骚扰，调解生产中死伤渔民的善后工作，有时候还协助当局办理牌照、代收税费。渔业公所旨在保护渔商、渔民利益,但有些公所被豪绅、渔霸、渔棍操纵,剥削渔民,利未见而害已随。

旧时,慈北、姚北一带亦建有松散性的海洋渔业行会,先以渔民为主,后扩大至水产经营者。慈北有古窑浦帮、东山头和徐家浦帮,姚北有胜北水云浦帮、新浦帮、马家路帮、庵东帮、泗门帮等,其职能为护渔、洽借渔贷、调解渔业纠纷、实施救灾、人员技术训练等,但机构松散,实际作用不大。

各帮会亦有自己传统渔场和渔具,海上张网、流网以龙山一带为早,而挏拉钓、拖网、跳网则是姚北朗海、庵东、新浦和慈北东山头等渔人的擅长。

民国三十七年(1948)8月,建立余姚县渔会,会员70人。

新中国成立后渔业民间组织

1949年5月,余姚、慈溪、镇海县相继解放,广大贫苦渔民翻身做了主人。1950年,成立慈溪县渔船业公会(渔民协会),观城、师桥、掌起等地靠海渔人纷纷入会。镇海县也成立了渔民协会,龙山西门外村渔民赖尧传作为龙山区北片代表,参与协会管理和做好联络工作。1951、1952年,余姚县泗门、周朝、浒山、逍林、横河等区建立渔民协会,有的乡还成立分会、小组。

1953年后,广大渔民加入了互助组、合作社,各地渔民协会停止活动。1964年,三北农村开展社会主义教育运动,出身贫苦的靠海渔人加入了所在村(大队)的"贫下中农协会"及"贫下中农代表大会"。"文革"结束后,这些组织解体。

党的十一届三中全会后,在政府引导下,建立渔业民间社团和各种类型的渔业合作经济组织,众多从业渔人成为其中一员。观海卫五洞闸、新浦六甲等地渔业合作社还建立了资金互助会,为会员提供资金,代办生产资料。

1984年10月,建立慈溪县水产学会,1991年6月更名为慈溪市海洋与渔业学会,积极开展学术交流、宣传培训和咨询服务活动。同月,成立了慈溪市钓鱼协会,经常举办垂钓等比赛。后又设立了慈溪市钓具行业协会,开展科技成果引进推广和新技术研发、鉴定工作。

21世纪后,相继成立了慈溪市虾业协会、周巷镇海涂捕捞养殖协会和龙山镇渔业捕捞协会等渔人民间组织,开展会员业务培训、安全教育,提供信息、技术服务,依法维护会员权益。

【参考文献】

[1]周科勤、杨和福主编:《宁波水产志》,海洋出版社,2006,第523—524页。

第三节　靠海往事

三北潮海犹如一个天然大舞台,不知有多少个专业和群众演员上台亮相、表演,构成了不知多少耐人寻味的靠海场景。

靠海的人

"鱼盛捕者众。"过去,三北沿海乡村靠海的人众多,有的村子说成"全民能渔"也不为夸张。以从业情况来看,大体上可分为专业渔民、兼业涂民及业余靠海者三类。各类人员,有时互换角色,也做跨区域性流动。

专业渔人

专业渔民,指掌握了某一行当的基本渔技,并把海洋捕捞、海水养殖作为主业的靠海者。过去,他们中间一部分人拥有一定船、网等渔业生产资料,单独或合伙生产,并常年下海劳作。另一部分人则为无产者,受雇受聘,下海替别人打工。

当地专业靠海者,大多从事流网、张网、串网类作业。新中国成立后,大部分承袭旧业,被划为非农业居民户口,吃国家供应粮。合作化和公社化时期,参加当地渔业社队,从事海上捕捞等集体化生

◇等待潮水退尽去滩涂作业的靠海者

产。此段时期,劳动力人数变动不大,常数约为千人上下。

20世纪80年代后,当地海洋渔业生产经营体制发生变化,新围入的滩地挖池养鱼,堤下海涂承包经营,一批农民、盐工改行从渔,参与海水人工养殖,有的人也应聘受雇,参与海洋捕捞作业。如今,三北海域从事海洋捕捞的专业劳动力,因串网、地笼网、拖网、打网等一些网具停止了作业,人数稍有减少,而参与海涂养殖、采收的劳动力则大为增加,达到4000—5000人。

兼业涂民

兼业涂民也以渔为主,有潮涂捕捞一技之长,个个身手不凡,是"靠(赶)小海"队伍中的精英。

以前,沿海村庄似乎都有兼业涂民,少则几人,多的达几十人。他们没有木帆船,不用长片渔网,也不出卖劳力,只持简易工具,独自经营竖小串、弶弹胡、撬箭鳗、踏赤鳝、放拉钓、抲丝拉、荡(宕)鱼蟹、牵沙蟹、抲横流及大棚、小笆等行当,春夏秋三季中,若无狂风大雨,几乎天天出门,抲得多少鱼蟹,就卖多少,"落海簟(渔)篓当米缸",苦度光阴。

兼业涂民大多为农(盐)业人口,土地改革时分到了土地。1958年人民公社化后,大部分挂靠于农(盐)业生产队中,也分到了自留地,参加生产队集体劳动,只在休闲时开展副业,下海赚点外快。其中,也有一部分人继续从事靠海作业,通过上缴管理费形式,参与生产队分配。

20世纪80年代,农村实行联产承包责任制后,许多涂民重操靠海旧业,人员数量有所增加。90年代海涂划片承包后,有的人承包了海涂,有部分则转业改行。

业余靠海人

当地从渔者中,以"靠(赶)小海"的人为最多。可以说,过去在三北海边长大的人,无论从事何种职业,个个都有靠海的履历。

这支队伍人员庞杂,有男有女,有老有小,他们利用休闲、假日或晚上,空手或带上一两件简单工具,踏涂涉潮,进行各种捕捞作业。

一般来说,白天拾螺、捡蛤,相对简单、省力,年龄长者、少年儿童及农

（盐）家妇女，也能胜任。青壮男人常用缉（腰）网在夜里涉水捕鱼，也有以百袋网、跳网、朗网、沙蟹网、泥螺网、罾网等进行捕捞。

20世纪90年代海涂划片承包后，可自由捕捞的滩涂及浅潮区范围较小，业余靠海的人大为减少。

流动的靠海人

当地专业靠海者中，有部分是从内河渔人转向海上的，也有一些是从外地移入的。龙山西门外村渔人金昌含祖籍宁海强蛟，其爷爷金德根原在象山港海湾打鱼，抗战初期带三个儿子落户三北，在潮海中大显身手，被誉为三北"张网世家"。新浦、龙山等一带会用锚钩荡弹胡的渔人，多是从温台那边来的。定居龙山海甸戎村的南其良老师傅，原籍温州，他荡弹胡动作稳准，钩无虚发，带会了当地20多个年轻人。

鱼群洄游有其自然规律，渔民作业也不为海洋行政区划所限制，大家循着鱼汛竞往各地渔场捕捞。过去当地一些拘大流网、张网的渔人，也常出外海作业，其中有些人定居他乡。明初，沿海频受倭患之害，朝廷实施海禁，舟山诸岛之民迁入内地。清初盗匪猖獗，沿海再次海禁，"片板不许下海，粒米不允越疆"。康熙二十三年（1684）海氛安靖后，朝廷颁布"展海令"，允许舟山移民迁回原籍，并动员沿海渔、农民入籍定海、岱山、嵊泗等海岛。那时龙山、邱王、澥浦等地一些渔人，常去岱山一带海域拘流网、张网，年长日久，有些渔人便在岱山岛西部摇星浦、栲网山等地定居，后来繁衍成村。他们的后人，现在仍来三北老家探根祭祖。据民国《岱山镇志》载："宫门、高亭等地居民，原籍来自鄞县、镇海、慈溪等，世居不过五至七代。"[1]

来三北从事海涂捕捞和养殖的外地人中，有个体，也有群体。20世纪60年代，伏龙山以西海涂海瓜子旺发，一批来自镇海渔村的专业渔民，吃住在慈溪沿海公社各大队，专门拾捡海瓜子，收购后统一运送至宁波城里售卖。90年代后，三北海涂实行承包经营，乐清、宁海等地一批养殖经验丰富的渔人，看准时机，承包三北各地海涂，或与当地渔人合伙，进行蛏子、文蛤等海产品人工养殖。

21世纪后,参与当地潮海采捕的"新三北"人显著增加,现成平涂海产品采捕的主力军。这批人主要来自贵州、湖南及江西、河南等地,有男有女,多为青壮劳动力。他们与当地海涂经营者对接挂钩,专门捡拾泥螺、海瓜子,以量计酬。他们起先食宿在岸边的棚舍,后大多居于七塘一带租房中,白天骑自行车、摩托车(电动车)或乘养殖户的"三卡"车出工去海堤,散于各自约定的承包户滩涂上,收工时也常汇于一处,几十千米的岸堤上随处可见他们的身影,人数多时达两三千,成了滨海一道美丽的风景线。

◇棚舍中歇息、娱乐的外来靠海女人

渔民生活

三北为移民地区。那些初来乍到、无依无靠的外地人定居在海边后,多从滩涂捡捕入手,以图生存。坎墩、新浦、观海卫、龙山一带现存的多家宗谱中,都有先人从渔脉络可寻。据《余姚沙墅施氏宗谱》载:"(迁始祖)居近海滨,非培棉为业,即蜃蛤营生。"[2]坎墩《姚氏宗谱》中也有"世祖来坎,先为海渔"的记载。[3]

过去,靠海者奔命潮海,大多为家境贫苦、生活艰辛的无产者。农民、盐工社会地位低下,深受地主或丁主、篷长的剥削,生活困苦,无奈跨越耕（盐）渔两业,起早摸黑,为的是养家糊口,维系生计。

受雇于长元的那些柯流网、张网、串网的渔工,卖身度日,浪迹海天,生活更为艰苦、凄楚。

一生辛劳

早先,靠海人驾船出海捕捞,栉风沐雨,不舍昼夜,长年累月与海为伴,吃的是咸菜粗饭,喝的是生水,冬穿破袄,夏晒烈日,"日里像棵浮萍草,夜到像只无窝鸟",又受孤单寂寞的煎熬,个中苦衷不言而喻。捕捞结束,顾不上休歇,急急匆匆把鱼货从潮头一直挑到街头售卖,然后准备下一水作业。天热时,串网船船工在潮水中撩"大水货"时,因所带衣裤、船上淡水不多之故,都不穿短（内）裤,裸身作业,待上船后穿上,这种状况一直延续到20世纪50年代。新浦等地以前有严冬拾"风冻蛤蜊"的习惯,捡蛤者迎着寒风、踏着冰冻下海,用小钩耙把蛤蜊钩进箬筐,那句"吭柴吭米,勿去拾风冻蛤蜊"的顺口溜,道出了他们的无奈和艰辛。

渔家女人也不得空闲,织补网衣,抚养孩子,也去滩涂捡螺拾蛤,还到街市叫卖海鲜。渔人孩子风里生,浪里长,从小就在涂滩上滚打,有的还未成年,就跟随父辈去外海捕捞。

庵东一带流传着这样一首民谣:"糠菜填肚饥,破蓬拼成衣。一年苦到头,一家难糊口。男的下海去,女的岸边守。天变风流急,独愁亲人丢。"坎墩八甲弄后郑家的子孙,至今仍未忘却祖宗定下的"毋忘长年沙蟹拌饭度苦日"的家训。[4]

凶险难料

一叶木帆船在汪洋中颠簸,下海人干的是搏命活计。

出海捕鱼,头顶苍天,脚不着地。那潮海云谲波诡,变幻莫测,风平浪静时,鸥鸟鸣啭,大海长天一色,那美丽的背后,却蕴有难料的凶险。遇上风暴,翻船触礁,樯倾楫摧,凶多吉少,多少人葬身海底！岸上家人,哪个不面对大海望眼欲穿,牵肠挂肚,忧心忡忡?

除了天气变化,也会遇到意想不到的要命事情。抗战胜利后,龙山西门外村赖尧传等几位渔人去吕泗洋坷大流网,返航时发现有条大鲸鱼追来,在船前船后、船左船右钻来钻去,喷出10多米高的水柱,久不离去,船工们惊惶不安,只好放慢船速,沉着应对,才化险为夷。

备受欺凌

被长元(船老板)雇佣的船工,常遇赖欠、迟发工钱等"吃倒账"情况。要学外海捕捞技术,须先做长元的徒弟,俗称"长年",画押具保,订立"关书",为期3年6个月,其间不得另谋职业,遇落水身亡、病故等事项,只棺殓埋葬,不予赔偿。

"渔民头上三把刀,鱼行、风暴加强盗。"一些官绅豪富、渔棍地霸投资鱼行栈,"放山本""放船头",操控市场,攫夺鱼货专卖权。渔民借了渔行的高利贷,鱼货只能卖给借钱的鱼行,任其定价与克扣。

民国期间,政府规定"渔获物之征税,以一次为限,其税率不得过值百抽五(5%),以前对于渔获物及渔具渔船等各种正杂捐税,一律免除",但实际并非如此,官署、水警、公团的苛捐杂税达二十余种。[5]

海上盗匪猖獗,渔人常遭其害。元明时沿海倭寇横行,当地渔民苦不堪言,后两次海禁,无奈歇业,生活没有保障。民国期间军阀混战,海盗与军警勾结,渔人惶惶不可终日。日军侵占浙东后,随意夺船、杀人,打"海底枪(篙)笆",无恶不作。

苦尽甜来

1949年5月,三北地区解放,推翻了"三座大山",穷苦渔民从此翻身做了主人,生活趋于安定。

解放初期,进行民主改革,取缔封建鱼行栈。1953年以后,渔业生产集体化,水产品由供销社统一收购,鱼价合理,买卖公平,渔民收入逐年增加。1958年人民公社化期间,各大公社(区)的渔业大队,共配上海洋机帆船7对,开启了渔业生产机械化的历史。国家专设渔业气象预报,增建沿海航标、灯塔,加强海上捕捞安全服务。

1978年党的十一届三中全会后,实行联产承包责任制,放宽了水产品购销政策,2003年开始又免征渔业税,渔民生产积极性空前高涨,生活水平大幅提高。

与旧社会相比,当地靠海人有两个最显著的变化。一是生活无忧。新中国成立后,消除了剥削和欺压,渔民生活水平节节攀升,无论集体化生产时期,还是改革开放以后,渔民的年收入和人均收入都超过了当地农民和盐民,率先达到了小康水平。二是出海安全有了保障。苎麻网改成塑料网,木帆小船变为机动船,气象预报及时准确,导航设备先进实用,近捕远捞无须担忧。

◇龙山镇村西门外村靠海人赖延定于1999年建造的住房

赶海旧景

以前,当地海边长大的人,似乎都在业余时间靠(赶)过小海。

"靠(赶)小海"为潮涂采捕的俗称,就是在滩涂上手捡、笼诱、钩钓、刀钩、光照、耙挖、网牵,或者在浅潮中布网、推网和放钩,来获取海产品。

靠(赶)小海的人,也会算潮候,看天气。出门时,有的空手徒步,只带盛鱼货的容器;有的携上泥马船,以及一两件简单工具。人们越过海塘后,匆匆踏入泥涂、浅潮,各就各位,开展各种捕捞作业。

拾螺、捡蛤,相对简单、省力,无须工具,男女老幼都可参与。泥螺、朗蛤旺产时,堤下滩涂到处有人,你弯腰,他起身,手脚不歇,各取所需。至于捡多捡少、捡优捡劣,那就要看各人的本事了。生于1923年的军旅诗人郑若谷是龙山西门外村人,他的诗集《雪泥鸿爪》中收有写于1934年7月的一首《赶海》小诗,记叙了他 11 岁时捡泥螺的情景:"滩涂潮落泥螺多,赶海需乘水不波。我与四哥欣向往,须臾拾得半提篓。"

有的男孩还会捕鱼捉蟹。近岸滩涂,芦草丛生,爬嬉着无数生性各异、机灵可爱的小蟹,孩子们袒露着一条胳膊,说说笑笑,把小手插入蟹洞中,抲到小蟹后就放入提桶中。潮水退净时,也有一些大孩子候在串网旁,等船工撩捡好鱼货后,快速奔向网边,似耘田一般在泥涂上"撮舍"(意为"拾捡人家放弃的东西"),摸抲一些蛰伏下来的鱼蟹,名曰"掳串网"。有时,他们还去"戽凼",即用面盆、小挈桶把水汪凼中的水戽干,捕捉退潮时逗留下来的鱼虾、蟹蛄。

◇靠海女人

海边女人靠(赶)海以拾螺、捡蛤为主,也会敲蛎黄,捡得多时也上街去卖。女人心细、手巧,拾捡水平一般胜于男子。伏龙山下的地舍自然村,有一帮撮海瓜子的妇女,她们眼力敏锐,动作利索,手技相当熟练,每人一潮能捕野生海瓜子 10 多斤。生于 1970 年的任茶妹,6 岁那年父亲背她下海,撮了 40 多年海瓜子,最多一潮捡了 30 斤,且体匀、质好。

持网涉水捕鱼,耕波犁浪,这是青壮男人的专项。初夏至中秋,许多家住海边的农民、盐工,常在晚上或农闲时用缉(腰)网在潮水中推捕海鲜,鱼货少时自食,多时上街去卖。夏季朔月大潮时,下海推缉的人最多,那茫茫海天间渔火闪烁,熠熠波光中网起网落,煞是壮观。

除缉(腰)网外,当地还有许多业余网捕者,有的几个人联合作业,有的一人单干。百袋网、跳网及横流等作业,常好几个人合伙,人众势大。朗网、沙蟹网、大棚、小笆等则一人操控,独来独往。岸边、闸口扳罾网的,也

第八章　渔人生态

◇靠海场景

有大龄渔翁,他们悠然自在,南风吹吹,香烟抽抽,静待鱼儿进网。

以渔为主、有一技之长的兼业渔民,他们不甘寂寞,不辞辛劳,整日里单枪匹马(泥马),散见于潮涂中,捕得多少,就卖多少。

过去,靠海者在滩涂、浅潮中"淘宝",为的是赚些辛苦铜钿,补贴家用,除一些小孩带有嬉玩的因素外,没有现代人所想象的那么休闲、浪漫。他们一出家门,先匆匆赶路,再一脚一脚涉涂,然后一刻不停地寻觅、捕捞。潮涂上露天作业,无遮无拦,夏日太阳猛热,暑气逼人,脸孔晒得黑黝黝的。冷天北风阵阵,寒潮难挡,刮刮抖抖。劳作久了,无处可坐。肚皮饿了,最多吃上几口粗食点心充饥。若犯上病痛,更难照应。推绲(腰)网、抲横流、牵百袋网和沙蟹网等一些行当,靠的是体力,来不得半点偷闲,个中的苦累可想而知。

沧海桑田,世物变迁,"旧时已展千重锦,新篇更进百尺竿"。而今,那熟悉的涛声、潮音与古村老家渐行渐远,无际的新涂也被划成道道网格,人工养殖成了一种崭新的业态,那众人撮泥螺、摊网牵沙蟹、金钩荡弹胡、浮海缉鱼虾、脚凳抲横流等好些由一个个鲜活生命细节构成的宽阔场景,已淡出了"靠海吃海"的天然舞台,那些传统手技亦逐渐消失,成了历史及非物质文化遗产。

抗御外侮

三北面海,外寇入侵时首当其冲。在那血与火的岁月里,人们众志成城,浴血抗击。

当地民风悍疾,靠海人正气凛然,敢于同恶浪斗、与恶人斗。当外寇入侵家园,他们与农民、盐工一起舍身保国卫乡,展现了勇往直前的大无畏精神。

抗　倭

宋末,倭寇开始对浙东进行侵扰,至明嘉靖年间最为剧烈。倭寇原为日本浪人和海盗,他们与中国的土豪、奸商、凶顽勾结,洗劫市镇,杀人越货,百姓惨遭蹂躏,人民怨声载道。

三北军民同仇敌忾,喋血奋战,下海渔人也配合明军抗倭,有的把自家渔船投于卫所,有的船老大及船工还驶船赴战。清光绪《慈溪县志》记载:"明嘉靖三十五年(1556),倭大至,时观海卫渔民吴宗二十四等,有船十余艘,临山、观海两卫把总张四维发牌,令其出入海岛,刺探敌情。"龙山邱王村人邱希贤,常驾挑捕船下海打鱼,他目睹倭寇猖獗残忍,义愤填膺,率领乡勇、团练夺贼船、击倭巢,"于本境前后三十余战,又援慈溪、龙山所两处,生擒倭寇七人,斩获倭首三十级,解送倭船、弓箭、刀铳数百。帅府嘉之,赉以金,谢辞不受……"[6]

抗　英

清道光二十年(1840),鸦片战争爆发,英军攻占定海,军舰四处骚扰,气焰十分嚣张。

当年农历八月二十三日,英舰"风鸢"号在胜山海面遭遇大风,陷沙搁浅,5人乘救生艇逃走,其余24名英军水兵强夺渔船驶入内河,至胜山头一带剽掠。次日,三山司巡检李凝宇和浒山士子沈贞率领的数百义士前往围剿,当地一千多名渔民、盐民、农民以铁耙、木棍、泥锹为武器,一路相随,围堵作恶的英军水兵,当场击毙顽抗者1人,生俘23人,无一漏网。

胜山之战比广州三元里抗英还要早 8 个月,它在中国东南沿海人民抗击外来侵略的斗争中,谱写了光辉的一页。

抗　日

1941 年春,日寇进犯浙东,共产党领导的浦东抗日武装南渡三北、四明,建立了浙东抗日根据地,打击日伪敌军。这支新四军队伍(亦称"三五支队")利用当地一些港口和渔船、货船,开辟了苏中、浦东、浙东海上交通路线,当地船工有的为部队在海上运送人员和军用物资,支持人民子弟兵在陆地、海上打击日寇,被誉为浙东敌后抗日根据地的"海上门户"。有些靠海人主动为三五支队送情报、做向导,有的还参加了新四军海防大队。

抗战胜利后,浙东新四军奉命分批从古窑浦至临山海岸乘船北撤,当地许多渔民撑着渔船把他们送至杭州湾对岸。据龙山渔人赖尧财兄弟回忆:"那天,海边停、行着好多船只,我们撑的是自家小张网船,专门从高背浦接三五支队战士上船,送至停泊在海皇山岛外葡萄湾的大船上,来回驳送了三次……"

【参考文献】

[1]汤濬编:民国《岱山镇志》,定海汤氏一梅轩,1927,活字本。

[2]施兆杏:《余姚沙墅施氏宗谱序》,见施兆杏编《余姚沙墅施氏宗谱》,1931,木活字本。

[3]沈建余:《近海捕捞》,见方柏令主编《十里长街》,新华出版社,2006,第 59 页。

[4]沈建余:《近海捕捞》,见方柏令主编《十里长街》,新华出版社,2006,第 59 页。

[5]周科勤、杨和福主编:《宁波水产志》,海洋出版社,2006,第 317 页。

[6]洪锡范主修:《镇海县志》卷二十三人物传,上海蔚文印刷局,1931,铅印本。

第四节　竞业精神

三北靠海人深受海洋文化滋养，秉承中华民族优秀传统，具备当地人民所共有的慈爱、务实、诚信、和谐、开放等精神，经过一代代靠海人的冶炼和升华，又形成了勤勉务实、坚韧自强、博采众长、自觉超越的品性特质与竞业精神。

竞业是一种昂扬向上、奋发有为的创业、敬业、乐业的理念，带来了不断膨胀的开创动力。三北靠海人竞业的精神理念、价值取向、行为方式，植根于历史，体现于现实。浪惊时，不畏险阻，百折不挠，与骇涛周旋。潮落时，追逐潮头，再接再厉，笑看云卷云舒。

勤劳务实

过去，靠海人命苦，生活环境差，如不勤劳实干，就难以生存。那些初来乍到、无依无靠的移民，两手空空，也只好向大海讨吃，以安身立命。

他们奔命潮海，吃苦耐劳，出门像叫花子，走起路来像兔子，赶潮水，抢汛期，不嫌小，不嫌少，来去匆匆，默默前行。他们知道，勤劳是渔人起家之本，身子、手指不下去，得不到涂下螺蛤，渔网、绳钩不下去，捕不住水中游鱼。为了多一分收成，多一点安定，他们不敢懈怠，一步一个脚印打理着各自不同的活计，茫茫潮涂上见不到一个懒散的人影。

三北靠海人诚恳实在，从最低处干起，说话少，行动多，敏于行而讷于言，简单中显水平，平静中见激烈。当地渔人熟知各种水产品的生活习性，采取相应的手捕、网捕、钩捕、笼捕等方式，"花头"很透。光就网捕这一块

第八章 渔人生态

◇与泥涂打交道的人

来看,有张网、流网、串网、跳网、缉(腰)网、扳(撬)网、打(旋)网、拖(牵)网等,令人眼花缭乱。每类网捕方式还可细分,若以张网为例,又有高桩、反纲、反捕(四平窗)、老虎窗(搁串网)、大网、挑捕、抛钉(大捕)及鳗鱼张网、虾子张网等,可谓层出不穷。数一数三北渔人在浅海上的渔具,就可知他们的务实程度有多深。

想在潮涂上生存扎根,须掌握必要的生产技术。实践中,他们劳累不叫苦,耕海不停步,用自己的生命阅历与梦想,丰富着竞业的内涵。

早先,三北一带渔人常在内河用游丝网扣淡水鱼,20世纪50年代后,他们想把它应用在潮海上。可是海上水流急,鱼儿个体也大,他们就因地制宜,选用打网船作业,并把网眼放大,之后又把6.5马力柴油机安装在船上。经过一次又一次试验和改进,游丝网捕扣技术日趋成熟,成了当地浅海一种新的捕捞项目。后来,又视季节、主捕渔获物的不同,推出了浮网、沉网、走网三种捕法,生产技艺不断创新。

务实,得来的就是鱼,就是蟹,就是米,就是衣。受自然条件限制,当地的海水人工养殖不是传统强项,但三北靠海人从实际出发,实干苦干,探索

233

的步子从来没有消停过。20世纪70年代后期,当地沿海有2.2万亩已围滩涂,植棉太咸,晒盐太淡,荒草丛生,庵东西三乡涂汛潭村首创荒涂挖塘养鱼,次年即获成功,推开后,一定程度缓解了当地水产品供需矛盾,促进了出口创汇,也拉开了三北海洋渔业生产模式转变的帷幕。此后,人们开始在海涂上试养泥螺、海瓜子、弹涂鱼、缢蛏、朗蛤、青蟹、鲻鱼、梭鱼等当地传统海产品,海水养殖面积、总量跳跃式增长,一发而不可收。在此期间,出现了庵东海边村陈张龙等试验暖棚青蟹越冬,龙山镇龙山所村陈夏芬经营1000亩滩涂进行沙蚕养殖,和山下村陈兴堂、陈兴满试养缢蛏,庵东富民村金兴龙等人在海涂养殖石磺等众多实干项目。同时,三北各地渔人从平涂养殖向蓄水围养、低坝高网养殖、围塘精养、立体养殖等多种形式拓展。

坚韧图强

千百年来,海边人家从滩涂徒手采拾开始,继而排插芦秆迎潮拦鱼,后演为钩钓、舟网捕捞,代代相传,生生不息,大家把靠海作为赖以维系生计的一种经济活动。

清代周巷人景山,为嘉庆庚辰(1820)岁贡,他写了首《鲑菜歌》,其中后面几句是这样写的:"岂知迩来海力微,产鱼渐渐叹萧索。去秋七月遭飓风,大众飘沉十失九。老渔掩泣泪涔涔,此祸从来得未有。亲朋走讯劝改图,渔弟渔兄坚不受。"道出了当地渔民兄弟守望大海的执着理念,和"明知山有虎,偏向虎山行"的无畏精神。

白沙赖王村打鱼人赖永盛,是个有抱负的人,不想局限于内河的小打小闹。1918年春天,他背井离乡,撑了只"蛋壳船"去了濒海的龙山西门外渔村。初来乍到,无根无蒂,他先在河滩、汊港捕捉内河小鱼小虾,与当地居民融合后,就蹚入了潮海。他想用旋网捕捉潮海中的鲻鱼,可海上跟内陆不一样,要在摇摇晃晃的小船上撒网,难度可想而知。为了适应海上环境,他和儿子们先在家里演练,开始时立于长凳上仿演,后又改在两只酒埕上操习，一遍又一遍，一次又一次，锲而不舍。皇天不负有心人，凭着执着和坚韧，赖家人成功地从内河转向大海，一门四代出了 11 个船老大，7 个旋网"打手"，叱咤潮海一个多世纪。

面对茫茫大海，三北靠海人不断进取，善于思考谋划，敢于突破常规，以特有的胆识开拓新领域，创出新业绩，占领新天地。

早先，当地有的渔人也拘"抛钉"流动张网，但大多网具简单，规模不大，新中国成立后也停止了一段时期。20 世纪 90 年代后，三北近岸潮海被各种定置张网及活水拉钓占据，无处布桁下网，龙山一些张网渔人重拾"抛钉"这个传统的流动网捕方式，并在木壳船上安装了 12 马力柴油机，闯向深水区。后来，山下村渔民赖伟强又率先在船上装起了小起网机，以机械替代人力，既增加了下网的数量，又扩展了网片的宽度、高度，产量明显提升。西门外村渔人金昌含还从余姚泗门那边买来了一艘 150 马力、35 吨载重量的铁壳船，"鸟枪换炮"。2012 年，他又从上海租来了一艘长 43 米、宽 6 米、250 马力、有证照的渔船，载重量达到 90 吨，成了三北海洋捕捞作业的"巨无霸"。

当地海涂人工养殖实践过程中，也有好几个项目进展不大顺利，如紫菜放养屡遭挫折，蛎黄试养三番五次，对虾养殖出手不利，沙蚕、文蛤、青蛤、石磺人工养殖也未尝正果，但三北靠海人意志如初，目标始终，从不自甘沉沦，从不轻言放弃，或另辟蹊径，或调头转向，或蓄势再来，击楫行舟，百折不回，在滩涂上刻写下了一行行艰苦与毅力的宣言。

博采众长

三北靠海人有兼容并蓄的气度。他们植根传统，吸收现代文明成果，传承不守旧，创新不离本，善学、善思、善变，取人之长，补己之短。

当地靠海人与大自然和谐共生，聪明才智得以充分发挥。20 世纪 50 年代初，赖尧传等几个龙山渔人有次外出去黄海拘大流网，见有人在浅海用绳子挂上饵料诱钓白蟹,他眼睛一亮,上前细细察看。回家后,即把这项捕法引入当地潮海,并在实践中不断改进。当地黄鳝、泥鳅货源充足、价格低廉,就选它们作诱饵,实效不错,后来又用上狗肉,效果特好,开启了浙东沿海延绳无钩有饵捕钓梭子蟹的新方式。

无独有偶,年轻一代靠海人也心有灵犀,孜孜探求。很早以前,三北一带就有一种民间俗称"夜钓"的延绳多钩捕鱼方法,即一条长绳系上几十枚钩子,挂以蚯蚓等诱饵,入夜投放河中,翌晨收取上钩鱼鳖。2015年元宵节期间,龙山镇小施山村施建明等几个渔民赴上海金山近海捕苘鳗苗,看到那里有人在钓鱼蟹,其捕法与当地上辈渔人在河海中的"夜钓"相似。大家得到了启发,便集思广益,改良捕捞工具,创新操作流程,"旧瓶装新酒,古曲唱今戏",很快在原有的基础上演化成一种新的套路。2017年开渔时节,当地出海的钓船达10多艘,除了在三北海域作业,还去舟山金塘跨海大桥旁边捕钓。有一次,小施山村渔民俞永万在那里钓到了好几条10斤左右的鲍鱼、鲈鱼、黄貂鱼。

当地靠海人善于借力、借脑,求自身优势与他人之长浑然一体,传统之法与现代生产对接,在博采众长中提升自己。

早先,当地海水养殖品种只有蚶子、蛏子,涂田小块零星,养法原始,管理粗放,大多播苗后任其自然成长。1958年"大跃进"时,也在海涂试养过蛏子,后因形势变化未予推广。20世纪80年代后期,有的养殖户先在内塘鱼池中试养,生长正常,后移至潮间滩涂上养殖,效益不佳。乐清是浙江省蛏子之乡,龙山山下村陈兴堂、陈兴满等人多次去乐清等地学习取经。1992年,他们投资1.05万元,在伏龙山下海涂上试养了2公顷缢蛏,邀请乐清师傅前来入伙,现场指教,当年初获成功,翌年种蛏者扩至20多人,蛏田增至60公顷,开创了三北平涂人工规模养殖先河。此后,当地蛏田面积、蛏子产量连续四年翻番。

自觉超越

自觉超越是一种境界,是一种责任,也是一种目标和行动。时代在前进,形势在发展,三北靠海人立于涛头,永不满足,常以小搏大,创新制胜,努力为自己打开一片广阔天地。

高桩张网是当地传统网具,遍布三北浅海。早先,一直以枫树作桩,一个桁埭排一列,挂20—30窗渔网,后人称作"小桁"。1969年以后,三北各地渔业大队、生产队对桩材、网片、网架及收货方式做了改进,即以粗长毛竹夯立作桩,分上、下2列布桁,每列置8—10窗大网,名为"大桁"。"小桁"演改成"大桁"后,产量翻番增长,成了当地高桩张网发展的一个里程碑。

三北靠海人锐意进取,有较强的自我超越意识,技艺上力求精致,不眼高手低,常自我加压,以超越别人,超越自己。

当地的活水拉钓,一般2—3人合伙作业。早先,每船只置带拉钓20来夹,后来员工增至5人,置带50—100夹,规模不断扩大。观海卫镇东山头村渔民王恩来,善于钻研,敢于进取,掌握了活水拉钓老大、放手、递手、插销工等各岗位的技术要领,且手艺娴熟,在当地颇有名气。他没有停滞不前、见好就收,而是"勇立潮头唱大风,异想天开创新路",认为四五个人合伙捕捞,一潮最多也只能投放百把夹拉钓,效益不高,想走出一条捯活水拉钓的新路子。他不断琢磨、不断摸索、不断改进,终于挑战成功,开创了一种"一人兼四职,放收50夹,独捯活水拉钓"的新技法,生产效益大为提升,堪称浙东潮海"前无古人,后无来者"的拉钓高手。

三北靠海人热爱这片潮海,自觉求新求异,追求卓越,尽力把弱势转化成优势,以达到新的境界,跃上新的高度。

南美白对虾(学名凡纳滨对虾),原产南太平洋沿岸海域,具抗病力强、适盐性广、产量高、营养要求低、养殖管理方便、销售价格高等特点,为当今世界三大优良虾种之一。20世纪80年代,当地内塘开始试养中国对虾,因易发虾病、产量不高而停养。1997年后，又引入其他对虾品种进行试养，效果一般。2000年5月，水产技术人员引进南美白对虾，分别在海水和咸淡水池塘试养，生长情况良好，后大面积推广，成为当地海水养殖主要名特品种。2003年，庵东西三振华水产养殖场等育苗场用南美白对虾卵片培育淡化幼苗成功，实现了又一次飞跃，为当地大力发展对虾生产提供了有利条件。

　　三北靠海人实践中的创新成果，是智慧的结晶。他们那种把握地利，在大海中拼搏的气质，已经传给了这方水土的后人。如今，三北海洋渔业发展已进入一个新的时代，新一拨三北弄潮儿传承、弘扬先辈的竞业精神，乘风于现代化泱泱大潮，他们的靠海故事必将更为精彩。

第五节　三北弄潮儿

三北海堤下,不仅踏涂采捕的人多,"立于涛头,手把红旗旗不湿"的弄潮儿也不少。

滚滚潮水拍打杭州湾南岸,惊起千层浪,卷起万堆雪。这些弄潮儿钟情大海,敢想敢做,以古人之规矩,开今朝之生面,借他人之所长,化自身之优势,一桨一橹摇出了闪光的履历。他们对事业刻骨铭心,往往为了练就一门或几门手艺而孜孜不倦,有的甚至为此打磨了一辈子。

下面记述的是20世纪驰骋在三北潮海中几位有代表性的弄潮儿的竞业故事。

潮海奇人赖尧传

龙山镇西门外村赖尧传,心无旁骛,在伏龙山下潮海中整整遨游了55个年头,打鱼技艺修得炉火纯青,当地渔人无出其右,民间广传"上海阿德哥(即虞洽卿,虞又名和德),海上尧传哥"俚语。

随父逐梦

1905年10月,赖尧传生于姚北白沙赖王村(今属慈溪市白沙路街道)。其父赖永盛是个有抱负的人,他秉承祖业,一橹渔舟,寄情于家乡的河浜中。也许古老的大塘河淀淖过厚,

◇赖尧传(摄于1970年)

也许村边那条二灶江水色太清,任凭呕心沥血,不惑之年依然镜花水月,网空空,家空空,心空空。他想改弦易辙,可放不下祖传的手技,也知晓"隔行如隔山"的难处。他犹豫,彷徨……

路在何方?赖永盛做了一个梦:雨过天明,云蒸蔚霞,东海大洋忽然飞来了一道彩虹,落在他家屋前……

这年,赖尧传13岁,随父逐梦,赴一场与大海的约会。他泪眼汪汪,一步三回头,跟着父母、挽着弟妹离开了赖王老家。一只蛋壳似的小划船,装上了旧网、缸灶、衣被那些不起眼的家当,咿咿呀呀,悠悠荡荡,漂过了双河闸,越过了鸣鹤场,又沿着快船江一路顺水东行,泊于"开门见大海,鸥鸟屋前飞"的龙山西门外环龙桥下。

龙山一带海面宽阔,古代先人借天时地利,靠海吃海。唐宋以来,当地许多居民置船织网,从事海鲜捕捞。元朝时,在西门外村口海边上建了一座妈祖娘娘庙,祈求菩萨庇佑出海人平安。明代倭患平定后,从事流网、串网和张网作业的海船多达几十艘,成为定海县(清康熙年间改名为镇海县)北部一个重点渔村。西门外老街、金墩浦渔市及龙头场集市、范市淞浦口一直是海产品集散地,名声远扬。鸦片战争以后这百年中,一大帮龙山人"舍本农,趋商贾",外出闯荡,农耕渔捕少见青壮劳力……

林深鸟多,水深鱼大。与小江小河相比,无垠的潮海是一方更为广阔的天地,这对赖家父子来说,无疑是一个实现梦想的地方。

初来乍到,无根无蒂,人地生疏,赖永盛从老本行干起,先在河滩、汊港中打旋网、放游丝,捕抲内河小鱼小虾。与当地居民融合后,便蹚入潮海,良工苦心,学练捕抲海鲜技法。少年赖尧传像一只海鸥,驾着泥鳗船盘翔在滩涂上,又似一条跳鱼,追风逐浪于波澜间,撮泥螺,牵沙蟹,捡朗蛤,敲蛎黄,鱼汛期跟随父亲学流网,夜空里戴上渔灯缉鱼虾,浮光掠影,来去匆匆,乐此不疲。母亲孙氏朴实贤惠,纺纱织布,勤俭持家。一家人苦苦创业,买了两间旧楼,置了几亩薄地,添了一批网具,还和村民们一起捐款建造文昌阁。

赖永盛起皱的脸庞渐渐舒展开来。老家赖王村几个同行见他家业有成,也结伴来龙山落户创业。

初露锋芒

风浪洗礼,日月修行。

赖尧传青出于蓝,转身成了一个壮实小伙。他胆大子,力道过人,虞洽卿刚建好的龙山码头有五六米高,他能在涂滩里把15斤重的铁锚轻松地抛到堤面上。他喜琢磨,有灵性,学串网,抲张网,各种行当不分彼此,一学就会,尤以海上打旋网的特技一鸣惊人。

旋网是赖家祖传的吃饭家当。赖尧传见当地海上无人使用旋网,建议父亲用它下海去捕抲鲻鱼等海鲜。

陆上风平,内江浪静,在河浜里打旋网,赖家父子心手相应。可海上不一样,无风生小浪,平潮潜暗流,想在摇摇晃晃的小船上撒网,难度可想而知。为了适应海上作业,他们先在家里练起来,开始时立于长凳上仿演,后又改在两只酒埕上操习,一遍又一遍,一次又一次,大有"舍我其谁立潮头"的豪气。

那天,赖尧传随着父亲带上旋网、划着一艘小舢板船下海,儿子坐在后舱持桨作"划手",父亲立于船头撒网做"打手",可"初吃馒头三口生",那次出海渔获物寥寥。回家后,他们把网眼放大,纲绳上的铅坠也调整为120颗,铅坠间再系上60根挂纽,使纲绳下沉着底时可内卷成袋,这样稍稍一改,效果显现,再一次下海就旋进了30多斤鱼蟹。后来,父亲年事渐高,他唱主角当了"打手",父亲或弟弟相帮做"划手"。

风里去,浪里来,赖尧传把这门祖传技艺彰显得淋漓尽致。任凭波涛颠簸,他稳立船头,泰然从容,双手挂持网衣,有节奏地曼舞几下,循着风向、潮流,尽力一甩,撒出去的渔网像一顶从天而下的降落伞,"嚓"一声,直径10米多的大圆圈便飞落水面,犹如一朵倒开的喇叭花,恰到好处。网入水后,船往后退,顺势缓缓收网,至纲口处用一大撩盆(抄网)兜底接住,渔网连同鱼蟹一起拎放至舱内。整个捕鱼过程,行云流水,一气呵成,场面壮观,情景生动,在场的人面面相觑,惊叹不已。后来,他轻装简从,兼任"打手""划手",一人独干,照样满载而归。他目光犀利,善观水色鱼情,常能捕获到20多斤重的大鲈鱼、大鮸鱼。有一次,他带着儿子在溜浦山旁一个叫"走马道"的礁湾处作业,一网旋进了200多斤鲻鱼,成当地绝唱。

赖家旋网空前绝后,成了龙山潮海一道新的风景,赖尧传也从此闻名遐迩。

那年,赖尧传20岁。有人想在淡水泓下浅海设一道横流,可缺少人手,见赖尧传身高体壮,为人随和,便邀他入伙。

横流是当地渔人拘鲻鱼的一种传统方法,由古代先人"插芦栏鱼"衍化而来,一般四五个人合伙经营。拘横流风险大,桁地潮急流斜,越是水深、流急的地方,大鲻鱼越多,因此没有胆量、不谙技巧的人是不敢蹚这滩潮水的。赖尧传水性好,别人只能在水深至胸部处的地方捕拘,他涉水可达肩颈处,再加他一米八高的个子,常编排在潮水最深的位置上,因此他捕获的鱼货总比别人多。

沧海横流,方显英雄本色。这是青年赖尧传崭露头角的又一次亮相,也是进入潮海英雄榜的一张入场券。

与"狼"共舞

时局不稳,行业苦辛,而立之年的赖尧传在父亲病故后,义不容辞挑起了全家重担。新中国成立前,拘鱼人不仅要与骇浪搏斗,还得与"豺狼"周旋。赖尧传也曾好几次遇险,亏得天助人帮,才幸免遭难。

抗战爆发,日寇猖獗一时,烧杀奸淫,惨无人道。1941年4月侵入浙东,三北沦陷。为消灭海上抗日队伍,日本鬼子打了"海底枪(篱)笆",不准渔人去海里捕鱼。有一次,赖尧传迫于一家人的生计,与弟弟尧清借着晨雾,偷偷去邱王狮子山下的潮海里打鱼,不料被岸上鬼子发现,朝着他们开枪。兄弟俩伏在舱内,不敢起身,幸亏退潮流急,小船漂至外海,才得以脱险。他们在游山老太婆礁一带海域打了些鱼,返航至招宝山下浅海时,又遇上了日本鬼子的巡逻艇,欲逃不能。兄弟俩被押至汽艇上,日本兵命他们跪下,尧清本分,低头顺从。尧传不服,怒形于色,遭了一顿毒打,皮开肉绽。

鬼子收了他们刚捕的鱼货,将尧传关押在镇海城关兵营中,放尧清回家,叫他告知家人两天内找好保人前来取人,否则作敌军探子处置。母亲获讯,泣不成声,东奔西走,挽请保人,借筹赎洋,好不容易将他领了回来。尧传满身血斑,伤得厉害,一个多月后才见痊愈。他在世时,常向儿孙们提起此事,要大家不要忘记民族恨,血泪仇。

抗战胜利后,浙东新四军奉命北撤,三北百姓依依不舍,赖尧传和一些穷苦渔民用自家小渔船,把"三五支队"指战员从高背浦驳送至海皇山岛外的葡萄湾后,让他们换乘大船去湾州湾对岸。新四军北撤后,国民党实行白色恐怖,渔人饱受欺凌。有一次,赖尧传从蚶子山岛那边钶鱼回来,碰到一群国民党匪兵,他们明火执仗,二话没说就抢走了他捕获的海货。尧财上前评理,一个绰号"麻脸(方言念若'皮')排长"的军官摸出了手枪,"砰"的一声,子弹朝他飞来,幸好没伤着身子……

1949年4月,人民解放军南渡长江,国民党军队仓皇溃逃。有一天,担任"二付"的赖尧传和其他10位船员,驾着木帆船在嵊泗列岛海域钶大流网,不料遇上一艘国民党炮艇。10多个全副武装的士兵跳进渔船,说上峰有令,要征用渔船,去温州运送物资至台湾。船员们明知凶多吉少,但无可奈何。第二天,渔船和船员被掳至椒江,艇长叫一个士兵看管,自己带了其他官兵上岸喝酒作乐去了。赖尧传一看时机来了,便和众人暗地商议,弄了些酒菜,灌醉那个士兵后,赶紧将船驶离码头。半途上,大家把他扔到海里,然后逃回龙山。直到晚年,赖尧传在提起此事时,还唠扯着那个士兵的死活……

当年5月,龙山解放。赖尧传与当地几个渔人,在人民政府组织发动下,作为向导、渔工,参与海上军用物资运送,并向战士们传授海中驾驶木船的航行技术,支援人民解放军解放金塘、沥港等沿海岛屿,受到部队和当地县、乡政府的表扬。

引领风骚

大海魅力刻骨铭心。

赖尧传在海上闯荡了几十年，旋网、流网、横流手技引领风骚，串网、张网、撬网作业游刃有余，拉钓、朗网捕法也屡试不爽，十八般靠海武艺，样样精通。他的名望如日中天，三十几岁就成了龙山渔界的领军人物。

赖尧传从来不满足于小船小网，小打小闹，也不甘寄人篱下，年轻时就赁来一艘流网船，自任老大，牁起小流网，后改租大船，带领弟弟、儿子及村人，南赴大目洋、猫头洋、台州湾等地牁起了大流网，又与人合伙，北上黄海、吕泗洋作业，还到靠近韩国的海域捕牁鲨鱼，实现了"内河向浅海"后"浅海向外洋"的又一次跨越。他做了大半世流网船老大，放出了许多高产卫星。行船中，他会乘"单抢风"漂行，下网时善于观察鱼群流向变化，不仅常走上（南）水，而且还善牁下（北）水。有时独辟蹊径，不按常理出牌，选在涨潮高潮或退潮低潮、鱼群最集中时快速下网，讲求产效比。

新中国成立后，赖尧传作为龙山渔民代表，参加设在澥浦的镇海北帮渔业会，后又当选镇海县渔民协会理事，参与民间行业管理。合作化期间，全家参加了龙山渔业社，他担任首席船老大。公社化后，改称渔业大队，上级分配了一对60马力机帆船，他和大儿子祖根担任船长。"文化大革命"期间，龙山渔业大队编为张网、打网、串网三个作业组，他任打网组组长。当时实行集体化生产，尽管他的技术水平出众，带领的队组产量高，但与其他队组长一样，领44元月工资、补贴，跟全大队渔民一样，享受同一标准的自留鱼，跟本组社员一样，分得一份数量平均的超产鱼。

赖尧传一生孜孜探索，怀着一颗匠心，企求自身优势与他人之长浑然一体。

那是20世纪50年代初的事了。有次外出去黄海潮滩，见有人用绳子挂上诱饵在钓蟹，他眼睛一亮。回龙山后，买来一条约200米长的纤绳，装好沉子，再每隔1尺嵌缠上半条泥鳅或切成段的黄鳝作诱饵，就带着儿子，乘一小舢板船出海，不到三小时，就捕到了20多斤白蟹和3只黄蛤蟹。后来他试用狗肉作诱饵,对沉子也做了修正,效果特好。没过多久,这种"延绳无钩有饵"捕蟹法在龙山及周边地区推广开来。

"狗肉诱蟹"试验成功后,他又牵头把淡水游丝网应用在浅海捕捞上。游丝网在小河里钶淡水鱼,赖尧传从小就会,驾轻就熟,可是潮海水流急,并非那么容易。他就地取材,改用打网船捕捞,并把网眼放大,后又将6.5马力柴油机安装在船上。经过多次实践、改进,游丝网捕钶技术日趋成熟,成了龙山海域又一种新的捕捞项目。

赖尧传善于"旧瓶装新酒,古曲唱今戏",在首创旋网、游丝网捕钶海鱼和狗肉诱钓白蟹外,还在当地推出了撬网、朗网等新网具、新技术,创出了一条条海鲜捕捞的新路子。

技传后人

世事如潮,日夜淘洗。

1972年11月22日,龙山潮海一颗耀眼星星坠入翠屏绿林。人们不信,昨天还在海上打鱼的赖尧传师傅,宝刀还未老,神采尚奕奕,怎么会走得这么仓促,这么匆忙!

看赖家近代家谱,闯海人才辈出。赖永盛筚路蓝缕,由河入海,开创了家业发展新天地;赖尧传求仁得仁,悟出真谛,在茫茫潮海中如天马行空;众多赖家子弟,耳濡目染,继承前人品性,实现传统技法与现代化生产的无缝对接。赖家一门四代,出了11个船老大,7个旋网"打手",他们与赖家麾下的众多弟子一起,组成了叱咤潮海的赖家将。

赖尧传弟弟赖尧清,从小与父兄相依为命,风霜雨雪,共栖一舟。他循规蹈矩,本分寡言,父亲本想让他学铜匠,可他心系沧海,做了流网船老大。在尧传探索"狗肉诱蟹"方法时,他烘云托月,助上一鞭之力。在淡水游丝网应用于捕鲻鱼的实验中,兄弟俩一前一后,一搭一档,花萼相辉。1963年元宵节后的一天,尧传、尧清各带一个儿子,在澥浦山海域打鱼,拂晓时忽见二里外有一只"小背"舢板船已经侧翻,有人在呼喊,他们马上划船前去,救起三位落水者,并把船扶正后拖至澥浦山岛上,烤火、送衣、用餐。被救的三个人为观城东山头搞运输的船员,他们感激不尽,赖家兄弟见义勇为的事迹也不胫而走。尧清儿子祖华,长大后也成了渔业队中的骨干,做过旋网船"打手"、流网船老大。

赖尧传有六个儿子,都吃过舸鱼饭,在他言传身教下,靠海技艺一脉相承。

大儿子祖根出道早,公社化时就当上了机帆船船长,后长期担任张网船、流网船老大,在龙山潮海英雄榜上有一席之地。其妻邵翠琴,生于澥浦渔业世家,巾帼不让须眉,不仅相夫教子,帮卖鱼货,而且还常下海捡螺拾蛤,眼明手快,算得上当地一个"靠小海"行家。老二祖浩身手不凡,谙熟各门捕鱼手技,亦为张网、流网船老大。他的两个儿子年轻有为,胆大心细,都当过船老大。老三新根不落窠臼,胸有成竹,先打网,又张网,外海流网更是得心应手,也是龙山码头上排得上号的"大老大"。他有胆有识,敢为人先,别人不敢去的地方他敢独闯,因此声名鹊起,成其父后龙山潮海又一领军人物。新根儿子云微,18岁时就成了宁波海洋渔业公司外洋渔轮员工,后来从事当地海产品养殖。老五新南从事过渔业队集体生产,兢兢业业,各门行当都拿得起,放得下。小儿子新六善于琢磨,青出于蓝而胜于蓝,捕鱼技巧多有独到之处,尤以赖家嫡传的旋网手艺见长,被誉为当地同代下海人的鼎元。有次下海,他和伙伴们一起救起了一条受伤的鲸鱼,被中央电视台专门报道过。新南、新六的几个儿子也从小下海,舸过流网、旋网、打网。

金华排行老四,是兄弟中唯一一位不是渔民身份的人,可他的捕鱼手技一点也不逊于一般专业渔人。年少时,他撮过泥

◇赖金华(左一)部队服役时探亲回家,仍去海上打鱼(摄于1983年春)

螺、捡过蛤蜊、弶过弹胡、缉过鱼蟹,初中毕业后随父兄打旋网、抲流网,翌年应征入伍,在南海舰队当海军。提干后,上级发现他有高超的捕鱼本领,就临时把他调到部队"双拖"拖网船任捕捞队长。有次去雷州半岛东部海域捕捞,一个航次就拖了5万多斤大黄鱼。还有一次在海南岛东北七洲洋作业,一网捕了2000多斤带鱼和南鲳鱼。1984年4月,他从正营职级转业,被分配在慈溪县物资局下属一家国有公司任书记、副经理。他初心不忘,乡愁难舍,无论服役时回家探亲,还是单位工作期间的节、假日及退休后,常驾船下海,撒网打鱼,创下过一网旋获100多斤鲻鱼的骄人纪录,众人亦刮目相看。现在,他仍对大海一往情深,关注当地海洋渔业发展,热心于海鲜捕捞手技的研究和资料整理,为传承好家乡那些面临消泯的非物质文化遗产鼓呼、奔走。

赖尧传还有4个女儿。大女儿菊娣中专毕业后被分配在宁波市城建部门,后转慈溪粮食系统工作。菊满、菊齐、菊新三姐妹从小帮着父兄理货、售货,成年后参加渔业队集体生产,荡船凤湖,捕捞内河鱼虾,称得上一帮英姿飒爽的赖门女将。

20世纪80年代后,渔业生产实行承包经营,渔民积极性倍增,赖家子弟有的单干,有的组合,各显神通。21世纪初,当地海涂综合开发,除了年长的几个赖家渔人还守望着这片潮海,他们的儿孙辈大多放弃了祖传技艺,在新的天地里筑梦、圆梦。

星移斗转,风流云飞,转眼间,赖家在龙山创业已达百年。在这悠悠的一个世纪里,他们驰骋潮海的剪影,成了当地现代靠海史的缩影。

拉钓高手王恩来

广袤的三北潮海中,有许多身怀绝技的捕捞高手,他们苦干巧干,沉湎于传统渔法的研究和创新,推动着当地海洋捕捞业的不断发展。

观海卫东山头村渔民王恩来就是其中一个。他对大海一往情深,张网、游丝网捕技娴熟，在传统拉钓鱼法创新中，更有所建树，有所突破，算得上一位名副其实的三北弄潮儿。

蹚入潮海

1950年7月，王恩来生于杜湖乡西埠头村（现属慈溪市观海卫镇）。童年时读了两年书，就辍学帮家里干农活，18岁进窑厂挖泥制砖，1970年因建造里杜湖水库，作为移民被安置在观海卫东山头村。

东山头虽为稻区，但早前是个濒海渔村，当地一大批住民有祖传抲丝拉、牵沙蟹及张网、拉钓、横流的本领。王恩来初来乍到，如何安家创业呢？他想，下海渔人虽然辛苦，但收入要比种地的农民高一些，于是就有了改行的念头。他发现有几个邻居会抲拉钓，操作还算简单，成本也不高，征得生产队同意后，就蹚入大海干起抲拉钓的活计来。

拉钓为延绳有钩无饵类钓具，渔获物以鲻鱼、鲈鱼为主，是三北潮海传统的捕捞项目。拉钓分为插钓、活水拉钓两种捕捞模式：插钓1人作业，桁地在潮涂，以夏秋为旺期。活水拉钓桁地在浅海，需置船只，四五人合伙，常于春夏时作业，其捕捞流程相对复杂，但产量要比插钓高。

王恩来拜邻居为师，边学边干，依样配制了由绳子、铁钩和竹夹竿组成的20夹插钓。他模仿当地渔人的操作方法，在退潮时将一夹夹拉钓联插于潮间带泥涂中。开始时，王恩来捕获的鱼货比别人少，但他不自馁，一边反复推敲，一边增加投放插钓的夹数，产量有所提升，有一潮竟捕获了约300斤鲻鱼，村里人开始刮目相看。

24岁那年，王恩来依仗自己年轻力壮，把眼光从滩涂瞄向不远处的浅海，拼拼凑凑集了3000元钱，在郑家浦买了一条将要废弃、两个人抬得动的尖头小船，请船匠稍做维修后，在插钓淡季与人合伙，抲起活水拉钓和反纲（杠）张网来。

1979年，县里成立围涂指挥部，对全境的海涂进行测绘，水利部门见王恩来年轻忠实，驾船稳当，捕鱼技术也不错，就聘其为机帆船老大，有空时也叫他抲张网。

第八章　渔人生态

别出机杼

三年后,围涂测量告一段落,王恩来回村重操旧业,主抲活水拉钓。

活水拉钓作业,一般置 50 至 100 夹拉钓,船员 5 人。王恩来做过"递手"、插销工,也当过"放手"、老大,掌握了抲活水拉钓的各项要领,操作时得心应手。

志不求易者成,事不避难者进。他异想天开,认为四五个人合伙捕抲,一潮最多也只能投放百把夹拉钓,效益不高,思量走出一条抲活水拉钓的新路子。功夫不负有心人,经过不断摸索、试验,终于挑战成功,开创了一种"一人独抲活水拉钓"的新方法。

下海时,他驾上那艘载重量只有半吨的尖头小船,将一支六七米长的竹竿搁于中舱舷旁,把四五十夹绳钩的首尾连接好,整齐挂吊于竹竿上,省下了一个"连销工"。到桁地后,将两只箬篮用绳子缚于船头,半沉于水中,这样能使渔船顺着潮流保持一个方向直行,无须老大掌舵了。接着,抛下铁锚和竹浮筒,再依序投放绳钩、浮子和石沉子,原来两个"递手"的活也由他一人带过。这样,四五十夹拉钓,经过他那双巧手,便首尾相衔地漂入

◇王恩来在整理渔具

249

水中,形成一条漂亮的直线,动作之利索,场景之动人,不得不令人惊讶、钦佩。收货时,也是一人作业,有条不紊。

王恩来抲活水拉钓的鱼货相对比人家多,不仅在于他一人能干四五人的活,而且还在于他善于观察桁地的潮况、涂况,会借风、借流,会看"水花"、水色,谙熟当地浅海的地质、地貌。在选择桁地时,他常下水踩泥踏涂,若遇平硬的"黑沙板",就转移他处。若脚下柔和油软,则表明附于泥表的硅藻类和小鱼虾多,是鲻鱼经常出没和觅食的地方,就放下绳钩捕拉。天凉水寒时,他也要下水或细测,不存侥幸。经多年实践,王恩来掌握了"高桩张网附近、有串竹遗留之处鱼蟹较多"和"在元宵节至出梅时为捕拉鲻鱼的最佳时节"等一些捕捞规律。有一年,他与弟弟恩聪一起,一潮渔获了400多斤黄貂鱼,卖了2000多元钱,后来又创下一人一潮捕了1000多斤鲻鱼的高产纪录,声名远播。

三北一带,以前有几十个渔人从事过活水拉钓这个行当,后渐渐减少,至21世纪初,下海者已寥寥无几。可王恩来一直坚持到2014年,成了三北潮海抲活水拉钓的最后一个守望者。

心无旁骛

王恩来独创的"一人在浅海抲活水拉钓"模式,可谓前无古人,后无来者,成了当地一项非物质文化遗产。在反纲张网、游丝网以及"抛钉"作业时,他也用心用力,孜孜求索,时有独到之处和不俗表现。

27岁那年,王恩来开始学抲反纲张网。反纲张网定置于潮间带以下水深约五六米的浅海中,以潮汐流向变化自动调节网具状态,来获取梅鱼等小鱼虾。以前,每个桁地一般设8窗(顶)张网。

王恩来脑子活络,干一行,成一行。他把张网数渐增至26窗(顶),产量自然递升。1983年5月,他和两个帮手一起,在郑家浦下的桁地里一潮抲了5000多斤梅鱼,以每斤2角5分售卖,赚了1000多元钱,这相当于当时三个农民一年的净收入。

在实操中,他常对渔具进行改良。反纲张网取货时,需用一根长五六米、下缚铁钩的竹撩竿把网尾提拉上来,再解开绳子倒出渔获物。那竹撩竿自身有浮力,下沉时很费力。为此,他取来一根长约3.5米长的小钢管,1米塞入竹撩竿内,用横销固定,还有2米多外露的铁管,绑以布条,在下端系上铁钩。这样撩竿接长了,重量也增加了,操纵起来较为自如,附近渔人纷纷效仿。

王恩来做到老,学到老,善于接受新事物。59岁以后,他停苛反纲张网,率先放起刚流行起来的游丝网。他多次去龙山学习取经,学会了浮网、沉网、走网三种游丝网的捕捞方法,并从那边买来一只4吨载重量的张网船,装上了15马力柴油机,驰骋三北潮海。有次沉网作业,他一潮捕了400多斤鲻鱼,卖了8000多元钱。后来,海上苛游丝网的渔人渐渐减少,而他一直干到65岁。

王恩来为人和善,人际关系融洽,乐把自己捕鱼的经验传给他人。附近一些新手在安装拉钓钓具时常上门求教,他毫无保留地予以指导,还手把手地示范,深受人们尊重。弟弟恩聪在他的言传身教下,也成了苛拉钓、反纲张网和游丝网的好手。

王恩来年至古稀,仍耳聪目明,行走迅捷,可家里人阻着、拦着就是不让他下海,要他在家里颐养天年。现在,他虽然已经"收网"了,但总说离不开与自己相伴半个世纪的潮海,做梦时仍在那里捕鱼……

张网人家

几百年来,当地的张网捕捞一直占整个海洋捕捞的半壁江山,潮海中随处可见张网桁棣,有的渔民还去舟山群岛、长江口等海域苛张网。

生于1954年9月的龙山镇西门外村渔人金昌含,他的父辈、祖辈及再上几代都苛过张网,业绩不凡,被誉为"张网世家"。

老爷子北漂三北

金昌含祖籍宁海强蛟镇上蒲村,面临象山港海湾内处。爷爷金德根生于清光绪二十七年（1901），家境贫困，半亩薄地，众口难糊，只得靠海吃海，苦度光阴。

滩荡泥泞，岁月蹉跎。金德根捕鱼身手渐臻佳境，在这个渔人众多、潮涂狭窄的海湾小村中成了家。到了不惑之年，他的内心依然迷惑、骚动，那"一艘渔船、三间平屋"的立业夙愿，任凭苦追，总是一个泡影。彷徨时，一则信息撩动了他的心扉：有人说宁波镇海、三北一带丰饶富庶，那里大批初识文墨的青年都去了上海等地学做生意，投身工商，而村庄旁边肥沃的农地及新围垦的涂地缺人耕作，海堤外广袤的滩荡和近海渔场少见弄潮男儿。于是，他带着憧憬，揣着梦想，带上云清、沛兴、云丰三个年龄稍大的儿子，随着当地北上的打工队伍，漂流至镇（海）北龙山，在西门外村"五房弄"租间房子落了脚。

初来乍到，人生地不熟，只得慢慢适应。金德根先是单打独行，竹筒诱"弹胡"，紧网缉鱼蟹，熟了潮头，识了人头。接着，入了伙，跟着当地阿蒙老大舸起张网、流网来。没过两年，他租了一只旧船，自己做老大，儿子做帮手，一家人在附近的潮海中舸起"小桁"张网来。

风雨中去，浪潮里来，一家人勠力同心，一年到头奔波于张网桁埠、码头与街市间。匠心十载，待"知天命"时，金德根以他历年来的积蓄，新打了一条张网船，终于实现了埋在心底那久远的心愿。

新中国成立后，渔民翻身作主，生活改善，几个儿子先后成了家，老爷子的事业也有所突破，在政府的扶持下，又购置了两艘张网船，他与二儿子沛兴经营一艘，还有两个儿子各驾一船，分析捕捞，互相照应，伏龙山下东海、西海的浪潮上，每天都能见到"金家船队"猎猎作响的桅旗。

金阿三身手不凡

云丰是金昌含的父亲，生于1930年，在金家兄弟中排行第三。他自小随父兄下海，耳濡目染，练就了一身好功夫。成家后，父亲让他"单放"，年纪轻轻就当上了张网船老大。

老大是一船之长，说一不二，需有经验、资历。金云丰颇具匠心，肯吃苦,善琢磨,悟得金家张网嫡传技法,修成正果,赢得"张网阿三"这个家喻户晓的名号。

后来,他和家里青壮劳力参加互助组、合作社。公社化时,加入了渔业大队,上级配置了一对 60 匹马力机帆船,金云丰年轻壮实,头脑灵活,大队领导曾要他担任主(网)船的老大,汛期去嵊泗一带捕捞带鱼。后来,渔业大队分设打网、串网、高桩张网 3 个队,其中张网队是"大户",拥有 6 只船,产量、产值为各队之首,他当上了这个队的队长。

金云丰善学能干,锐意进取。早先,当地渔民捛的高桩张网,一直以枫树作桩,一个桁埭排一列,挂 30 窗小网,后人称其为"小桁"。1969 年开始,他和渔业队里几位社员一起,借鉴了镇海渔民的先进做法,对桩材、网片、网架及收货方式做了改进,即以粗长毛竹夯立作桩,分上、下两列布桁,每列置 8—10 窗大网,遂称"大桁"。

"小桁"演改为"大桁"后,产量翻番飙升,成了当地高桩张网发展的一个里程碑,金云丰也成了"大桁"张网一个扛鼎人物。淡季时,他也做流网船老大,带着一帮人去吕泗洋捛鳓鱼、青占鱼(鲐鱼)。

海上风大、浪高、流急,渔船难以驾驭。金云丰当了 30 多年张网船和流网船老大,驶船掌舵得心应手,尤以乘"单抢风"见长,遇上再大的风浪、再激的潮流也稳立潮头,驾驭自如。他掌船自有定力,水平非同一般,善于借流、避浪,当地渔人没有一个能比他撑得快、把得稳。

1981 年后,实行分组承包,联产到船,后来渔业大队的船网也作价归于社员个人,渔民生产积极性高涨。正当金云丰想放手创业时,不料心脏病发离了人世,没赶上那个春潮涌动的新时代。

众兄弟各怀绝技

老三云丰驶船、摇橹技术独领风骚,其他金家子弟亦非等闲之辈,人人都有绝活在手,哪个不是潮海中的"浪里白条"?!

大哥云清生于 1925 年,下海捕捞,样样精通,行行熟门,与云丰同年升为张网船老大,实力不容小觑。他最擅长是小桁张网"打桁埭"。"小桁"一般须夯 31 根木桩,在施工时,他胸有成竹,把所有木桩排列得像陆地上的电线杆一样直,且桩基夯得深,桩杆竖得牢,任凭狂潮巨浪,始终直挺不斜。他的儿子小时候也下海柯过张网,后被县棉织厂招为工人。

老二沛兴生得文质彬彬,也不甘寂寞,虽未当过船老大,但绝对是个超级"头手"。"头手"是"小桁"张网船上的"二把手",负责撑篙、钩圈、撩"袋洞"、倒鱼货那些关键活计。那"小桁"渔网上纲的 2 只"角头"缚吊于枫树桩上,下纲的 2 个"角头"系于套入木桩的篾丝圈(俗称"夹头")中,起网时"头手"持撩竿钩起水底下的套圈,把网的下纲提拉上来,然后将"网袋洞"拖进舱内取出鱼货。钩"夹头"技术性很强,一般渔人需反复好几次才能成功,可他的撩竿一插入水下,好像长了眼睛一样,一下就钩住了"夹头",百发百中。

沛兴儿子金志华,1956 年出生,在高桩张网、抛钉船老大的岗位上也有不俗表现,一度为当地最大木质抛钉船、最多网片的船老大。上几年因身体关系,难以胜任老大职守,便调转船头,改以轻巧的游丝网捕柯鲻鱼。当地游丝网夏天常柯"浮网",通常每潮柯 2 网,而他动作利索,可接连柯上 3—4 网。秋季柯"沉网",也比别人多投放三、五爿网,且整条网埭与潮流一致,从未发生网路弯曲、网衣滚团的状况。

云丰有三个儿子,均生于 20 世纪 50 年代,年轻时都是渔业队里的生产骨干。长子金昌才 15 岁下船,做过张网"头手",后应征参军。二儿子金昌含,历任"小桁""大桁"张网和流网船、抛钉船老大,下海捕捞一骑绝尘。小儿子金昌惠,先期跟着父亲下海,后与二哥搭档柯张网,专做"头手",手技出众,年过花甲仍锐气不减,还在铁壳渔船上担任"锚手"。

金昌含青春不老

金昌含是金云丰的次子,他继承祖辈、父辈衣钵,在海上折腾了半个多世纪,成了金家张网世家新一代传人。

14 岁那年,金昌含小学毕业,上了张网船,在中舱干起理货等"下手"杂活。一天,狂风骤起,波涛汹涌,小船像一瓣飘落的树叶,随浪颠簸,晕得他喉里、肚里似翻江倒海一般,站也站不住,坐也坐不稳。父亲怕发生意外,就用绳子把他的腰捆在船梆上,回程时才解开绳子……

风浪洗礼,体魄渐健,5年后他升为"头手",28岁当上了老大。有一次,他们船的8顶张网捯了1000多斤鱼蟹,创下了当地高桩张网的高产纪录。

金昌含和他的伙伴们,植根传统,传承不守旧,创新不离本,在潮海中续写着新的辉煌。少年时,他们跟在父亲后面,见证了当地高桩张网由小桁向大桁衍化的全过程。接着,又率先在张网船上装上小马力柴油机,实现了渔船由风帆人力驱动向机械驱动的转变。后来,又开始定置类高桩张网向流动类抛钉张网演变的实践。

抛钉也称作大捕(箄),是以铁锚作根基,挂以网片来张捕鱼蟹的一种渔具。早先,当地渔人捯"抛钉"的渔具简单,规模不大,渔获物以白虾、梅鱼、鲚鱼、箬鳎、虾鳗及梭子蟹等小鱼虾为多。新中国成立后,三北渔民无人从事这项作业。1997年,为拓展张网捕捞海域,金昌含与当地几个同行一起,重拾"抛钉"这个传统渔法,并在木壳船上安装了12马力柴油机,率先探索、实践。10年后,他从余姚泗门那边买来了一艘150马力、35吨载重的

◇金昌含驾船出港

铁壳船,"鸟枪换炮",开创了当地渔民用铁壳船捕鱼的历史。2012年,他按照上级关于整顿渔船的规定,处置了这艘旧船,又从上海租来了一艘长43米、宽6米、250马力、有证照的渔船,载重达到90吨,成了三北海洋捕捞作业的"巨无霸"。

金昌含为人直爽,在当地渔民中威信较高。他喉咙响亮,说话声盖过了船机的轰鸣,三里外的海面也能听到他的叫喊声。当地渔人喜欢与他合伙,效益好,安全可靠。除了休渔期和风暴期,他几乎每个潮汛都驾船下海,有几年春节未过完就启航出发了。

金昌含当了40年老大,如今身体依然健朗,是当地张网船老大中年龄最大的一个。他儿子、女儿都有稳定工作,家人劝其安度晚年,享享清福,可他的心系在无涯水潮上,继续驾着渔船与海鸥比翼。2017年夏季开渔时,他驾船去了杭州湾外滩浒岛海域,一网就捕获1300多斤白舱虾、梅子(即小梅鱼),卖了2万多元。2019年初春,长江口刀鱼旺发,金昌含和好几个龙山渔人驾着抛钉船,去那里捕抲刀鱼。

金昌含有众多子侄,可现在没有一个人从事祖传行业,恐怕过不了几年,金家张网世家的传承史也要画上一个句号。他既有遗憾、惆怅,也有欣慰,因为他和兄弟的一些徒弟,已得金家张网捕捞真谛,在潮海中续写着辉煌。

第九章　渔家习俗

往事蕴涵人文历史,风俗彰显地域特色。

三北靠海人有着自身独特的风俗习惯。这些习俗显示了对大海的崇拜,对神祇的敬畏,对人生的希冀,对事业的执着,对现实的无奈,对美好的追求,客观地反映了人们的思想情感和真实生活。

第一节 海神信仰

旧志称越地"信鬼神、好淫祀。凡事祈卜神灵,决定行止"。在民间,敬神、建庙风气较为兴盛。

三北海边人家有信奉海神的习惯。下海渔人,常在无边无际、无依无靠的汪洋中颠簸,生死在天,凶吉难卜,于是祈求神灵庇护,好让心灵里少一分惶恐,生活中多一分踏实。

护海神

三北滨海地区居民信奉的海神,有男性也有女性。祭祀护海女神的庙宇,有奉祀妈祖的天后宫、天妃宫及圣母祠,主祀胜山娘娘的胜山庙等。奉祀男性护海神的祠殿也有好几座,如卫、所中主祀晏成仔的晏公殿(祠),姚北一带奉祀伍子胥、张相公、马指挥的潮神殿、相公殿、指挥庙等。

此外,还有龙王庙(堂)等一些规模不大的海神庙。

妈祖娘娘

据史书记载,三北一带建有10多座奉祀妈祖圣母的庙宇。

妈祖,古时为闽人对女性祖先的尊称。北宋后,这个称谓被神格化,被尊为掌管海上航运的女神。目前,海内外学者普遍认为,妈祖不是杜撰的偶像,而是一位从民间走出来的、被神圣化了的历史人物。

妈祖姓林,宋代建隆元年(960)生于福建莆田湄洲岛。据传,她出生时一声不哭,父亲给她取了一个单名"默"。她貌美似花,内秀如竹,8岁从师读书,早晚不懈,10岁信佛学经,领悟"玄微秘法"要旨,16岁踩浪踏海,习

第九章 渔家习俗

水性，识潮音，晓知海洋气象变化规律。长大后，她常腰悬桅灯，单舟出海，若隐若现，于惊涛骇浪中拯救遇险的人，也曾点燃自家房舍，给迷途商船导航。她以毕生所学，行善济世，以美好心灵，拂拭人世间的悲怨。

默娘立志不嫁。28岁那年，她乘长风，驾祥云，羽化升天。从此，当地百姓在湄洲岛上立庙祀奉，把她塑造成一位护海庇民、可敬可亲的妈祖女神。此后，人们吸取了民间信仰中慈悲、博爱等一些元素，让妈祖菩萨的功德日益强化，渐成一位显赫崇高、跨越国界的神祇。自宋至清，历代帝王对她崇敬有加，三十多次褒扬，由人及神，从"夫人""妃""天妃""天后"，直至册封她为"天上圣母"，并将她与黄帝、孔子一起，列为三大国家祭典的神明。祭祀妈祖的庙宇数以千计，遍布中国沿海各地和东南亚各国。

宋代以后，浙闽两地贸易交流频繁，从闽东迁至浙东的人也不少，源于闽地的妈祖文化加速传播。明初，太祖朱元璋诏令沿海卫所，各置宫庙奉祀妈祖女神，以护海运，慈（溪）北观海卫和镇（海）北龙山所、（余）姚北临山卫及三山所内的天妃（后）宫应运而生。后来，朝廷调来了几千名福建旗军守防，他们世袭军户，安家传代，使妈祖文化在三北一带愈加深入人心。

◇坐落于观海卫天妃宫村的天后宫

每当三月廿三妈祖诞辰日，人们进庙烧香跪拜，呼诵佛号，用最大的虔诚，感念妈祖娘娘的恩德。妈祖勇敢无畏、正直善良、博爱奉献的精神，似馨香久久地萦绕在世人心上，成为中华民族乃至世界的优秀文化遗产。2009年10月，妈祖信仰入选联合国教科文组织人类非物质文化遗产代表名录。

观海卫一带，过去主祀妈祖圣母的庙宇至少有4处。据明嘉靖《观海卫志》记载：卫治东有座天妃宫，深一十四丈，阔九丈，宫宇三间三库，东西廊各三间。卫治西也有座娘娘宫，为一间二库。卫治西北的那座叫神州娘娘庙，由指挥王祚田在嘉靖三十九年（1560）创建，殿宇三间。[1]位于洋浦边的那座天妃宫，始建于明隆庆三年（1569），现存的五开间殿屋，为五里韩氏于清代重建，1986年7月被慈溪县人民政府公布为文物保护点。

龙山所西门外的一座天后宫，也主祀妈祖，相传初建于元至正年间，现存殿宇，为清道光年间重建，[2]由前进宫门（穿堂）、戏台、水池、明堂和后进大殿组成。除戏台外，其他土木建筑至今保存完好。

清道光《浒山志》记载：三山所主祀妈姐娘娘的天后宫，建在所内城隍庙西，清时移至西门外木棉行。白沙杨家路也有座圣母庙，于清光绪年间重建。[3]

坎墩一带有2座妈祖娘娘庙，分别在建周家路、央水塘。[4]周家路娘娘殿位于烽火台泥墩高地，明嘉靖间由当地渔人建造，供奉妈祖神像。现重建的庙宇庄重精致，从南大门进去，跨20格台阶，三间大殿，盘龙雕梁。央水塘那座圣母殿，也主祀妈祖。晚清、民国期间，当地人们祈求神灵的目的有所改变，赋予护海女神的功力，渐被放大。

姚北云和乡（现属慈溪市周巷镇一带）利济塘南的镇海殿，于清乾隆年间建造，后殿天后宫在嘉庆二十三年（1818）筑成。[5]临山卫那座主祀妈祖的天妃宫，建于明嘉靖中，总兵刘远修之。当地清代文人陈梓（1683—1759）有《麟山天妃宫》一诗，把当地百姓祈祷妈姐的俗况写得意象兼盈："紫殿岩峣倚翠屏，潮声当户走雷霆。舟师酹酒魂犹悸，估客焚香手戒腥。环珮丁东通冥漠,风涛咫尺显精灵。海乡尚鬼成遗俗,威福都凭土偶形。"[6]

胜山娘娘

胜山娘娘为"土生土长"的护海女神,其影响力虽比不上湄州妈祖,但在三北一带家喻户晓,妇孺皆知。

胜山原孤悬海中,古称"悬泥山",又名"越泥山""晾网山",四周汪洋一片,"行舟过此,多遭覆没。乃海中险隘处,俗呼胜山关"[7]。岛上建有一座圣母祠,宋人黄巨川《越泥山》和明代生员潘用晦《胜山一律》等诗文中均有记述。

◇胜山庙

民国《余姚六仓志》中记载:"胜山上有天后宫,俗呼圣母娘娘,显灵最著。渔人夜入海,没身水中,则莫辨南北,不知何者为岸。性命危在顷刻,急呼圣母娘娘求救。水面必现一盏红灯,循灯行,便得归路。"[8]

当地流传着这样一则民间传说,与志书所述相呼应:从前有位老婆婆,每天晚上都要在胜山顶上点亮一盏油灯,一边纺纱织布,一边为渔民导航,后来她羽化成神。人们纪念这位好心的婆婆,在山上建起祠庙,塑像供奉。

圣母娘娘十分灵验,有求必应,进香求拜者不绝。也许"圣母"二字太过文雅,当地百姓便俗称为"胜山娘娘"或"胜山老外婆",那殿宇也叫成胜山庙了。

传说也好,显灵也好,易名也好,胜山娘娘作为地域性的海神代表,深得当地百姓信仰、敬爱,一直来人们对其尊奉有加。

晏　公

晏公,名戌仔,江西人,原为海上一怪,常兴风作浪弄翻船只,传说在江中救助过朱元璋。后来,他归顺妈祖,择善而从,统领水阙仙班,护卫海上航行船只,明初被封为平浪侯。人们建殿奉祀他,亦寓庇护水兵、船民平安之意。

据明嘉靖《观海卫志》和《临山卫志》记载,三北一带卫、所中有晏公庙祠4座,均于明初时建造。

观海卫的晏公庙设在卫治西北,庙堂三间,附于神州娘娘庙。龙山所内晏公殿,坐十字街,东至大街,西至官路,深三丈六尺,阔五丈四尺,庙四间,行路屋一间,过去当地人常办晏公祭会。

姚北临山卫也有一座晏公殿,位于卫城西南隅。三山所内的晏公祠,旧在城隍庙东,清时移入城隍庙内右侧。

涨潮神和退潮神

据民国《余姚六仓志》记载:清嘉庆十八年(1813),姚北人在云潭乡(现属慈溪市周巷镇一带)晏海塘南建了座潮神殿。光绪九年(1883)重修。[9]庙内祀奉吴国伍子胥、越国文种,当地人分别尊称为"涨潮神""退(后)潮神"。

相传春秋时,越国被吴国打败,越王勾践卧薪尝胆,试图东山再起。吴国大夫伍子胥向吴王进谏,吴王不纳,赐"属镂"剑令他自尽。伍子胥无惧,留下遗言,说是把他的头颅挂在国都南门上,他要亲眼看见越国灭吴。吴王大怒,在八月十八那天,把伍子胥的尸体包起来投入钱塘江。从此钱塘江潮涛汹涌,民间传说,这是他的忠魂所致。后来,杭州湾一带居民建庙塑像,祈求这位神灵保佑百姓平安。在大潮涨时,有的渔民还在船头焚香祈祷。

再说那越王听从大夫文种等人的计策,反过来灭了吴国。过了不久,文种也被越王所赐的那把"属镂"剑逼死。伍子胥怜他同命之苦,驾潮冲开了他的坟墓,领他神游钱江,一起荡平潮海。

这两人生前各随其主,互为敌人,死后却合作无间,佑海上平安,因此深受人们崇拜。过去,每当农历八月十八那一天,渔民们都到潮神殿参加祭祀活动,祈求两位潮神庇护,以禳海灾。后因农耕生产节律关系,潮神庙会期改在农历二月十三至十九,那些出海渔民仍于八月十八那天在船上进行祭祀。

张老相公

杭州湾南岸过去建有诸多相公殿，以萧山"沿江十八庙，庙庙供张公"为盛。原姚北崇寿六塘、三山所虎屿山上（清初迁建北门）也有相公殿，主祀张夏。

宋代，以工部郎中出任两浙转运使的张夏，履行职守，不避风雨，精心筹划筑堤捍江大事。在他的带领下，杭州湾南线的潮患消除了，人们感念他的功德，发心建庙。

流于三北民间的"张老相公"传说，则更富想象力，把这位筑塘功臣演化为一位护海神。有则流传于庵东一带的民间故事，是这样讲述的：从前有个从绍兴过来的张姓孤儿，以乞讨度日，被一位好心渔船老大留在船上打杂。这孩子颇有心机，帮着船工洗衣烧饭，孜孜学练捕捞活计，后来成了船老大。由于他为人忠实，驾船、捕鱼技术高超，又肯热心帮衬其他渔工，因此大家尊称他为"张老"。有一次，"张老"和船工驾船出海，突遇狂风、怪潮，顿时桅倾船覆，无一人生还。噩耗传来，大家悲痛不已。一天夜里，渔人们在船上念叨他的名号时，不远处的海面上忽然亮起一盏灯，大家感到蹊跷，又连喊了三声"张老"，只见那灯也闪烁了三下，再试几下，仍是如此，大家都说这是"张老"显灵。从此以后，海上遇到危难之事，只要喊"张老相公救救我"，前方就会亮起一盏灯，引导渔船脱离险境。于是，人们自发集资，为他建了庙，塑了像。

这个故事虽运用了虚构的艺术手法，但渔民们出海祈求神灵保佑的企盼，一代一代传了下来。

指挥菩萨

据民国《余姚六仓志》记载：清乾隆四十九年（1784），姚北义四乡（现属慈溪市周巷镇）建了座"指挥庙"，祀明指挥佥事马元忠。[10]

明嘉靖年间，马元忠以战功显赫被朝廷授予临山卫指挥佥事。指挥为官名，明代各卫的指挥使亦称指挥。马元忠履任后，奋力抗倭，业绩卓著。

嘉靖十九年（1540），明军与三山百姓为争沙地，发生纠纷，他单骑到所，现场走访，深入调研，又会同绍兴府丈量土地，妥善地处置了一些遗留问题。由于他办事公道，军民皆服。

后来，他把总松海、昌国，协总临观，"每有成绩，以贤能著"。地方志书记载："一日，御敌至宁定洋，夜雨龙见，目如炬。元忠以为贼，射之。龙负痛翻涛，舟覆。越数日，元忠尸浮周巷路下滩，颜色如生。总制胡宗宪奏闻，赐祭。土人立庙祀之。"[11]

当地百姓都说马指挥是为国为民捐躯的，尊他为"指挥（智慧）菩萨"。民间传说"指挥菩萨"十分灵验，每当渔民在海里遇上紧急关头，只要大喊几声"指挥"，就会有一种海鸟飞过来，发出"指挥、指挥"的叫声，引领渔船脱险。人们都说这鸟就是马指挥的化身，便干脆叫成"指挥鸟"了。

龙山妈祖娘娘庙

古时，三北各地建造了许多妈祖庙，拜祭者众多，后因种种原因，大部分庙宇拆的拆，坍的坍，改的改，很难看到古迹的原貌了。

坐落在龙山西门外老街上那座妈祖庙，俗称"娘娘庙"，保存得还算完整。那抹神秘，那缕古香，那番端庄，那种奇异，还有那丝带着咸味的凉风，潜行于两幢殿堂、一方水池、几扇花窗的剪影间，飘飘然然，自默然开启的庙门中流淌出来，让人感受到岁月流痕的韵味……

庄重的庙宇

娘娘庙正名"天后宫"，主祀护海女神妈祖，据说初建于元至正年间，当时宫门前便是大海。现存的庙宇，为清道光年间重修，由前进宫门、戏台、水池、明堂和后进大殿组成，呈长方形格局。那戏台在20世纪50年代时被拆，其他土木建筑大都保存完好。

大殿是娘娘庙的主体建筑，坐南面北，处于宫宇最深处。殿宽三开间，单檐硬山顶，抬梁穿斗结构，厚重壮丽，蔚为大观。殿中祀奉风姿绰约、气宇轩昂的妈祖坐像，前置长方供桌和落地烛台。早先，西墙上还搁着一具升篷木帆船模型。廊沿饰卷篷式抬头轩，上挂"后德配天"匾额，东墙檐廊处原来开有边门，连通当地望族郑氏宗祠。

娘娘庙建筑齐整，工艺精美，大殿以及宫门的梁、柱、门坊上雕有"五龙腾云""八仙献寿""桃园结义""麒麟送子"等图案和龙、狮、麒麟、鹤、鳖、龟等吉祥物，形态

◇娘娘庙大殿

逼真，栩栩如生；壁上留有松、梅、兰花、莲花画图，千姿百态，寓意深刻。

当地百姓敬重、信仰妈祖娘娘，常入庙上香，叩拜祈祷，许愿还愿，又行庙会、演大戏、搞祭典。

北开的大门

娘娘庙有一些与众不同之处。当地的庙宇一般都朝南或东南方，祀主亦多面向南天，可娘娘庙的大门朝北开，主祀的娘娘菩萨也朝北坐。究其蕴含的风水玄机，应该与航海有关。

在山吃山，靠海吃海。伏龙山一带海面宽阔，海涂泥质细软，浮游生物相当丰富。宋元时，当地许多居民置船织网，下海捕捞鱼蟹，明代倭患平定后，从事张网、流网和串网作业的海船多达30余艘。清代康熙年间，朝廷在龙山所东邱王村设置海关口岸，北航南运，交易繁忙。鸦片战争后，不少龙山人贩运稻棉、鱼蟹，投身于海上贸易。光绪年间，西门外人郑良裕在上海自制轮船，自建码头，纵横长江、沿海航线50余年。龙山所董氏兄弟、东门外王大房等一批乡人也纷纷效仿，从事沙船等海运业务。20世纪初，山下村阿德哥（虞洽卿）在上海创办了轮船公司，在家乡造了码头，开辟沪甬、沪汉等航线，发展国内航运事业。

海空气象变幻莫测,汪洋中的一叶孤舟,潜藏着被风浪吞噬的危险,生死难卜。大家敬仰妈祖娘娘的圣灵,希求她的神力来庇佑出海人的平安,于是就在村口海边上建了这座娘娘庙。

文化其实是一个永远说不完也道不明的话题。当地形胜为南山北海,在娘娘庙建设布局时,人们以朴素理念,未按平原地带建庙常规出牌,而把庙宇主体建筑设计成坐南面北,大门向北开,娘娘朝北坐。当地一位老人是这样解释的:娘娘菩萨一天到晚面对大海,风云变幻的海况无一不在她的视野之内,海上若生灾难,妈祖娘娘即可显灵救助,化险为夷。这种说法有些缥缈,有点牵强,但我们的前人在那个时代只能这么希冀,这么想象,这么理解。

附祀的神灵

星移斗转,风流云散,历史的足迹湮没了不知多少人的脚印、多少胜迹的靓影。现在,这座古建筑也年岁渐深,色泽黯弱,那斑驳的窗棂,孤单的台柱,凌乱的池岸,仿佛就要睡去,留给人们几多遐想,几番感慨。

据当地村民郑永华(生于1928年)老先生回忆,除妈祖娘娘外,宫庙内还塑有千里眼、顺风耳和善财、龙女等神像,新中国成立初期破除迷信时都被拆掉了。

千里眼、顺风耳守候大门。娘娘庙前进为宫门,三间,抬梁式楼房,进深7米,当地居民称作"穿堂"。明间北墙临街开正门,上面原嵌"天后宫"三字。千里眼神像塑在东墙正中,他脸涂红色,头长两角,目似铜铃,右手执斧欲砍,左手横在前额眺望西方,传说能看到远在千里的人和物。西墙正中奉祀顺风耳,他头生一角,青面獠牙,两耳奇大招风,左手持戟卫戍,右手指向耳朵,说是能听到天边发出的声音。传说中的千里眼和顺风耳原是湄州桃花山上的精怪,功能特异,来如飘风,去似闪电,常贻害生灵,后被妈祖制伏,弃恶从善,皈依门下,成了妈祖娘娘的守护神和侦探海况的驾前将军。

双手合十的善财童子和捧着宝珠的龙女,立在大殿妈祖菩萨左右。相传善财是福城人,出生时家中涌出各种珍奇财宝,故名善财。他从小周游天下,历尽苦难,发心修身,得文殊、观音、普贤等 50 多位名师教化,进入佛界,成了观音菩萨的助手。龙女本为龙王女儿,聪明伶俐,8 岁时在龙宫听文殊菩萨讲法,顿时觉悟,征得父王同意,跑到灵鹫山礼拜释迦,献上龙宫中最珍贵的一颗宝珠,遂升空成佛,也成了观音菩萨的近侍。妈祖有湄屿观音誉称,因此,善财和龙女这对金童玉女作为圣洁的象征,侍于妈祖身边,辅佐娘娘教化众生,亦受世人膜拜。

妈祖娘娘是大爱圣美的化身,千里眼、顺风耳、善财童子、捧珠龙女也出神入化,成了济世安民的神祇。他们静谧安详,在岁月流逝中守着自己的光阴,于香烟氤氲里接受世人的顶礼,也在时代变迁中历经坎坷。娘娘的称谓多么尊崇,多么亲近,一直印在人们的心里。对她与其他神灵的虔诚,是我们前辈人的精神信仰、心灵寄托,以及对人生平安的追求、对慈善博爱的向往。

池上的戏台

内建戏台又凿水池的庙宇,在三北一带很少见到。这座娘娘庙规模不算宏大,却在宫门与大殿之间凿了水池,池上还建了戏台。

戏台面向大殿,为单檐歇山顶亭式建筑,飞檐翘角,庄重秀逸。前半台建在水池上方,后台与宫门明间南檐相连。台高 1.5 米,深宽各 5.5 米,内顶饰八角形藻井,由斗拱层层叠成,规整华丽。

那一泓池水,源自东首城河,活水长注,清莹不涸。池域不大,呈长方形,东西长 7 米,南北宽近 3 米,池畔砌石布满青苔,戏台两根前石柱还孤单地立在南岸的石坎边。水池中心处架了一座宽约 2 米的南北向小石桥,桥边和池周以石栏作围护。以前,因为上面建有戏台,整座石桥及中间大半个池子都被盖住了,香客和庙祝须绕至池东端或西端方能进入大殿。据说,到了行庙会时,抽掉戏台台板,抬护菩萨走正道、过石桥出行巡游,以示当地百姓对妈祖娘娘的尊重。戏台被拆后,大家都从桥上进出,桥东、桥西则成两个连心的小方池。

池南明堂和水池两边，红石板铺地，可容两三百人看戏。据村里老人说，新中国成立前外地剧团常在这里演出，特别在农历三月廿三日妈祖诞期前后，会演上好几天戏。庙里演了不知多少台帝王将相、才子佳人戏，可在点拣戏目时，不能挑选《狸猫换太子》这出戏，说是妈姐娘娘生性仁慈，不愿看到陈琳用棍棒打死寇珠的悲惨场面。

妈祖娘娘庙是海洋文化意识的一个折射，是沟通岁月鸿沟的信物。几百年来，她守望在伏龙山下，见证了三北大地沧桑变迁，也伴着我们穿越那被海涛湮没的时空。

胜山庙会

庙会是民间广为流传的一种民俗文化活动。三北奉祀护海神的庙宇，大多定期举办庙会，如正月十六日龙山所晏公祭会、三月初三胜山庙会、三月廿三五里天妃宫庙会、九月十九临山天后宫庙会、十月十二坎墩娘娘殿庙会等。庙会主要有祭拜神灵、行会巡游、物资交流、文体娱乐等活动。

胜山庙及胜山庙会名气很大。据当地高涨钿先生考证，胜山庙初建时有前大殿和后大殿两幢，大殿正堂设"三圣殿"，后殿又名"碧波庵"，后来每年有"二月礼拜"和"三月三"庙会等大型活动。[12]

每年农历二月十九，胜山人以观音菩萨生日名义，行二月礼拜。那天，以庙前竖旗为令，人们列队巡游，彩旗、旌牌、香鼎、炮担、铜铳按序前行，还有锣鼓、舞龙、高翘、木棍、花灯、台阁等表演，出社队伍有三四里之长。传说这种形式源自戚继光组织的抗倭演习，高台阁、高翘是为了登高瞭望海上倭寇动静，炮担、铜铳、木棍以及又高又大的纛旗则是炫示实力，震慑敌人。

三月三行庙会也十分闹猛，四面八方香客、商客、看客、买客云集，狭长的胜山老街人山人海，水泄不通，商贾摊棚如蛛网密布，各种物品应有尽有。庙内戏台上绍兴戏高腔日夜上演，鼓乐阵阵。

由于胜山庙礼拜、庙会办得隆重，状元韩裕龙向朝廷奏禀，取得了"天后行宫"牌匾，悬挂于庙中。此后，当地百姓更加着心，将原前后进四合院殿宇，又做了一次精致装修。

据当地阮龙山先生介绍，以前胜山庙戏台建在南大门后，坐南朝北，台面高约1.6米，一般成人从台下行走不用弯腰。台南两根朱漆木柱，是台下托柱的延伸，台北两根圆形石柱，刻有楹联；台顶重檐挑角，内塑凤凰牡丹、白鹤荷花、秋鸟黄菊、喜鹊梅竹等图案，檐下三面全用木板作壁，画有《西游记》彩图。陆长生、徐昌顺、十三龄童、陈鹤皋等一些著名戏剧艺术家，登台演过《孙悟空大破平顶山》《火烧红孩儿》《杨门女将》《征东征西》等剧目。1956年8月1日，12号台风登陆三北，胜山庙部分建筑受损，此后，整座庙宇连同戏台就被拆除，原地改建胜山中学，后又作驻军营房。

岁月悠悠，风雨变迁。如今在大湾异地重建的胜山庙，仍保持旧日傍山而建的态势和仿唐重檐建筑风格。"圣母殿"娘娘塑像高达四五米，端坐于精工细雕的暖阁中，每到初一、

◇当代胜山庙会（图源《甬上风华：宁波市非物质文化遗产大观·慈溪卷》）

十五日,一支支几斤乃至百余斤重红烛的火光,终日在香鼎及化纸亭中摇曳,香烟袅袅,人声不绝。

坎墩妈祖祭文

潮塘、坎塘建成后,昔日沉卧大海中的坎墩脱海成地,先煮盐,后植棉,移民众集,渐成姚北重镇。

当地百姓自觉接纳妈祖文化,在周家路和央水塘分别建了娘娘殿和圣母殿,供奉妈祖娘娘,开展各种祭拜活动。

据慈溪市学者王清毅先生考证,清代时,每逢三月上巳之日,坎墩街上举行隆重的祭祀妈祖大典。庆典之前,先请当地文笔高手撰写祭文,敬告神灵。这种祭祀活动,在同治年间较为盛行,坎墩文人胡杰人(1831—?)的《赛竹楼骈文》中收有他的一篇《祭天后文》。祭文如下:

持危救苦,圣神垂莫大之功勋。夏禴春祠,今古有不刊之祀典。仰芳徽于圣母,考轶事于天妃。尝闻天福八年,诞降叶瑶池之梦。亦越雍熙四祀,高升等阆苑之仙。普德泽于瀛洲,事殊鹿女,耀效灵奇于沧海,身出龙宫。非关坐石而修,早入慈悲之室。时或拈花而笑,独开自在之天。人喜灯传,后能杯渡,舟行闽广,能教铁舰咸安。道入海关,顿使风帆无恙。曾显神通于台省,咸瞻庙貌于胜山。悯入海而迷津,红灯屡照。应征麟而送子,丹桂频联。妇女祈求,铭恩最高。仕商感戴,报德无涯。结香火之因缘,每岁欣逢上巳。奉频繁之祀事,同人咸颂林壬。敬告。[13]

这篇祭文行文典雅,声韵上口,对仗工整。从中可见当时坎墩百姓对妈祖的称颂、虔诚、敬畏之情,以及当地妈祖文化的浸润程度。

星移斗转,风流云散。至晚清、民国初,塘外筑堤,人们渐与海洋疏远,祈神目的有所变化,神祇功能也被不断放大,殿中供奉的护海女神成了一尊送子、祛病赐吉、佑护海堤、主宰风雨等无所不能、无所不应的菩萨了。

敬晏公、拜龙王

龙山所内有座晏公殿，正殿三开间，位于十字街口南侧。过去，当地人们信奉晏公，常办祭祀活动。慈溪市学者方东老师考查，敬晏公以及拜龙王是旧时龙山海边人家求丰收、免灾祸、保平安的一项敬神活动，主要有殿祭、海祭两项仪程。[14]

晏公殿前石鼓边，原来竖有两丈多高的旗杆，每年元宵节期间，旗杆上挂满各式皮纸灯笼，烛光闪亮，通宵达旦。

农历正月十六日为祭祀正日。十五日晚上，来自附近乡村的渔民，将各自供品放在殿中八张八仙桌上。待至清晨，祭神开始，先在神像前点上高香，人们手执三支清香参拜，随着领头长辈"祭海会开始"一声叫喊，瞬时锣鼓喧天，铳炮齐发，祭曲奏响，八位壮汉跨步上前，高举酒碗，行大礼，向晏公爷敬酒。然后，主祭人高声朗诵："第一碗酒，敬大家出入平安；第二碗酒，敬海上风平浪静；第三碗酒，敬船船鱼蟹满仓……"读毕祭词，参祭者共同叩拜，鼓炮和祭乐再次响起。

拜祭晏公后，人们列队巡游，经十字街口，走西门出城，再向北行至金墩浦港口，祭拜东海龙王。此时，挂上彩旗的渔船一字排开，码头上也摆上"三牲"福礼，以及水果、馒头、箬鳎鱼、大鳗、豆腐、黄酒等一些供品，点燃香烛。参祭的人手捧三支清香，恭敬而立，向大海鞠躬。接着，主祭人祈念："龙王爷啊！晏公爷啊！今日阿拉要出海，请您保佑阿拉顺顺利利出海，太太平平回来，空船出，满船进，一风好一风喔，一船好一船喔……"大家齐声随念。

祈告后，渔船起锚出海，其他人原路返回。

20世纪30年代后，敬晏公、拜龙王民俗活动停止。

【参考文献】

[1] 周粟等编纂:明嘉靖《观海卫志》卷三《庵庙》。

[2] "天后宫,三都三图,西门外,清道光二十四年重修",见洪锡范主修《镇海县志》卷十四坛庙下,上海蔚文印刷局,1931,铅印本。"现存天后宫建于清道光二十年(1840)",见方东、黄岳大主编《千年古村西门外》,浙江古籍出版社,2015,第108页。

[3] 高杲、沈煜编纂:清道光《浒山志》卷七《庙寺》,道光辛卯年(1831)刻本。

[4] 王清毅:《从娘娘殿、圣母殿看坎墩的妈祖文化》,见方柏令主编《十里长街——坎墩》,新华出版社,2006,第201页。

[5] 杨积芳总纂:《余姚六仓志》卷二十四《祠庙》,民国庚申年(1920)印本。

[6] 杨积芳总纂:《余姚六仓志》卷二十四《祠庙》,民国庚申年(1920)印本。

[7] 杨积芳总纂:《余姚六仓志》卷四十四《轶事》,民国庚申年(1920)印本。

[8] 杨积芳总纂:《余姚六仓志》卷四十四《轶事》,民国庚申年(1920)印本。

[9] 杨积芳总纂:《余姚六仓志》卷二十四《祠庙》,民国庚申年(1920)印本。

[10] 杨积芳总纂:《余姚六仓志》卷二十四《祠庙》,民国庚申年(1920)印本。

[11] 罗映堂编著:《慈溪民俗》,宁波出版社,2018,第42页。

[12] 高涨钿:《胜山庙》,见戚兴初主编《悠悠岁月话胜山》,中国文联出版社,2003,第7页。

[13] 王清毅:《从娘娘殿、圣母殿看坎墩的妈祖文化》,见方柏令主编的《十里长街——坎墩》,新华出版社,2006,第203页。

[14] 方东主编:《快船江风情》,大众文艺出版社,2010,第274页。

第二节　渔船风俗

渔船既是生产工具,又为食宿居所,渔人视之为家。早先,人们受"万物有灵"的泛神思想影响,形成许多有关渔船的习俗。

打新船

过去,三北一带渔人新制木帆船,称"打船"。

打一艘大船或新型渔船,船主人先请船匠师傅按生产需要设计并预制一只仿真的小船模,认可后动工兴建。新船出海前,主人将小船模献给庙里的神灵,希望保佑他们出海平安,鱼蟹满舱。

打造新船,还要请算命先生合主人的生肖八字,择吉日开工。开工前,主人供上三牲福礼敬天地,放炮仗,再祭龙王、敬海神、拜祖先,亲朋好友送上酒肉、馒头,以示庆贺。

新船龙骨定位时,披红挂彩。在淡水舱梁头合拢处,嵌镶一块银圆或铜板(三北渔人常选"乾隆通宝"古铜钿),用铜钉钉合,称为"船活灵(灵魂)";船头两侧,装以铜锣似的"眼睛",叫作"定彩",用红布遮住,曰"封眼"。

造船用的木材,当地有"头不顶桑,脚不踩槐"的说法。"桑""丧"同音,船头部位若用桑木,则犯忌讳,不吉利。民间视槐树为吉祥树、招财树,因此不能用来制作遭人踩踏的甲板。

小渔船舱内设神像,大木帆船后舱置神龛,供奉木雕天妃娘娘、观音菩萨或关王、龙王等神像。

新船下水,也选吉日良辰。船头与船尾各插一丈多高的红旗,用彩色布条披挂船身,有的还在桅杆顶、船舵处书以"大将军八面威风"等标语。后海涨潮时,主人供上祭品,点燃香烛,请菩萨,做"船福",祭祀大海神灵,保佑渔船出海平安;还要办"散福酒",宴请亲友、匠人。

推船入水时,敲锣打鼓,鸣放鞭炮。揭去蒙在船眼上的红布,谓"启眼";新船徐徐入海,称"赴水(方言音与'庶'相近)",谐音"富庶"。此时,船主向船匠师傅送"银包钿",向围观者抛馒头,还唱"四方馒头都抛到,一年四季保安稳。出洋捕鱼多顺风,鱼蟹满舱归家门"之类歌谣。馒头抛得越高越好,意味龙船赴水节节高,闯海前程远大。旁人抢到新船馒头,为吉利之兆。

出海谢洋

渔船出海叫"开洋",鱼汛结束渔船回港称"谢洋"。

从前,渔船每水出海多逢(农历)双(日)不逢单(日),开船前船老大对神许愿。姚北一带渔民出海捕捞,先拜海难救护神"智慧(指挥)菩萨",再行其他祭神仪式。

龙山一带拁大流网的渔人,出海前在船上燃放炮仗,奉上猪头、鱼等六色或八色供品(鸡不能作供品,说是鸡会把渔网抓破、啄乱)。供祭后,焚烧纸钱,烧化疏牒,称为"行文书",再将一杯酒和少许碎肉抛入海中,叫作"酬游魂",其余供品,均作船员海上菜肴。家人在码头相送,直至渔船远去。

有些张网、高串的渔人,在中元节(农历七月半)有祭祀"老三大人"(即海难游魂)的习惯,在船上烧撒纸钱。

海上遇上狂风恶浪,称为"肮脏浪",说是"海开口,鬼讨食"。船体晃动激烈时,渔人向海上撒些米,抛点柴,下跪求神灵相助,并许以大经,以求平安。捕捞不顺利时,也撒点盐、米于海上,再点燃柴草把,用烟火驱邪。远海捕捞遇上鲸鱼、大鲨鱼骚扰,船员便念念有词,抛些衣服、棉被,尊请它离去。海上若见有人遇险,立即停止作业救人。

旧时海船上的渔民无钟表,以观察日月、星辰位置来估算时辰,如有句描写拂晓前织女星(当地人俗称"七蠹星")所在方位的俚语:"七直、八歪、九桠衩、十落地",即天快要亮的时候,农历七月时织女星在中天,到了八月就斜在半空,十月份便落山了。平时,下网、收网也点香计时。

渔船在海上行驶,两船相遇,则大船让小船,顺风船让逆水船。若同为逆风行驶,则橹前船(左边)让橹后船(右边)。航行的船要让"坐港"船和已下网船的桁(泊)地,后下网的船要让先下网的船,要停泊的船让正在捕捞的船。

流网、串网、张网一个汛期结束后,船东需办"谢洋酒",请船老大坐"上横头"(即首席位),感激海神的恩赐,感谢船工的劳作。丰年还要做"鱼戏",以汛期捕获最多的"红老大"名义请戏班子演出,以示庆祝和谢神。

船上禁忌

同村不同风,同乡不同俗。驾船出海的渔民有许多特有的禁忌。

船上渔人需忌言,不能讲不吉利的话和字,包括谐音。"袜""没"方言同音,都念"脉",故忌说"袜"字,且不穿袜子,讳没(沉)船。不说带"倒""翻"等的词,吃剩饭菜弃之海上,不能说"倒掉",叫为"卖掉",船靠岸,也不说"到了";翻个面,说成"转个堂";"帆""翻"近音,把风帆叫作"篷"。大流网船遇大风时,将桅杆放平,称"悃"或"眄"。海上渔人尤讳"死"字,航行或作业时碰见浮尸,唤作"元宝",默默祈祷,并用布条将船眼遮盖;若在近海,将浮尸带至岸边埋葬。

开饭时,需先向海上撒几粒米饭,以敬鬼神。餐桌座位固定,船员不可随意错位;一两碗"大锅菜"放在中间,各人只准吃朝自己的一面;吃鱼先吃头,谓"一帆顺风"。筷子称"撑篙",不许搁在碗上,讳触礁、搁浅;不可折断筷子,讳折桅、断篙;也不能用筷子在饭桌、船板上戳点,避"漏船"之嫌。碗杯、羹匙以及锅盖不得反置,摘下的帽子不能反放,裤脚不可反卷,晒鞋不要鞋底朝上,吃鱼不准翻面,均讳翻船。

不能用不洁器物装鱼,不可用脚踢黄鱼。捔上第一条大黄鱼,先供船上菩萨,供毕,老大吃鱼头,众人分吃鱼身。有鱼跃入船舱,要及时放生。

不许在船上吹口哨,以免"招风引浪,惊动龙王";也不要拍手,忌"两手空空,无鱼可捕"。休歇时,不许手捧双脚,头搁膝盖,意为形如哭泣,不吉利;也不可双脚悬荡出船舷外,以免"水鬼拖拉落水"。桅杆前方特别是在船首处不准小便,避免冒犯神祇。

天热时,串网船船工在潮水中撩"大水货"时,因周边没有女人及所带衣裤、船上淡水不多之故,都不穿短(内)裤,裸身作业,但上船后须立即穿上,否则示为对船神不敬。此外,捔丝拉、推缯(腰)网等一些长时间在潮水中作业的人,有的也光着身子,有的只在下身围以布襕裙,老渔人说这是因为穿着裤子,在海水中走动不大自如,还会与阴囊发生摩擦,引发炎症。

过去妇女一般不上渔船,若需趁船,先要礼拜;行船时,不得坐立于船头,更忌跨越龙头(即船首),冲犯船神。女人跨网,也被视为不敬不顺。小孩不能钻网底,喻为入网之鱼破网逃脱。渔人妻子临盆,丈夫不可进产房,产前还要把男人衣物取出,不然有不洁之嫌。

随着时代的进步和渔民科学文化素质的提升,一些带有浓重迷信色彩的旧习渐被废弃,成为历史,但有些禁忌仍依习惯遵行。

鼓船花灯

闹花灯是当地春节、元宵期间一项最为热闹的民间活动,聚人气,逗开心,添热闹,自正月初一始,直至正月十八结束。当地渔人也参与游乐,扎些船灯、鱼灯及鼓船等一些与靠海相关的灯彩。

船　灯

船灯,是闹花灯的一种表演形式。它由竹木制成框架,绷以彩绸、彩布,上部如船舱,有的还置有亭阁,下部如船身,画饰波浪图案。

表演时一般设渔姑、艄婆2个角色。渔姑身在舱中,用绸布将船架挂系在肩上,双手提拎船舷,以碎步左右摇摆作水面荡漾,或以缓步慢行呈破浪前进态势,并随乐队伴奏的民间小调载歌载舞。船后艄婆多为男扮,持桨划船,以滑稽的装扮、可笑的动作、夸张的表情、诙谐的语言逗乐观众。

船 鼓

明代、清代年间,龙山、瀣浦一带出外海捕捞的渔船较多,开洋、谢洋时常以船鼓祭祀海神,后逐渐衍化为庙会、闹元宵等其他巡游活动的一种民间文艺表演形式。20世纪50年代后渐渐消失。

鼓船的制作方法和形状与船灯相仿,舱内增设一大一小两鼓。

鼓船鼓调高亢,气势雄壮,节奏起伏跌宕,动作粗犷奔放,可单船或多船表演。每船表演者3人,其中垂手提拎船架的"船夫"2人,击鼓手1人,表演时,前面一位"船夫"持船头领路,后面一位"船夫"把船尾紧随,两人步调一致,鼓手立于中舱击鼓,并随着船体移动而进退;船后随行乐队,伴奏《马灯调》《紫竹调》《杨柳青》《荡湖船》等民间曲调,集打击乐器、舞蹈、民歌小调于一体,游行时往往充打"头阵"。

1984年国庆节,在县城浒山镇举办慈溪县"民间文艺大会串"巡游活动,雁门乡文化站挖掘民间文化遗产,推陈出新,将鼓船架置于手拉车车轴上,鼓手立在"船"内,"船夫"在后推行,还有二胡、笛子、月琴及锣钹等组成的民乐队随行伴奏,受观看群众好评。

鱼灯渔鼓

鱼灯是一种以鱼为造型的花灯。人们表演时,手举花灯,作波浪式转动、翻滚,宛如鱼在水中游动,反映人民群众对自由生活的向往,希冀岁岁平安,年年有余(鱼)。

过去,当地一些民间艺人也会唱渔曲、打渔鼓,后来渐渐失传。龙山田央民间艺人黄松茂(1926—2008)也能演唱《渔鼓调》,且具特色。当地文化部门为抢救民间文化遗产,对他的演唱进行了采录。

此外,海上航行和栈洋时,有的渔人也清唱《五更调》《杨柳青》等一些民间小曲。

第三节　涉渔习惯

当地渔人在生产、交往过程中,对相关的人、地、物有一些约定俗成的称呼;海鲜卖给食客时,也会衍生出许多风情悠悠的俗事。现在,这些传统的行业性习惯,已大多沉于时光的隧道中,鲜为今人所知。

作业术语

三北渔人在生产过程中有一些特定的行业语言。

舟山一带海岛,当地渔人称之为"下山"。

拘流网的渔民,称吕泗洋为"下洋头",佘山和大戢渔场一带叫为"上洋头";冬春时去黄海石岛、仁川西岛、木浦岛一带溜鲨鱼,称以"三块头",即为"高块""中块""低块"。一潮作业完成后,将船锚泊于附近岛礁处,在那里过夜,称作"栈(暂)洋"。

布网、布钩的桁地,俗称"桁埭""桁头"。新浦一带把"老虎窗"张网的桁地,叫作"箅网桁头""箅网埭"。拉钓渔人更换桁地,称作"调埭"。流网作业时,把几十爿网片连接成一道网,称为"一漕"。

涨潮潮头或退潮潮尾那一线潮水很浅的地方,俗称"潮水门头""潮皮",意为潮水的边缘。去潮水中作业,也称"赶潮头"。

大潮低潮线一带,庵东靠海人称为"花坎",新浦一带叫作"江滩头",龙山渔人说成"潮闸底"。

滩涂中一些由淡水排放和潮汐作用所形成的自然流沟,在出海闸外的,称作"浦梢";布于潮间带滩涂上的,中西部一带叫成"湾""潭",东部地区也称"泓"。

捕横流、小笆、大掤等渔人在滩涂、潮海中用竹木搭建的渔寮,俗称"脚凳""台凳""大棚"。

一个潮期(即半月)称"一水(方言音与'庶'相近,下同)"。农历每月初一至初五、十六至二十为"大水",初六至初十、廿一至廿五为"小水";十一至十五、廿六至三十为"起水"。

过去以绳缆作为探测水深的工具,其长度单位为"寻",当地渔人称为"人(方言念若'宁')",新浦一带也称为"豁人",一人(豁人)约1.6米,若探得水深有3.2米,即称两人(豁人);有人也仿舟山渔人叫法,称"拓"。

前行渔船,左边方向曰"橹前",右面的叫"橹后"。机动渔船放汽笛,称为"拉回笙"。

把船舱中的积水舀向海里,叫作"抲水"。

打(旋)网渔人撒网,也称"忽流星""耍软柄铜锤(方言念若'具')"。流网起网,俗称"拔网"。收取入网鱼蟹,新浦一带渔人称"例货"。

大流网汛期出外洋捕鱼,遇上成群黄鱼、鲳鱼或鲫鱼时,俗称"打蛋"。

蛤蜊、黄蛤、海瓜子等朗蛤洞口上的花纹、图瓣,称作"调眼"。

船员称谓

下海作业,船员大多都有专业称呼。

统　称

旧时,拥有船具的渔户,俗称"长元"或"头家"。庵东一带叫船主为"江师"。海上专门收购鲜鱼的冰鲜船船主,多被称为"鲜客""水客"。

被雇伙计,按雇佣时间长短,分别称作"长年""短伙""搭脚",做杂务的称"走台"。

无论何种作业渔船,掌船的指挥者都称作"老大"。老大为一船之长,说一不二。大流网船老大被尊为"大老大"。

专 称

小流网船员按照工种,分别称为"拔上纲""拔下纲""扫网衣(摘鱼)"等。大流网船船员增多,专设一名炊事员,叫为"伙帐顽(方言念若'弯')",专司煮菜、热酒、盛饭。

高桩小桁张网船上,撑篙、撩网袋的船工,称"头手";大桁张网船增加一名帮手,叫为"中舱"。抛钉张网的船员,分别叫作"起网(锚)""老轨""司纲(管上纲、管下纲)""出货"等。

机帆船船员称"出网""渔捞""老轨"及炊事员等。

串网船船员,分别以"头篙""后篙""橹手""下手"称之。

海上打网船一般两人,在前观察、撒网、收网的叫"打手",后舱划船、撑篙的称"划手"。

活水拉钓作业船,抛收绳钩、铁锚、浮子、沉子的那个船员称"放手",理顺绳钩、套联插销的那人叫"连销工",传递网具的船员唤为"递手"。

撬网船渔工两人,主力船员称"撬手"。

百袋网"牵潮皮"作业时,排在网埭里外(即上下)端处的两个人,称作"勒头"。

渔具别称

渔船,俗称䊆鱼船。处于中心地位、面积最大的船舱称"大舱";存放淡水的舱,称"水舱",也叫"水井";炊事用舱,叫"伙(火)舱";供奉神灵的舱,称"圣堂舱";舱上用木板盖住的小屋,称"鳖壳",壳顶开窗门,曰"天井",盖板叫"扣头板"。

船架的横梁,称"梁头"。船头的横梁,称"前梁头",船尾的横梁,叫"后梁头";前舱壁的横梁,叫"四分梁",淡水槽的横梁,叫"水井梁",舵边的横梁,叫"后斗水",船架底横梁和两边竖柱,称"挠(鸟)脚""底撑脚"。木船两侧主骨架,称"玉肋"。

第九章　渔家习俗

当地渔民对龙的崇拜，在船具名称上有清晰的印记。船头，都叫"船龙头"，船底正中纵向的主骨架叫作"龙筋""龙骨"，船头突出部分称"龙角"，船头下首叫"龙下头"，船上的旗帜称"龙旗"，淡水舱梁头合拢处嵌镶的一块银圆或铜板，称为"龙活灵（灵魂）"，船头两侧装饰的铜锣似的"眼睛"，谓"龙眼"。

张网、串网船船头的鼻梁，俗称"斗筋"，前舱叫"锚兜"，桅杆下堆放绳索的舱面有的叫"土（兔）地堂"，后大梁上老大掌舵的舱面叫"后（猴）八尺"。船上排水孔，称"头洞"。

挂风帆的杆子叫"桅杆"，风帆称"篷"。升降风帆的主绳叫"长力"，滑轮叫"钩螺"；支撑风帆的竹棒，叫"撑风"，加固风帆的横向绳子，称"篷筋"。船首的风帆，叫"头篷"，挂在主桅与头桅间三角形的副帆，称"镶匾"；主桅顶上用以测风向的三角小旗，称"鳌鱼旗""风向旗"。桅杆、船尾挂灯，为夜航信号，分别叫"桅灯""哨灯"。

船尾处固定船舵的厚板，称"舵盘"；连接舵桨和舵柄部分，叫"舵杆"，其露出水平面的部位，俗称"雄鸡头"，船老大掌舵的把手，叫"舵牙"，深入水中加宽的长扇面板，叫"舵桨"。

橹的把手，叫"橹手"，扁平的划水板，称"橹叶"，固定橹角度的带子，叫"橹带"，支撑橹的木柱子，叫"橹乌柱"，其顶端叫"橹柱头"；橹中间扣贴橹柱头的小圆孔，叫"橹脐眼"。

大流网船上放在中舱底处用于稳定船身的大石块，称作"压舱石"。

打网船驶风梁的"梁头板"，休息时，板上摆放缸灶，也称"饭台"。

渔船上的柴油发动机，也称"车子"。

当地许多老渔民以"十二生肖"称船上的物体，如船首尖端称"老鼠角"，桅杆上横梁称"牛头梁"，装置渔网绳的工具称"羊角"……

缆绳也叫"缆头绳"，系于船前部叫"前缆"，船后部叫"后缆"，船与船连接的称"相缆"；从网角处引出来的叫"角缆"，渔网叉纲俗称"散须"，曳纲叫"牵绳"，打（旋）网的引纲，叫"网头绳""手牵"。

网尾口用绳子打的活结,称"老鸦结";网尾口不另用绳子打的结,叫成"和把结";用绳圈套结的,称"牛桩结"。

拉钓放插时,每夹中间那根与竹夹竿等高的小竹条,称"腰桩棒"。

网埭端处的浮标叫"樯桅"。流网船樯桅尊称为"老相公"。

用于捕鱼、盛鱼的那种有孔洞的竹筐,称"箳";三角形专剖鱼的尖头刀,叫"鲞刀"。箭鳗撬刀,新浦一带称作"龙刀",盛鳗的鱼篓叫作"竹笼"。

倒刺鱼钩,称"倒扎钩"。

小抄(撩)网,东部地区俗称"撩盆"。拖捕虾仔前,在水中探察虾子分布密度的绸布小撩网,新浦一带称为"虾子眼睛"。

航行和作业时,测量方向的旧式罗盘,叫"向盘";探测水深或海底障碍物的竹竿称"撩水竿"。

鱼货俗名

当地大多数海产品名称,承袭古说,而民间的一些别样称呼,则常用方言语音来套字。

潮海中刚捕上来的一些小海鲜,东部地区常以捕捞渔具称呼,如"张网货""串网货""缉网货",西部地区则统称为"赶潮鮭(夏)菜",新浦一带也叫"捕(箳)网货""小杂鱼"。

梭子蟹称"白蟹"。瘦小成堆的幼稚蟹,戏称"屙渣白蟹";尚在成长期的雌蟹,龙山一带称为"小娘蟹""小盆子";有一种约50克重,不会再长大的小白蟹,俗称"老勿大",新浦及以西的海边人也叫"小味子蟹";启开外壳还有一层软壳的,叫"顶壳白蟹",刚脱掉硬壳的,庵东一带称"蝤子蟹"。性腺肥满的雌蟹腌制后称"舱蟹""门蟹",雄的叫"浜蟹";瘦、残、小的白蟹去壳腌制的称"蟹边",切块腌的叫"蟹股",加盐捣揉成糊状的称"蟹糊""蟹浆"。

青蟹俗称"黄甲蟹"。

招(望)潮蟹名称五花八门。雌性两螯(大钳)很小,叫成"红钳蟹""管门头蟹""食沙"等；雄性一螯特大，称"管路蟹""大钳（螯）蟹""招潮蟹""花元（牛）蟹"等。

农历四月的黄鱼，会发出鸣叫声，称"叫鱼"；正在产卵的，叫"水子鱼"；农历八月半前后捕捞的，叫"桂花黄鱼"；从鱼背上开刀剖杀摊晒后的鱼干，叫"黄鱼鲞""黄瓜头鲞"。

冬汛期间所捕不同体态的带鱼，分别称为"小辫子带""白鳞带""黑鳞带"；网捕的叫"网带"，钩钓的称"钓带"；地产的叫"小眼睛"，外地产的称"大眼睛"；张网捕获的小带鱼称为"带鱼丝"。

鲳鱼，银鲳俗称"白扁""麦扁"，灰鲳也叫"婆子""长鳞"。晒成鱼干的称"鲳鱼鲞"，腌的为"咸鲳鱼"，酒糟醉的叫"糟鲳鱼"。幼体鲳鱼俗称"枫树叶瓣""烂膏药"。

剖腹、去脏、晒干后的墨鱼（乌贼），名为"螟蜅（明府）鲞"；那些取出来的内脏一起腌渍后，叫成"乌贼膘肠"，性腺俗称"乌贼蛋""乌贼卵（方言念若'乱'）黄"；不剖腹、不去内脏的鲜墨鱼与盐渍拌后，晒成的干品称作"乌贼浑子"。

鲻鱼、梭鱼叫法很多。体形大的叫鲻鱼，也称"子鱼"，小曹娥那边也叫"狗头鱼"，翠屏丘陵南面的人叫为"蛇头鱼"。以眼睑和眼睛颜色的不同，叫为"乌眼"和"黄眼"；背面正中有纵向隆起线的一些体貌酷似中型鲻鱼的，称作"三棱"；龙山人把黄眼的称为鲻鱼，乌眼的叫成"淡水大头"。

东部地区称小丈鱼为"屙贝"或"屙贝鱼头（方言念若'队'），观海卫一带也叫"屙宝丈鱼"。麦收和梅雨季节的体形较大的小丈鱼，称之"大麦黄""梅黑眼"；至秋、冬季节则分别叫成"高（茭）脚白""红嘴巴"。

弹涂鱼，当地人俗称"弹胡""跳鱼"，新浦一带也叫成"凸眼弹胡"，庵东及周边的人把黑色大弹胡称为"华弹"。

排卵后的"老年泥鱼"，俗称"烂稻索"。

庵东一带把鲈鱼叫为"龙刹""龙相"，晒成干称"龙鲞"。

龙山渔人也将成年鲚鱼叫为"海刀"。庵东地区有的渔人把雌性的鲚鱼叫成"肉鲚",雄性的叫"膻鲚"。

梅童鱼头脑大,俗名"梅鱼大头""梅沙";幼时的梅鱼,龙山一带也称"屙渣梅子"。

幼小鳓鱼,俗称"冬瓜皮"。过去,三北地产的冬瓜多为白皮,且外长白粉。厨人烹饪前削去的那一爿爿薄皮,很像一条条银白色的小鳓鱼。

栖游于三北浅海的虾类品种较多。色素细胞少、呈半透明的脊尾白虾,称"白舱虾""五须虾",常年都能捕到。春分以后、谷雨之前这段时期捕获的成虾,叫"清明大虾";那些呈竹节纹的,俗称"强盗虾"。夏季捕获的厚壳细螯虾,唤"麦秆(头)虾",善于跳跃的,称"跳虾",体色有点红的也叫"杨梅红",那种形体稍大、体色见黄的,称"黄虾",壳呈竹节、形如基围虾的,也叫"钩虾"。冬季张网捕获的色白、壳薄的小虾,叫成"糯米饭虾"。抱卵亲虾,称为"带子虾"。

虾蛄,当地人称为"虾皮弹虫""濑尿仆"。

蛤蜊,俗称"蛤皮",新浦等地叫作"青蛤"。黄蛤,龙山一带称为"朗夯"。

彩虹明樱蛤,俗称"海瓜子",也有人叫"梅蛤""扁蛤""黄肝"。其种苗只有芝麻、米粒般大小,称为"米子"。

黑纹尖尾的海蛳螺,称"铁螺";黄纹断尾的海蛳螺,叫"铜螺"。食味后者优于前者。

石磺俗名很多,有海乌龟、乌沙鳖、海癞蛤蟆、海鳎、土海参等。

沙蚕,俗称"海蜈蚣",庵东一带也叫"海蚂蟥"。

梅季产的海蜇叫"梅蜇",伏后产的叫"伏蜇",秋后产的称"秋蜇"。西部地区也有人将海蜇叫成为"海舌头"。海蜇皮,也称"白皮子"。

海鲜售卖

过去,三北各地集镇及人口集中的大村,在街上一般都设有以销售农副产品为主的综合性集市,靠海渔人也去那里设摊售卖海鲜。

每到市日开张,渔人把捕获的野生小海鲜挑至街市,等候在一旁的买客,看到鲜活的鱼虾从鱼篓滑向平放在地面上的竹匾时,马上一拥而上挑拣;摊主站在一旁也不计较,谁挑好就给谁过秤。那些没人要的和尚蟹、虾皮弹虫爬出筐外,孩子们便乘机捡上几只玩耍……

在市街上设摊卖海鲜的,多为渔家女人,她们待客热情,很会做生意。在空歇时,常把一些小鱼、小鳗的鳞片、内脏去掉,以方便买客。新浦五塘南村有个叫"撬鳗舍"的自然村,以前有许多撬箭鳗专业户,男的下海撬鳗,女的上街去卖。箭鳗细长,只有筷子一般粗细,剖肚去脏不大容易。这批女卖主㧟鳗利索,剖杀功夫不凡,她们过秤称好分量后,先用南瓜叶瓣擦去鳗身上的黏液,切上两刀,挤出肚肠,再连斩数刀装入菜篮,每段鳗身长度基本等同,很受买客欢迎。

散市后,一些卖剩的或刚㧟来的鱼蟹,渔人或其家人就走村串巷去叫卖,俗称"打香烛"。过去农家人缺少现钱,在买卖中有时也易物交换,如鸡蛋换泥螺,倭(蚕)豆调白蟹等。在渔船码头,也有商贩用当地土特产品向渔人兑换批量海产品。

街市上售卖的青蟹,其大螯、步足多用湿草绳捆扎,外运装筐时,夏天蟹口朝外,冬天蟹口转内再加麻袋保温,运输途中再喷淋海水,这样既可防止蟹螯钳人,又为它营造了一个湿润的生存环境,更不用说增加了商品的重量,可谓一举多得。不过,市场上也曾出现"四两青蟹五两绳"的过度捆扎现象,屡被人们诟病,呼吁卖主"松绑"。

刚捕来的蚶子、蛏子以及沙蟹一般带泥卖,这样能保持它的成活率和肥壮度。买回家里一时不吃的,也不需清洗,不要水养,沙蟹盛于桶筐中,蛏子、蚶子放入湿草袋内用绳扎实,摆在泥地上,有的还用重物压在上面,以防开口消耗能量。

望潮身上生有肉腕、吸盘,伸手捉拿时就会被其吸住粘牢,难以解脱,因此渔人在捕㧟或售卖时,十分小心。倘若自己或买客的手被它吸牢,也有解法,即赶快放入水中,那望潮就会自动松开。

靠海的人及海鲜摊主识别鱼鳗质量很在行，他们以为眼珠发亮、眼膜无血丝、鱼鳃泛红、鳞片紧实、肉体有弹性者为上。三北后海生长的箭鳗，骨软而肥，别涂所产的则骨硬而瘠，卖主就把它区分为本涂、别涂，前者价昂，后者则贱。墨鱼（乌贼）质地好差和新鲜程度，渔人一眼就能看出，其优者标准是体肉厚实，表面略有白霜，肉色呈半透明、粉红色。

眼睛小的、鱼鳞起光且完整的带鱼，卖得行俏。小眼睛带鱼为浙东渔场所产，也称"冷水带鱼"，其眼神清亮，身条修长曼妙，尤其在冬至前后捕上来的，油煎也好，清蒸也罢，尝在嘴里，口感鲜嫩，其味就是一个"飘"字。外洋带鱼名曰"大眼睛""热水带鱼"，其个头稍粗，身子略短，骨节硬，眼睛硕大微黄，口味不是很好。渔人在抲捏、运装带鱼时，注重银鳞的保护，因为它是鱼身分泌的一层油脂，带鱼的"飘"味就来于那身鳞脂。俗语"冬至节跟吃带鱼"，说的是那时的鱼鳞最厚、最白，其味最美。

白蟹质地的好差，当地渔人更有见地。他们认为：肚脐结实、纹路较深的相对肥壮；体形大小相同的，重者蟹体壮实；十足齐全的顾客喜欢，"缺胳膊少腿"的要降价处置；农历十月以前长脐比圆脐好，十月以后反之；月初、月尾"暗星夜"捕获的蟹大多健壮，月中"满月夜"抲到的"亮星白蟹"则多为瘦蟹、"空壳蟹"；揿按蟹肚、蟹脚，硬者为上；腹脐部朝天放于地上，能迅速翻转身的，表明其活力强；若置于灯光或阳光下背光观察，蟹壳边缘不透光的膏脂肥满……

对那些不会跳动的鲜虾，只要头部、表面不发红，腹肢不发黑，头、胸甲与肉还连在一起的，渔人就做削价处理，尽快把它推销出去……

第四节 产品加工技艺

过去,捕获的鱼蟹,难以保鲜,当地渔人采用盐渍、矾腌、糟醉、酱拌等方法进行处理,或者摊晒、风干制成鲞蟗(蟗,即鲚),以丰富食味,延长保存时间,提升经济效益。

这些传统的海鲜加工手法,颇具特色,亦为当地非物质文化遗产。

盐矾醉糟

当地渔人加工海鲜时,把用盐抄拌鲜鱼的过程,称作"抄咸";剖肚、除去内脏盐渍后的鱼体,叫为"卤片";用饱和盐水浸渍蟹虾,说成"舱",食盐和酒糟醉渍过的鱼鳗,称以"糟鱼""糟鳗"……

盐、矾、糟、酒渍拌的海产品,可分两类,一类为处理后可生食的,如咸泥螺、红膏舱蟹、醉蟹醉虾、"三矾"海蜇等,另一类加工后还需在锅中烹饪的,如"三抱"鳓鱼、咸黄鱼、咸带鱼、咸鳗及糟鲳鱼、糟马鲛鱼等。

盐渍泥螺

靠海人旺产时所捕泥螺,除部分鲜卖外,大多作盐渍处理。

盐渍前,先将鲜螺洗净,盛在

◇首次盐渍后的泥螺

桶、缸、罐中爬伏一两个小时,然后筛去黏液、水分,放入少量食盐(过去也有人用卤水或草木灰)拌匀,让其在低盐卤中慢慢渍死,后来有的人还撒些味精,诱其伸长舌头;泥螺盐煞后,再用清水淘洗,沥去水分,加入适量食盐在桶缸中作二度腌渍。两三天后,就可食用。放入坛内密封或放入冰箱贮藏,长期色味不变。

腌　蟹

过去,龙山等地外出拁大流网的渔人,每年秋冬两季在花鸟山、嵊山至渔山一带渔场溜白蟹,他们将捕获的大部分活蟹洗净后放入浓盐卤中盐腌,称为"舱蟹",5—7天后即成。盐渍后的圆脐雌性蟹曰"门蟹",其壳两端呈明显白色圆圈,俗称"蟹眼",誉为"红膏舱蟹"(龙山及镇海、北仑一带也称"新风舱蟹"),冬至前后捕渍的质地最好;长脐雄性蟹叫"浜蟹",无红膏,味价次之。一些瘦蟹、残蟹去壳盖后,放入木桶或舱池中,一层蟹撒一层盐,盐渍后的产品称作"蟹扁(边)"。"蟹扁(边)"咸味重,售价便宜,多销农村。

旺季捕获的长脐白蟹及小白蟹,一时鲜吃不了,就打开壳盖,去掉沙囊、鳃脐、足尖,进行其他方式的盐渍加工。蟹身斩得细细的,拌以食盐,让蟹肉蛋白质凝固胶稠成糊状的,称为"蟹糊";一只蟹只切数块,拌盐而成的,叫"蟹股";蟹块切得较粗,与盐一起放于捣臼中,用木棍或扁担头揉捣的,俗称"蟹酱"。

三矾海蜇

海蜇体内含水量达97%以上,不易鲜存,捕获后即拌矾、渍盐致其脱水,一而再,再而三,故称"三矾"。"三矾"海蜇为当地知名的传统特产,畅销国内海外。

作业船上,渔人将捕获海蜇的头、身(皮)用刀割开,刮去颈根肉斑和顶部红衣,擦掉背部白色黏膜,漂洗后分别拌以明矾粉,叠放于舱内,脱水排血,此为"头矾"。上岸后,摊于竹箪上沥去水分,再调卤浸泡一昼夜,取出后平叠于水缸或木桶中,一层海蜇放一层盐和矾粉,曰"二矾"。过了7—10天,再取出换缸(桶),与减量的明矾和增量的盐渍拌,称"三矾"。

第九章　渔家习俗

◇三矾后的海蜇头

二矾后的海蜇也可食用，口感较涩，也不耐保藏。那存贮的"三矾海蜇"，久藏不坏，越老越脆，越陈越好。海蜇头是海蜇的精品，呈金黄色，营养价值较高。海蜇皮也称白皮子，色泽白皙，肉质稍实，无损破、无红衣、无泥沙、张圆平整、直径一尺以上者为一级品。

三抱鳓鱼

当地流网渔民捕获的鳓鱼，一部分鲜卖，一部分制成三抱鳓鱼。

三抱鳓鱼名气很大，制作工艺也有特色。渔人在船上把刚捕获的鳓鱼，用一条一尺长的竹片从鳃孔处插入腹腔，转动一下，灌进少量食盐或卤汁，然后按一斤鳓鱼一二两盐的比例抄咸，以鱼背向下、鱼腹向上姿态排列入舱，面层封盐，铺上竹帘，压以石块，排出血卤后，称为头抱鳓鱼，若上街去卖，曰"咸鳓鱼"。上岸后，将抱过的鳓鱼由尾至头鳃部逆向往鳞间抹盐，并再次往肚腹中灌盐，而后放入桶（缸）内，层层撒盐加压，用盐量底（层）轻、中（层）平、面（层）重，此乃"二抱"。待上一个月，进行翻桶（缸），重复在鱼体上抹盐和向鱼腹中塞盐，仍层盐层鱼排列入桶（缸），叠压两个月，遂成三抱鳓鱼。

289

三番盐渍后的鳓鱼，鳞露金光，肉色粉红，体质坚实，香醇之味长驻，人们常清蒸食之。

抱盐时沥留于桶底的卤汁，俗称"鳓鱼卤"，过去也上街售卖，价廉物美，穷苦人家代作酱油，清煮的芋艿、萝卜、土豆蘸着它吃。

糟鲳鱼

鲳鱼肉质如凝脂，细刺少，只有一条脊骨，杀剖烹制方便，一般一条成鱼刚好一盆，很受家庭厨子喜爱。三北人鲜食鲳鱼，以抱盐清蒸、红烧为多，有时也将鲳鱼洗净，去头剔骨，切成鱼片、鱼块，热炒上盆。此外，还有一味经加工的"糟鲳鱼"，肉喷骨酥，食时犹见风味。

糟鲳鱼是当地渔民的用心之作，那醇厚之味，醉倒众生。其加工手法为：将鲜鲳鱼洗剖，切块，盐渍，沥干，每百斤配以6—8斤酒糟，拌上五香粉等辅料，一层鱼一层糟，密叠于缸、甏内，一个月后，可取出蒸食。

马鲛鱼、鮸鱼、带鱼、鳓鱼也可用此法糟腌。

乌贼膘肠

渔人常把捕捞上来鲜墨鱼（乌贼），加工成"乌贼鲞"（也称"螟蜅鲞"）。剖肚制鲞时，把挖取出来的墨鱼蛋、卵块、墨管、胃囊等内脏，放入木桶中，加盐搅拌，腌渍成"乌贼膘肠"，几天后分放坛子储藏，随取随吃。

"乌贼膘肠"是乌贼"落脚货"制成的，乌漆墨黑、滑不溜湫的，很不入眼，可清洗、蒸熟后的那碗"乌贼膘肠"，容颜焕然：小鹅卵石似的"乌贼蛋"（俗称"乌贼乱黄"），变得洁白纯净；坚实的卵块（也叫"矾"），此时散发出琥珀般的光泽；散漫的墨胶，凝结在东一处、西一处，又黑又亮……更有那掩不住的缕缕浓香，让人直咽口水，哑上一小口，其味深长："乌贼蛋"弹性十足，一点也不腻，丝丝鲜气仿佛都留在牙齿上，沁入味蕾中；"凝矾"韧结结的，越嚼越香，还带有脂肪的油气；吃到墨囊，会冒出一股说不出来的香味，回旋在口腔中，嘴唇、牙齿、舌头也被染得黑黑的……

咸虾子和虾子酱油

靠海人常用张网、拖网捕捞虾子，洗拣、沥水后，挑到市街、村坊叫卖，余下的用盐一拌,渍成咸虾子,可以长期食用。天气炎热蔬菜淡季时,咸虾子销量最好。

古书谓虾子"鲜者味甘,腌者味咸甘,皆性温助阳,通血脉",肾虚者常食补之。咸虾子蒸熟,鲜咸上口,是穷苦人家一盘不可撼动的"长下饭"。最有特色的还是把它当作佐料,如清蒸的芋艿、萝卜、土豆蘸着它吃,被乡人誉为绝配;另外,新鲜鲻鱼、鲍鱼清蒸时放些咸虾子,十分着味,至今仍然盛行。

20世纪上半叶,龙山万顺酱园一度生产过虾子酱油,其味尤鲜,为高档特色调味品。据一位酱园老师傅口述,加工前,他们先将本色酱油在大锅中煮沸,除去泡沫,然后把清洗过的鲜虾子及适量高粱烧酒、白糖、姜片同时放入锅中,继续加热,至虾子上浮时停火,待汁水冷却,撩出姜片,滤后灌入瓶,贴以"伏龙山牌"商标纸。万顺酱园生产的虾子酱油深受三北居民青睐,还销往镇海、宁波、上海城里。

摊晒风干

当地渔人和居民把摊晒、风干后的鱼鳗,称作鲞、鲊,一般大的叫鲞,如黄鱼鲞、鲍鱼鲞、鲨鱼鲞、鳗鲞、螟蜅(墨鱼)鲞等,小鱼称干、鲊,如泥鱼干、小丈鱼干、虾干、梅子鲊、龙头鲊、鲚鱼鲊、黄鲭鲊、带鱼丝鲊等。这些鲞、鲊,视加工时有否放盐、蒸煮,又可细分为咸、淡和生、熟等类别,其味其价,各不相同。

黄鱼鲞

旧时,当地渔民旺季捕获的黄鱼,除鲜卖外,也开片制成鱼鲞,其工艺流程如下:先用尖头"鲞刀"沿鲜鱼肛臀、鳍脊、侧背直剖至头部上颚,开膛除弃内脏,肉面匀撒、搓入食盐,朝上密排于桶(缸)内,最上一层铺以"封面盐";一两天后,覆一竹帘,压上石块;再过三五天后,取出鱼片在水中浸漂,洗去盐斑、污血,再打开鳃盖,肉面朝上平晒在离地的竹帘上,每天午后翻晒整形一次,7个晴天后,鱼肉充分干燥,成色泽清白、体形圆整的"白鲞"。鲞片入桶后,四周用草编围护,防止还潮。

鲍鱼鲞及其他鱼鲞,与黄鱼鲞的加工方法大同小异。

螟蜅鲞

螟蜅鲞,即为乌贼鲞、墨鱼干,因产于宁波一带,也写为"明府鲞"。

早先,三北渔民一般用两种方法对捕获的鲜墨鱼进行加工。

一种是剖肚制法:自嘴沿腹单刀或三刀剖开,刺破左右眼珠,挖去骨蛸及墨鱼蛋、墨管、胃囊、墨囊等内脏后,用海水将头部和胴体洗净,晒于竹帘或岩石上,中午烈日晒腹面,早晚柔阳照背面,第二天用手捻平肉体,至七成干时,用木锤敲打平整,三个晴日后,集中"发花"(即进仓罨蒸)两三天,表面现白斑、肉色成半透明时,就算成鲞了,而后复晒一次就可包装入库。"头水"捕获的墨鱼制成的鲞,色泽殷红,称为"血鲞",质地上乘。

另一种加工方法为不剖腹、不去内脏,将鲜墨鱼与盐渍拌在桶(缸)中,上压石块,2—3天后取出晒成干品,俗称"乌贼浑子"。

鳗　鲞

海(慈)鳗风干后,即为鳗鲞。晒制鳗鲞,一般先将鳗身侧置于木桌上,用钉子钉住尾处,揩净黏液,再在距尾端约20厘米处用刀沿背鳍平割,直至将脑壳劈开,腹部和鱼唇保持相连;接着,去除内脏,用海水洗净腹腔血迹,再沿脊椎骨割进,翻开脊椎骨,使鳗肉厚度均匀平整;然后,用竹条撑开头部,悬空风干。

若是剖腹去脏、揩净抹盐后,用细绳捆扎风干的,则称"风鳗""鳗筒"。

"狗鳗"的身子比慈鳗大,天气寒冷时一般剖杀后淡晒,其他季节则抹盐后再晒,制成咸鳗鲞。

鱼鲞和鱼干

旺季时,捕获的鲚鱼、虾鳗、梅鱼、黄鲒、小丈鱼、泥鱼等一些潮海小鱼及小鲳鱼、小带鱼,一时鲜吃不了,就做盐腌、摊晒、风干等处理,加工成鱼鲞、鱼干,盛贮桶内。到了淡季,取出来清蒸,佐酒下饭。

第九章　渔家习俗

◇晒鱼鲞虾干

龙头鲓由虾鳗制成。虾鳗体内水分多，天热时容易腐烂变质，过去鲜食的人少，市价也不俏，渔民就在船上将渔获的虾鳗用盐抄拌，上岸后直接曝晒，或用水洗涤后再晒，若阳光猛烈、翻拌及时，当天就会干燥。龙头鲓色黄肉实，常以清蒸、油炒食之，咸鲜相宜，生津开胃，乡人戏谑为"压饭榔头"。冬季悬吊风干的淡鲓，色味更佳，但成品数量稀少。

鯕鱼鲓价格实惠，也是过去农家"长下饭"和"压饭榔头"之一。加工时，先在缸底撒些盐，一层鲜鯕鱼一层盐叠放，完后盖以草编，再压上石块。一昼夜后起鱼，摊晒在篦簟上，干后装袋收藏，可常年销售。当地人吃鯕鱼鲓，也用清蒸、油炒之法，熟后蘸醋而食。夏季带子的鯕鱼鲓味道最好，现在市价升到了百元一斤。

幼体鲳鱼长至6厘米左右时，犹如一瓣枫叶，成群随潮漂荡，常被张网捕获。人们通过盐腌或淡蒸，将之晒成鲜白透亮的鱼干，渔人、行贩及当地居民均称其为"枫树叶瓣"。

小带鱼鲜食不方便，捕获后大多盐渍、晒干，俗称"带鱼丝鲓"。

梅鱼、泥鱼和小丈鱼旺产时，也常作摊晒、风干处理。梅鱼汛期时，一埭张网能捕获上千斤,渔民便把它晒成"梅子鲆"。泥鱼食性奇韧,晒干后韧结结的,味野而不腥,得当地平民酒者喜爱。小丈鱼干蒸熟后,吃起来鲜汁汁、油沫沫的,别有一番风味。

虾干及烤虾

旺产期间,渔民将捕获的部分鲜虾,大的制作成虾干、虾仁,小的加工为烤虾、虾皮、虾米。

虾干越嚼越鲜,筋道爽口,一直来为高档海产品。虾米亦称"开洋",在淡盐水中煮熟后晒干去壳而成,色泽红亮、金黄,形似鱼钩。

摊晒后的小虾,则成虾皮。起水后直接晒干的称"生皮",先蒸熟后晒干的称"熟皮"。虾皮加工方便,将毛虾洗净,直接或蒸熟后抛晒在竹簟上,适时翻拌,不使粘连,一般早晨出晒,晚上就可收集。虾皮体色晶莹,薄如蝉翼,是补钙食物,常配韭菜、冬瓜、禽蛋、菜蕻干烧炒,或与紫菜一起放汤。

挑捕船、拖虾船渔获的小虾,一般当场加工成烤虾。挑捕船上置有缸灶、铁锅,网获的小虾用海水洗净,放于小竹筐中,在煮沸咸盐水的铁锅中浸淘,熟后沥干储存。船上现烤的小虾,又鲜又糯,为当地居民过泡饭的常菜。

- **螺蛤肉干**

蛤蜊、黄蛤等朗蛤旺产时,人们满载而归,鲜吃有余,就制成蛤肉干。其加工方法很简单,将朗蛤在海(盐)水桶中浸养数小时,再放入沸水中余煮,待蛤口微开时立即撩起,剔出蛤肉,摊晒于竹帘上,两三天后便成蛤肉干。蛤肉干色泽金黄,当地居民常与韭菜或菜蕻干一起烧炒,色味俱佳。

盛夏时节,也有人把拾来、拖来的泥螺洗净,在沸水锅中余一下,熟后撩出,置烈日下曝晒,干后搓去外壳,入罐储放。食前,用清水发一发,一般也搭韭菜或菜蕻干炒烧,容颜虽改,但本味还在。

鱼 胶

过去,人们在杀鱼时常把鳔丢弃,少儿捡来玩耍,用脚一跺,会发出"啪"的一声清脆响声。其实,鱼鳔弃之可惜,可炖着吃,口感很好,就是不大容易入味。

当地渔人在加工大黄鱼、鮸鱼等一些有鳔鱼类的鱼鲞时,常把鱼鳔收集在一起,加工成鱼胶。鱼胶制作过程也很简单,将鱼鳔取出后,清除鳔膜、血筋,再用剪刀剖开,洗净摊晒,风干后就为鱼胶。

鱼胶属滋补精品。食前,一般先用水泡发一下,再下油锅炸煎,吃起来弹性很足。鮸鱼胶最为珍贵,传有"鮸鱼鱼鳔赛黄金"老话。

蟹黄饼

当地食鲜白蟹、咸舱蟹和蟹酱的人很多,但品尝过蟹黄饼的人较为稀少,加工过蟹黄饼的人则更是凤毛麟角。

蟹黄饼,是海上溜白蟹的大流网渔民在船上制作的。起网理货时,船工挑出一些壮活圆脐白蟹,开启壳盖,将蟹黄剔入斗甑中,用筷子打搅,待十分稠和时倒入小碗、小碟中,放于饭镬蒸烧,凝结为一个个黄色的蟹黄饼。然后,用线或铅丝将蟹黄饼串挂在船桅上,随其风吹、日晒、霜打,待至完全干燥后再收藏贮存。

蟹黄饼色泽金亮,可长期保存,为风味海鲜之极品。食时,切成丝条状,在菜肴中只要略微放上一些,其自然鲜味不知胜过鸡精多少倍;若与蛎黄、冬笋丝一起放汤,珠联璧合,这一抹滋味,绝对无愧"天下第一鲜汤"的雅号。

蟹黄为蟹之精华,量少稀罕,制饼过程又繁杂费时,只为船老大、头手所有,仅在过年节或招待贵客时才上桌,一般人是没有这个口福的。

晒紫菜

当地渔民把刚采到的紫菜,用海水洗净,去掉沙土、杂质,回家再用淡水漫漂脱盐,切碎后均匀地薄摊于米筛盘或竹匾中。

上盘后的紫菜饼无须多晒,一般两三天后就脱水干燥,外脆里糯,酥软相间,藏于避光、密封的瓷罐、锡瓶中。

第五节　海鲜传统食法

　　三北渔人驰骋潮海，接受大海的恩赐，让当地居民品尝到凡俗生活中"透骨新鲜"的滋味。

　　民以食为天。当地居民喜吃海鲜，每家每户餐桌上总能见到鱼鳗蟹虾，且食法多样：讲究原汁原味、简洁明快的，常取水煮、炖蒸、清烤、酒醉、抱盐和放汤；追求色味兼具、时尚情调的，选以红烧、葱油、煎炸、椒盐、酱爆、糟滚、杂烩及起羹；还有红膏舱蟹、三矾海蜇、三抱鲥鱼、盐泥螺、糟鲳鱼、乌贼膘肠等众多传统加工品，把海鲜饮食文化继承、演绎得淋漓尽致。

　　人们在思味、寻味、品味、回味的过程中，对同一种海鲜的吃法，也做了多元探索，在实践中理出了许多接地气的菜单。如白蟹形体健美，常作鲜烤，那红白相间的颜值，扑面而来的香味，令人馋涎欲滴；葱油的、椒盐的、豆腐煲的、熘黄炒年糕的、起羹的等各款时兴吃法，以味见胜，在餐桌上树起了一个个新的标高。那小小梅童鱼虽不起眼，也可嬗变出了许多个性化的吃法：清蒸蒸，和颜悦色，一箸入口，三春难忘；红烧烧，玲珑婉约，金灿黄亮，诱人食欲；与白虾、箸鳎、鲚鱼、泥鱼、箭鳗及小白蟹等一起混烤，相映成趣，食者各得其所，戏为"群英荟萃，海鲜开会"；旺季时晒成鱼干，食时上锅蒸一下，醮上陈醋，则越嚼越香，更有滋味；若取咸齑卤炖之，则成正宗家乡口味，天作地合，那鲜嫩、咸香之味，让乡愁更长……

　　20世纪80年代初，龙山一带厨人与当地渔民挂钩，在329国道旁创办了"老牌""姐妹"等一些小型酒家饭店，专打潮涂小海鲜招牌，红极一时，开启了三北及宁波海产品特色餐饮服务之先河。此后，以海鲜为主的特色餐饮店在三北城乡兴起，受本地和外地食客青睐，一发而不可收。

◇与当地渔民挂钩,主打小海鲜品牌的龙山"老牌饭店"

下面几十味海鲜菜肴,大多是当地寻常人家"老底子"的吃法,它抚慰的不仅仅是人们的嘴和胃,还有那颗恋乡的心。

生食水焯

一方水土,有一方吃的特色,吃的风景。三北居民吃海鲜,讲求新鲜,推崇原味,现抠、现烹、现吃,至今依然如此。由于生活习惯使然,当地人们对于活食海鲜不大感兴趣,但有生吃盐醉后的蟹虾的嗜好。

生食蛎黄

蛎黄为纯天然食品,是传统养生美食,男女咸宜,老少皆喜。采集来的蛎黄,放于清盐水中漂养,食时上盆,蘸着酱油、麻油吃,鲜嫩滑润,入口即化。"冬食蛎黄夏吃蛤",数九寒天撬来的蛎黄,洁白中透着一抹浅绿,爽于口,妙在心,好似流年里一场恍若隔世的梦。

以前,当地农家盛菜多用红花碗、蓝边碗等,少见盆碟,即使办喜酒、请客人时也是如此。盛蛎黄时,人们先在碗中倒放一只青瓷小酒盏,这样不仅可以滤沥出蛎黄中的水分,也能把数量有限的蛎黄装成满登登一碗。这一细微之处,凝聚了民间智慧,也蕴含了海乡特有的习俗。

沸水泡蚶子

当地产的蚶子称银蚶,肉肥血多,营养丰富,一直是筵席上一道不可缺少的菜肴。婚宴中,原镇(海)北、慈(溪)北一带居民还有这样一个习俗:蚶子不摆冷盆,列为热菜,一般酒过三巡后上桌,要想豁(猜)拳的人此时就可划拳助兴了。

蚶子吃法单一,先将蚶壳洗净刷白,放入瓷缸中,加些姜丝、酱油,倒入沸水烫泡,稍焖一会儿后,取出装盆,撒些葱花。也有把洗净的蚶子放入沸水锅中,约5秒钟后捞出,加些调味品,就可搬上餐桌。启开蚶壳,那内肉含着鲜血,吃进嘴里,鲜嫩无比,让人欲罢不能。

水漂海蜇

海蜇"三矾"后即可生食。蜇头呈金黄色,晶莹剔透,肉质较厚,无汤心,有光亮;蜇皮色泽白皙,肉质稍实。食前,从桶里取出,洗净,切为细条,在水里漂泡半天,撩出装上盆,就可蘸以酱油、麻油佐酒下饭。海蜇味道清脆鲜爽,不腻嘴舌,若与少许香菜或芹菜、黄瓜、萝卜丝等食料冷拌,色彩丰美,味也更佳。

海蜇低脂、低糖,含人体所需的多种微量元素,有清热解毒、化痰软坚、消肿润肠的功能,诸无所忌。过去,海蜇身价不高,仅作寻常人家的"长下饭",不上酒家餐桌。当今,人们认识到了它的药膳养生功效,身价显升,也成了筵席常菜,数十年来市价一直居高不下。

有一段时期,市场上冒出一种由化学试剂制成的人造海蜇。这种假劣产品,不易撕断,胶质感明显,无海腥味,没营养价值,长期食用对人体不利。

盐渍泥螺和水焯泥螺

三北人食泥螺主要有腌盐、鲜烧两种吃法。

捕来的泥螺,经二度盐渍,两三天后就可上桌。食时,按各自口味,添些酒、醋、蒜及味精等佐料即可。盐泥螺咸中透鲜,诱人食欲。龙山山下村人虞洽卿,年少时常下海撮泥螺、抲小蟹,以补家用,后去上海学生意,成了商界大亨。发迹后,其饭桌上不乏美食珍馐,可他仍嗜食家乡腌泥螺,说是这顿饭只要有了它,就"没功夫管其他菜了"。1910年6月,我国近代史上展览规模最大、展出品种最全、参加客商最多的南洋劝业会,在南京鼓楼开幕,劝业会副会长虞洽卿别出心裁,把龙山咸泥螺也放入农副产品展馆展出,陪客参观时还兼做讲解员,宴席上又特意把它作为一盘冷菜摆上餐桌,并教内地人、外籍人吮肉出壳。此后,一句"龙山黄泥螺,三北阿德哥(虞又名和德)"的俗语,在沪甬间不胫而走。

泥螺鲜食,常用葱油烹之,或配以豆腐、茄子红烧、酱爆,嫩糯上口,过酒送饭两宜。也与鲜笋丝(片)、韭菜等食料放汤,漾上葱花,拿起调羹一尝,一股特有的滋味瞬间在唇齿间充斥、流荡。如今,又冒出了一种水焯油淋泥螺的吃法:先在锅中用清水将姜丝煮开,放入泥螺,于沸水中稍焯一番,去掉泡沫,待熟后撩出装上盆子,加些酱油(或盐)、味精、料酒等调味品,然后再以沸油淋拌,撒以葱花,就告成功。这种超越传统的新花样,烧出来的泥螺格外鲜嫩,极具真味。

过去,极少数人吃了尚未腌透的泥螺,有的甚至吃了鲜烧泥螺,会出现脸面、手部臃肿的症状,并伴有轻微麻痛,两天后会自行消失,乡人称这种过敏反应为"泥螺胖""吐(方言念若'肚')铁胖""吐铁疯"。现在,几乎无人再吃未腌透的泥螺,这一状况也不再发生了。

红膏呛蟹

红膏呛蟹,有的也叫"新风呛蟹",为三北海鲜的一个传统品牌,不仅渔人会加工,当地居民也会盐渍。暑谢寒启,菊黄蟹肥,人们把买来的鲜活壮实的圆脐白蟹,洗净后放入按一碗水、大半碗盐配比的浓盐水中,浸泡两三天便成了"红膏呛蟹"。食前,用清水一淋,打开壳盖,去掉沙囊、蟹鳃、足尖,一条腿肉切成一股;螯足前半段切下,拍裂;那壳盖中带膏的部位,也切为块状。摆装上盆后,那猩猩红膏缀在丝丝白肉上,颜值超凡,蘸上醋,可佐酒,也宜下饭,其味咸鲜交融,很对当地人胃口,为筵席中的"抢销菜",成了"没有呛蟹不成宴"的习俗。当地清代文人范观濂有诗道:"子蟹脐开子满函,争如酱蟹更超凡。膏凝一壳猩猩血,红溜冰肌引老馋。"

红膏舱蟹与泥螺一样,常作家乡特产礼赠外地亲友,深受厚爱。但有些生于内陆地区的人,闻到那股微腥气味,有点不大适应。也有的人担心腌制的生蟹不卫生,不敢尝试。还有人把舱蟹当作鲜白蟹烧煮,不伦不类,让人啼笑皆非。

半活醉蟹醉虾

鲜活的沙蟹、蟛蜞蟹、小白蟹等小蟹,有人用盐、酒醉腌后,即刻活食。当地古代文人有"小蟹时珍号绕桩,屡防逃酒似生降。茹毛饮血风斯在,活食曾无配作双"的描述。

三北居民腌醉的沙蟹特有风味,制作也很方便,先将活沙蟹洗净,在清洁海水或盐水中浸爬半天,去掉腹底脐盖,放入斗甑、大碗等陶瓷餐具中,加适量食盐和少许黄(白)酒、味精,均匀渍拌,再撒些姜末、蒜块,过一天就可食用。也有人喜欢在醉后一两小时食用,此时沙蟹脚爪还会动,吃起来特别鲜。

"蟛蜞清秀爪纤纤,八月乌胶满壳黏。"蟛蜞蟹为滩涂小蟹族中的闺秀,醉盐后百吃不厌,尤其那壳内的黛膏,鲜味无穷,可与舱蟹的红膏媲美。后来,当地饭店、酒家也把它作为一道冷菜,搬上餐桌。其加工方法很简单,先取适量盐、酒、水、葱结、姜丝、花椒调成卤汁,把洗净的蟛蜞蟹投于汁水中浸腌一天,便可取出食用。现在,地产蟛蜞蟹数量有限,只得从外地进货顶替,因此吃起来有点不似记忆中的那个味道了。

醉蟹受人青睐,那醉虾则更有滋味。当地居民常买一些鲜活、匀称的中型白虾,用水冲洗干净,剪去头须,放进有盖的容器中,用上等黄酒或白酒舱醉,配以葱、姜、酱油、麻油、醋等调料,待上一会儿就可取出食用。当地人食半活醉虾的手法虽有些残忍,但其味更鲜、更真、更纯。

清煮、清蒸、清烤

三北人吃海鲜讲究原汁原味,简练爽快,许多鱼、虾、蟹、蛤、螺类海鲜烹饪时,一般常做清煮、清蒸、清烤处理。清煮,就是把虾、蛤、螺等海鲜在清水或盐水锅里烧沸即成。清蒸有两种方式,一是锅内盛水(俗称"蒸馒汤"),上置蒸笼或"梗管",食料摆在其中隔水蒸煮,婚宴、斋饭桌数多,多用此法;二是食料放于饭馒"梗管"上(俗称"饭馒头"),连同米饭一起煮,过去家餐蒸鱼一般都用这种方法。清烤,就是把鱼蟹及少许水、盐、黄酒置于锅中烧烤,不烹油酱醋糖。

有些鲜鱼、鲜鳗在蒸烤前,用盐渍拌一下,俗称"抱盐"(有的写成"鲍盐""暴盐"),其目的是让鲜鱼的肉质绵密些,稍微入些咸味。蒸烤前的抱盐,与一般盐腌加工有所不同,用盐量少,腌渍时间较短。

当地清煮、清蒸、清烤海鲜的传统菜单大体有以下一些。

盐水螺蛤

蛤蜊、黄蛤、海狮螺、玉螺、蛏子以及虾蛄等一些涂产贝壳类海鲜,当地居民多以盐水烧煮。

煮前,将蛤蜊及其他螺蛤放入淡盐水中漂养半天,促其吐出腹中油泥、粉沙,若加两三滴食油,则更为灵验;接下来,将螺蛤放入锅里,加入适量清水和少许盐、姜丝,用中火烧煮三四分钟,待水沸朗蛤微微开口时,出锅装盘。蛏子烧煮前,也放入淡盐水中浸养,再割断它的韧带,这样煮熟的蛏子壳口不裂,肉质饱满、鲜嫩。

盐水螺蛤是一味地道的家乡大众菜,清口鲜汁,有时候煮上满满一馒,让人大块朵颐。

水煮鲜虾

鲜虾冰清玉洁,营养值价高,"白肉红壳形如弓,酒宴席上最得宠"。三北人家举办婚宴或在家招待客人,无论过去还是现在,鲜虾为一盘必上的品牌菜肴。

当地居民食用鲜虾,以水煮为第一选择,自古至今,历久弥新。水煮虾方法简易,先把虾洗净,锅里加以少许清水和姜片,水沸后放入虾和食盐、黄酒,上盖,待虾身色泽转红、虾尾变弯时,就可出锅。水煮虾无须高超技巧,也不用太多的调味品,经这么简单一煮,便华丽转身,瞬间嫣红靓美,并透散出一股海水的自然气味来,食时舌尖与心灵俱香。

鲜虾也可红烧,或勾芡油炸,或选几只大虾配以肉丸、青菜、笋片、蛋饺等食料烧成三鲜汤。小虾与萝卜丝煮烧,也是一盘实惠的农家菜。

清烤白蟹

白蟹形体健美,肉质鲜嫩。一入夏令,透骨新鲜的白蟹批量上市,爬上当地人家的餐桌。

讲求本真的三北人,清烤出来的白蟹,魅力无限,绝对称得上大师级作品。操作要领如下:烹制前,把白蟹放在清水中,洗净壳足;入锅时,蟹壳朝下、肚腹朝上,以防膏黄流出;加上一小勺水及少许姜丝、料酒、食盐,有的人甚至不放盐和水;上盖后,先开大火,继而中火,烤上五六分钟即成。此时,屋内院外香气四溢,飘荡的尽是沁人的白蟹味。盘中鲜蟹,红白相间,那香气,那颜值,引人两眼放光,馋涎欲滴。动手开壳去鳃撕块,蘸上加醋的酱油,那极富弹性的丝丝嫩肉,带着一股淡淡甘甜,百吃不厌。还有那一抹抹蟹黄,满口鲜气,挑逗味蕾,是一种尝遍所有美味而依旧贪恋的味道。

蒸烤黄蛤蟹,其作法与烤白蟹相似。

蛏子也可清烤,香味要比水煮的浓烈,嚼劲也更足,现在饭店菜谱中的"铁板蛏子"就是它的 2.0 版。

清蒸鱼

三北人家清蒸鱼儿,不重花俏修饰,手法简易,只需洗净鱼身,用盐抹一下,加生姜、葱段、黄酒,隔水蒸熟,就可上桌食用。人们吃新鲜鲥鱼及鲻(梭)鱼、大箬鳎、梅鱼、鳓鱼、带鱼、黄鱼、鲍鱼、马鲛鱼等海鱼,常用该法。

清蒸鲥鱼为传统名菜,席间珍馐,金字品牌。其鳞片银白、透亮,滋味极为鲜美,蒸前千万不可刮弃。

带鱼清蒸，其味就是一个"飘"字，原因有三：一是冬季带鱼鳞斑遍身，银光闪闪，这是体内分泌的一层油脂，营养丰富，其他鱼儿不具此鳞。二是其肚皮肉又油又嫩，增人食欲，传有"带鱼吃肚皮，闲话讲道理"老话。三是冷却一段时间后，汤汁会凝成鱼冻，晶莹凉润，入口软糯，黄鱼、鳓鱼、鲳鱼、慈鳗清蒸后的汤汁也会打冻，但其味稍逊，个中奥秘就在带鱼的那身鳞脂上。

鳓鱼俗称"鲜白鳓鱼"，其腹中有块动物肝脏似的白肉，当地人称作"白"，这是其他鱼类所没有的，清蒸鲜鳓鱼的"鱼白"，飘嫩如猪脑，味鲜如羊腰，风味独特，被誉为鱼中上品。"三抱"鳓鱼清蒸也十分简便，只要用清水漂一下，上盆时浇点黄酒即可入锅；熟后吃上一筷，满嘴生津。剩下的头颅、骨架，过去有的人家还不舍丢弃，加点陈醋、葱花、猪油，冲水略煮，又成一碗"咸鳓鱼汤"，细啜一口，依然齿颊遗香。

其他经盐渍加工的咸鱼，也可用上述之法入锅清蒸，都很入味。糟腌过的鲳鱼、马鲛鱼、鮸鱼等清蒸，更无须油盐酱醋等佐料，只要放入锅中一蒸，便素面玉身，肉嫩骨酥，透散出一股清香，一丝酒气⋯⋯

清蒸个头稍大的鱼时，一盆装一条或一段，切以花刀，使调料深入其中。蒸鱼讲究火候，没煮透，半生不熟不卫生，过头了，失了鲜嫩不上口。为丰富口味，当地居民还采用咸齑卤蒸梅鱼，鲻（梭）鱼清蒸时加咸虾子或榨菜，咸鳓鱼炖肉饼子或蛋，马鲛鱼蒸煮时放雪里蕻咸齑等手法，倚鲜借咸，相得益彰。

清炖鳗

清炖鳗也是三北一味传统名菜，其厨法更为经典、老到。

烧前，去掉鳗身黏液，剪断喉管，在肛门处剪一小口，再用两只竹筷从咽喉部插入腹中，一手捏住鳗身，一手紧握筷子，顺一个方向绞旋几下，把内脏卷拉出来；接下来，洗净鳗体，两侧每隔四五厘米各刻一浅刀，装盘时放些黄酒、姜片，入锅后用中火清蒸即成。

当地产的鳗，于河海间洄游，精力充沛，富含维生素，其味绵糯鲜润，可口可心。三北人讲求实惠,"药补不如食补",清炖鳗一直是人们首选的食补品。

此外,鳗与霉干菜焖烧,也是一道家乡风味菜。

抱盐蒸鱼

鮸鱼、鲻鱼及带鱼、马鲛鱼、黄鱼腹背皆腴,有好几种吃法,其中抱盐清蒸最富地方特色。其作法为:先除去鳞片(鲻鱼、带鱼不刮鳞)、内脏,洗净沥燥,在鱼身上斜切两刀,撒盐匀抹,腌渍一两小时后,用清水漂冲一下,一般一条鱼装一盆,大的则切段上盆,放些黄酒、姜片,搬入锅里隔水蒸熟,撒点葱花,就可食用。

抱盐过的鱼,肉似蒜瓣,不肥不腻,咸鲜开胃。

抱盐烤鱼

抱盐烧烤的鱼,一般体形较小,如梅鱼、小箬鳎、泥鱼、小丈鱼、鲚鱼等。烧烤前,刮鳞去脏,盐渍一两小时,清洗后放入锅中,稍微加一点清水,再放入料酒、姜片、蒜块,始以中火,后改微火缓烤。抱盐过的小鱼烧烤出来,黄亮亮的,似焦非焦,鱼皮下的那层脂肪散发出一抹无与伦比的香气,食时格外解馋。

抱盐烧烤,可分单烤和混烤两种,常见的单烤有烤梅鱼、烤小丈鱼、烤箬鳎、烤泥鱼等。混烤则为各种鱼、虾及小白蟹、小鳗等合在一起烤,体形长的斩成段,食时各取所需。

箬鳎肉质爽滑、鲜嫩,只有中间一根脊梁骨。当地居民烹饪时,个头大一点的清蒸、红烧,一两条一盆;小一点的则一起盐渍烧烤。近来冒出了一种新的吃法:即挑一些个头匀称的小箬鳎,抱盐一下,刮鳞,去脏,洗净,将头朝里卷成圆圈后,竖排于平底锅中,放入小许清水和黄酒、姜片等调料,缓火烧烤。这种方法烹制出来的箬鳎,肉相不焦,形态秀美,又可装成满盆,是老海鲜翻出来的时兴花样。

红烧油煎

当地居民烹调海鲜,也选葱油、红烧、煎炸之法,传统菜谱有红烧大黄鱼、红烧带鱼、葱油海瓜子、葱油泥螺、煎炸鲚鱼、椒盐虾蛄等。这类菜肴色泽诱人,格调大气。

红烧大黄鱼

红烧大黄鱼气质超群,在三北海鲜菜谱中名列前茅。当地家庭主厨红烧大黄鱼都很拿手,烹饪流程大致如下:

先杀鱼,刮鳞,剪鳍,抠鳃,去头皮,弃内脏,洗净后在鱼身两面剞上深 2 厘米的"瓦片"刀花,抹以小量黄酒、食盐,晾沥一旁。接着,在热锅中放入适量食油,烧至六成热时,将黄鱼从锅沿边滑下去,用中火煎 1—2 分钟,再转小火。油煎时,不急着翻面,先把鱼身的一面煎成微黄色,然后再煎另一面。待到两面都成金黄色后,加入开水,水位一般过鱼的半身,开大火,煮沸后,加入料酒、酱油、姜片、糖等调味品,用中火焖上一会儿,以大火收汁,有的还用番薯淀粉勾芡。装盘后,撒上葱花。

当地居民食带鱼、鲻鱼、鲍鱼、箬鳎、虾鳗等,也常选红烧,其作法与红烧大黄鱼差不多。

葱油海瓜子

海瓜子天生丽质,以葱油烹之,被誉为"天下第一鲜"。

买来的海瓜子,用盐水浸养,烧前沥出。待锅中食油至八分热时,将其放入,在猛火中快速匀炒几下,加入少许葱花、蒜丝和酱油,即可起锅食用。也可将海瓜子放入沸水锅中,待微微开口时马上捞入盆中,拌以黄酒、酱油等调味品,再浇上热油,撒些葱花即成。

葱油海瓜子壳盖半开,玲珑靓美,油香轻扬,小小一口下去,满嘴清鲜,为佐酒至尊,满桌菜肴中往往最先光盘。先人咏诗夸奖:"冰盘推出碎玻璃,半杂青葱半带泥。莫笑老婆牙齿轮,梅花片片磕瓠犀。"

泥螺、蛤蜊及其他朗蛤,也可如此烧制。

油烧小鱼蟹

过去,滩涂上招潮(管路)蟹、沙蟹等小蟹繁殖快,产量高,价格低廉,海边人家孩子都会捕捉,是寻常人家一盘大众化荤菜。小蟹烧法简易,洗净后,在热油锅中煸炒一会儿,放入酱油,便可起锅,其味也不错。

梅鱼、泥鱼、小丈鱼、箬鳎、虾鳗及白虾等鱼虾有时也作红烧。泥鱼红烧,味虽野,但不腥,为滋阴壮阳、活血舒筋的保健膳品。虾鳗红烧或炖豆腐吃,细白鲜糯,入口即化,也入酒家菜单。尖鳗红烧或与霉干菜蒸煮,清鲜香滑,回味无穷。

煎炸鲚鱼

鲚鱼骨刺细密,人们常以油煎、油炸鲜食。

油煎前,将鲚鱼洗净,用盐、姜片腌渍或与酱油、黄酒拌渍一会,晾干后放入热油锅翻煎,待两面金黄色时起锅,此时腥味消失,骨刺也酥,蘸上陈醋吃上一口,人也酥了,心也醉了。

鲚鱼油炸与油煎烧法差不多,将鲚鱼洗净、腌渍,用筷子挟着鲚鱼在淀粉或面粉糊中浸裹一下,放入沸油锅中像炸油条一样炸氽一番,然后出锅上盆,趁热蘸醋现吃。梅鱼、白虾等小海鲜也可用此法烧制,同样齿颊留香。

椒盐虾蛄

虾蛄(虾皮弹虫)营养丰富,肉质鲜嫩。三北人吃虾蛄常见的有盐水清煮、椒盐两种烹制方法。前者为本土大众食法,烧法简易,鲜汁上口。后者属粤系菜,烹后内肉酥软鲜美,外壳金亮脆爽,连壳甲也可咬嚼,常入选筵席菜单。

当地人烧椒盐虾蛄的作法如下:锅中食油烧至八分热,加入洗净的虾蛄煎至金黄,滴上料酒,铲起备用。锅里底油烧热后,放入蒜泥、姜末及红辣椒圈爆香,再与炸好的虾蛄翻炒均匀。最后,加以适量椒盐,搬上餐桌。

虾皮弹虫两侧有倒刺,捉拿的时候要头朝下、尾朝上。食前,先把其尾部两个小足拧断,再捏住尾壳上折把它拗掉,露出尾肉,然后用根筷子从尾部贴着虾壳插至头部,右手按筷子,左手拆壳,同时反方向用力,这样整个背壳就被拽下来了。另一种去壳方法,就是从头部数下第四节开始,把边上一侧的壳掀开,一手捏头,另一手拿壳一掀,就搞定了。

熘黄青蟹

蒸、烤和葱油烧的野生青蟹,口感一流,身价不菲,而那味迟到的"熘黄青蟹",则青出于蓝,被视为新潮。

与传统食法相比,熘黄青蟹的加工流程相对复杂。烧制前,将鸡蛋磕于碗中打透,放于一旁;把黄蛤蟹洗净宰杀,揭开壳盖,除去沙囊、蟹鳃,截去足尖,剁下螯足前半段并用刀面拍裂;接着,把每只蟹身分成6—10块,蟹盖带膏部位也切为块状;然后,将锅中食油烧至八成热,投入葱白末、姜丝煸出香味,再下蟹块略炒,加入料酒,加盖焖烧;少时,放入清水、盐、味精,用湿淀粉勾芡,再将鸡蛋液徐徐淋入推匀,放入葱段,浇上熟油,翻炒几下便可出炉。这道海鲜佳肴,色泽黄中透红,肉质香醇鲜嫩,只要看上一眼,就会流出口水来。

为在烧煮时不让蟹脚脱掉,当地人一般先用筷子扎入蟹眼旁或肚剂中,待其昏迷后,解开绳子,刷洗蟹体,再上锅烧之。现在,也有人用冰箱速冻方法进行处理。

鱼(鳗)鲞烧肉

黄鱼鲞、鮸鱼鲞与猪肉炖烧,亦为本帮菜,其烹饪流程如下:

烧前,先将鱼鲞浸于水中至软,泡掉咸味,除去鱼鳞及头尾、鱼鳍、主骨,沥干后斩成段块,五花猪肉也切成麻将牌大小。接下来,将鱼块放入油锅煎炒一番,至金黄时铲起备用;然后,将肉块及姜片、葱段在油锅中煸炒,待肉块微黄时,放入酱油、料酒、糖和开水;水开后,中火将肉烧至七分熟;最后,将鲞肉盖在肉块上,让汤汁漫过,用大火烧开再转为中小火慢炖,至汤汁浓稠时用大火收汁,起锅上盆。

此时,鱼鲞得了红烧肉的滋润,油光红亮,猪肉借助鱼鲞的鲜气,犹添滋味,两者合成为一道精致上口、海陆结合的特色菜肴。鳗鲞炖肉、螟蜅鲞烩肉也可用此法制作。

鲞肉坚实,过去农家柴灶烧蒸出来鱼鲞、鳗鲞、螟脯鲞,味儿、劲头特别足,至今仍让人怀念。

放汤起羹

无论鱼虾还是蟹蛤类海鲜,都可放汤起羹,且特色多多,乡情悠悠,每一细微处,似乎都有无法割舍的岁月记忆。

咸齑大汤黄鱼

黄鱼、咸齑(菜)烧汤,一直为三北人的品牌菜。

烹烧前,先将雪里蕻咸菜切成碎段,冬笋切成薄片,放于一旁。再把大黄鱼的鳞鳃、头皮、内脏去掉,洗净,在鱼身两侧各剖几条"瓦片"刀花,沥干后入锅油煎,至两面稍黄,加入料酒,盖上锅盖再焖烧片刻,再舀入沸水,放上雪菜、笋片及食盐、姜丝;水开后,以温火继续烧,待汤汁呈乳白色时,撒入葱段、味精,起锅装盆。

咸齑大汤黄鱼荤素混搭,咸鲜交集,把黄鱼的尊贵、鲜嫩与咸菜的平易、咸爽融为一体,尤其是那清鲜入魂的汤汁,只要吃上一小口,鲜香便涟漪般地在口腔中荡漾开来……

弹胡炖蛋汤

弹胡(弹涂鱼)炖蛋汤为当地一盘传统菜。

烧前,先把六七条弹胡处理干净,放在一边。两三只鸡蛋磕于碗中,放入少许食盐调散,再加适量温开水、香油、料酒继续调匀。而后,弹胡放至鸡蛋汤碗中,置于水开的蒸锅中,用大火、中火隔水蒸上约10分钟。开锅后,撒些葱花,就可搬上餐桌。

弹胡配以豆腐、冬瓜、笋片、火腿、香菇等食料做成的弹胡汤,亦妙不可言,不用担心味蕾找不到那鲜美的感觉。

此外,蛤蜊烧蛋汤也是当地居民一盘常见菜。

和尚蟹冬瓜汤和虾蛄萝卜干汤

和尚蟹甲盖坚厚,内肉、膏脂不饱满,一般在盐水中煮烧一下,给家里小孩闲食解馋。搬上餐桌当成菜肴的,只有配以冬瓜烧汤。

和尚蟹冬瓜汤烧法相当简易,先洗净和尚蟹,用榔头敲破壳盖,与切成片的冬瓜一起放于锅中,加上水,撒些盐,滴点酒,用中火烧上十多分钟即可。这道独步一方的平民菜,虽为两种低廉食材制成,但有一股独特的清香,汤汁也十分鲜口,展现了一加一大于二的效果。近来,许多酒家返璞归真,和尚蟹时转运来,被列为新特食材,和尚蟹冬瓜汤也上了特色菜谱。

无独有偶。虾蛄(虾皮弹虫)的命运与和尚蟹相似,过去也因模样古怪遭人冷落,难登大雅之堂,只有当地平民人家拿它清煮或配着萝卜干烧汤吃。萝卜干也是低档食料,可清香一身,与虾蛄荤素搭配,鲜香结合,复合之味脍炙人口,与和尚蟹冬瓜汤有异曲同工之妙。

紫菜虾皮汤

三北浅海岛礁上野生紫菜,为纯绿色海味食物。

紫菜干品最宜与虾皮配对作汤料。食前,先用水清洗、浸发一下,与虾皮及盐、醋、味精等调味品一起放入汤盆中,撒上葱花、蛋丝,用开水冲泡,滴入香(麻)油,便是一盆爽口开胃、让人陶醉的紫菜汤了。

紫菜和虾皮含钙量都很丰富,不仅口感好,对缺铁贫血、骨质疏松的患者来说,也是一道性价比颇高的药补膳品。

鲍鱼羹

鲍鱼甘爽、丰腴,有"百味之冠"誉称,清蒸蒸、抱盐腌、红烧烧,都上品牌,若起羹吃,又是一道撬动味蕾的家乡风味菜。

当地家庭厨子做的鲍鱼羹,较为传统。烧前,先把鱼用水煮熟,拆骨去头,留下肉块,与笋丝、姜丝以及火腿丝等配料一起放入煮过鱼的汤汁中,汁水开后加盐、胡椒粉和打匀的蛋清,再勾芡,少时关火出锅,装盘后浇上麻油、撒点葱花。

黄鱼、鲨鱼及带鱼等海鱼起羹吃,味儿都不错,其烧法与鲍鱼羹大体相似。

带鱼萝卜丝羹

带鱼搭萝卜丝做羹,也是当地一味特色小吃,其作法如下:先将萝卜刨丝,放入油锅里稍炒几下,再投入洗净、切成条块的带鱼,加上一两碗清水、少许料酒,煮开后用盐调味,淀粉勾芡,入盆后洒点香油,撒些葱花。上桌后,只要吃上一小口,满嘴尽是带鱼的鲜飘和萝卜丝的清香,欲罢不能。

朗蛤蒲丝羹

过去,蛤蜊及其他朗蛤还有一种配蒲瓜烧成糊羹的家常吃法。烹制前,将朗蛤漂清、洗净,放入开水锅中氽一下,捞出挖取内肉,把原汁盛于羹碗中。接下来,将蒲瓜刨成丝,或将"夜开花"(一种绿皮长菜瓜)切成片,放入锅中油炒一番,再加入蛤肉、原汁及盐、酒等佐料,待汁水烧开后,用番薯淀粉勾芡,上盘后浇上麻油,撒些葱花。那糊羹现做现吃,既廉价实惠,又鲜口着味,不啻为一抹藏匿在农村的"老底子"味道。

此外,泥鱼或蛎黄搭韭芽、笋片起羹,也为民间传统食法,制作方式大同小异。

第十章 海地文脉

民间文学作品大多流传于人们的口头上，保存在人们的记忆中，直接扎根于劳动人民的生活土壤，积淀着一个民族古老而不易流逝的风情。

当地有关靠海的传说故事、民歌民谣、谚语俚言、民间诗词，文句生动形象，通俗上口，地方特色十分鲜明，犹如社会生活的一面镜子，闪烁着时代的记忆，是一项重要的文化传承。

第一节　传说故事

人类没有故事将会平淡无奇,生活中缺少故事也会索然无味。三北是一个充满故事的地方,每个三北人都是从小听着故事长大的。

上辈传下来的那些有关靠海故事,构思巧妙,雅俗共赏,把老百姓的实际感受与艺术想象融合在一起,回荡着幻想与现实和谐的余音,体现了民间创作者的匠心。这类故事为人们所喜闻乐道,艺术魅力至今不减,是一块块瑕不掩瑜的璞玉。

泥鳗船

浙东一带渔民在海涂上捕鱼扪蟹时,常滑行一种轻灵的小船,大家都称它为"泥鳗船"或"泥马"。龙山一些老渔民说,这是戚继光将军在当地抗倭时设计制造的。

明朝嘉靖年间,倭寇时常侵扰浙东沿海,朝廷派遣戚继光将军前来征剿。一天,倭寇船队从邱家洋海边登陆,进犯龙山。戚将军早有防备,率领三千明军在石塘山打了个伏击战,打得倭贼狼狈下海逃窜。戚继光将军指挥士兵趁机追杀,无奈海涂汀陷,跋涉缓慢,眼看着敌寇登上海船逃之夭夭。

失去了歼敌的大好战机,戚将军非常懊恼,茶饭不思,寻求对策。有一天,他偶然看到海涂上的一条小鳗在摆尾游动,就灵机一动,与将士和渔民们商量,研制能在海涂上滑行的小木船。经过多次修改和到海涂试练,最后定型为一人长、一尺宽、中间装置把柄的翘头小船。使用时,双手紧握把柄，左膝跪在船尾上，右脚不时在泥涂中向后挤蹬，驱动小船快速滑行。这种小船行动灵活，进退自如，犹如海鳗游动、马儿奔跑、雪橇滑行，因此大家都叫它为泥鳗船、泥马。

泥鳗船试制成功后，戚继光立即命令工匠日夜赶制，又亲自挑选身强力壮的士兵在海涂上驾船操练。

时隔不久，倭寇又从海岛乘船来侵扰龙山，戚将军胸有成竹，带领士兵与倭寇佯战，打打走走，进进退退，缠住不放。大概过了一两个时辰，海潮渐退，贼船也缓缓驶离海岸。戚将军一看时机已到，指挥明军发起猛烈攻击，倭贼见此架势，慌忙退兵海涂，奔向漂浮在潮水中的倭船。此时，潜伏在海边芦苇丛中的戚家军，听到号令，驶出几百只泥鳗船，似离弦的箭射向海涂，将倭寇团团围住。远处，用弓箭射击，近处，使长乌竹竿刺戳，杀得倭贼尸横涂滩。

这次战斗，明军大获全胜。接着，戚将军又指挥三北军民打了好几次大胜仗，终于平息了倭患。后来，当地老百姓见这种泥鳗似的小船在海涂上灵活自如，就把它作为捕鱼、捔蟹、拾泥螺的工具了。直到现在，当地海涂上仍能看到渔民驾驶泥鳗船的飒爽英姿。

龙山黄泥螺

伏龙山原为海中孤岛，那匍伏的山体，犹如蛟龙卧憩，活灵活现；也像一粒硕大的泥螺，惟妙惟肖。伏龙山下的海滩，右称东海，左曰西海，潮间带海涂泥质细软，好像浇了油，所产的黄泥螺，为三北著名土特产，名扬沪杭，出口海外。为什么龙山海涂上产的黄泥螺有这么大的名气呢？据说，这与伏龙山上发生的"安知县除妖"的故事有关。

很久以前，伏龙山上伏龙寺前那口荷花池下面，住着蛇妖，它串通方丈，用妖功把口舌化为莲花，露出水面，诓说坐入后可上西天佛国，一些善男信女受骗上当，成了它的美食。

◇伏龙寺前的荷花池

消息传到镇海城安知县老太太的耳朵里,她吃素念佛,一心想上西天,便要儿子拣个吉日,让她坐莲花台上天。安知县是个孝子,口中应允老太太,但心里怀疑,就穿上便衣,带了师爷,充当香客,上山察访。

安知县上山,刚巧有人坐莲花台上天,荷花池四面轧满了看热闹的香客。池旁一个老和尚口念佛经,忽然钟声响了三下,水中升出一朵五指叉开似的莲花来。莲花慢慢靠岸,待人坐上,渐渐离岸,至池中央时,莲瓣慢慢裹拢,坐在上面的人双眉紧皱,蛮痛苦似的。转眼间,莲花沉入水底。

安知县回衙门后,觉得事情蹊跷,和师爷一起想了个计策。

没过几天,安知县就叫公差到伏龙寺传话,说老太太定今日午时三刻来莲花池超度升天。日近中天,山下鸣锣喝道,两顶大轿进了山门,停在池边。安知县出轿后,请方丈使莲花出水。

又是"喤喤喤"三声钟响,池面泛出一串串水泡,一朵莲花又慢慢升出水面,移向岸边。几个公差把轿里黑纱裹扎的"老太太"扶了出来,安放在莲花台上。众香客纷纷下跪,和尚们闭目念经,送知县老太太升天。

莲花潜入水底后,一息息工夫,池水开始震荡,波浪翻滚,忽然喷上一股血水,足有一丈高,"哗啦"一声水响,蹿出一条比水桶还粗的大蛇来。池旁边的人见了,都吓得舌根发硬,慌忙逃避。

原来蛇妖吞进的不是知县老太太,而是一只肚子里装有硫黄、火硝、铁刺、利刃的猪,顿时药性发作,痛苦难熬,跃上水面。说时迟,那时快,安知县抽出宝剑,向大蛇刺去。

那蛇妖中剑,飞落在伏龙山下海滩中,痛得死去活来,在那里滚翻了三天三夜,流尽了血油,并把涂泥搅得糯米粉糊一般。从此以后,这里的海涂就特别油软,在泥上觅食的泥螺也长得格外肥嫩。

传说大多是虚构的,但龙山海涂的生态条件,确实得天独厚,被人们称为"油涂",所产泥螺粒大、舌长、壳薄、体黄、脂厚、肉糯、味鲜,《慈溪文化集萃·慈溪百品》一书中对它做了专门推介,评价极高。

海蜇皮

三北浅滩盛产海蜇,有关它的来历,众说纷纭。下面是当地学者陈墨先生搜集到的一则有关海蜇皮的传说。

古时候,潮水里没有海蜇皮。

海龙王有个女儿,觉得住在龙宫里太寂寞了。有一天,她瞒着海龙王,带了两名宫女浮上海来,碰巧遇上一个在海上舸鱼的小后生。龙女见他壮实、勤劳,就有了爱慕之心。可那小后生顾自舸鱼,没注意龙女。龙女因有宫女在旁,不好意思向小后生打招呼,就闷闷不乐回到了龙宫。

凑巧,观音菩萨到海龙王那里做客,与龙女宿在一起。观音菩萨见龙女唉声叹气,晓得龙女有了思凡之心,就笑眯眯地对龙女说:"你的心事我知道了,让我来帮帮你吧!"龙女红着脸,羞答答地向观音菩萨谢礼。

观音菩萨送给龙女一块手帕,说:"你现在住在龙宫,要与凡人相爱,你父亲决不会同意,你可把你的心思写在这手帕上,让手帕漂在海面,那个舸鱼小后生收到你的信,他会想办法来接你的。"

龙女说："会碰得这么巧吗？要是他收不到信,这手帕就白丢了。"

观音菩萨说,"你真傻。我的手帕只要你写上字,会一变十、十变百、百变千、千变万的。千千万万的手帕漂在海面上,难道还怕小后生收不到你的信吗？"龙女说："这事父亲知道了,他一定会生气的。"观音菩萨说："你可以写暗语,要写得只有愿意娶你为妻的人才看得懂。这样,即使你父亲看到了手帕,不是也没事吗？"

龙女一听,这才放了心。她偷偷地把自己的心事写在手帕上,漂上海来,寻找拘鱼的小后生。可她东寻西寻,寻不到拘鱼后生,就把手帕留在海上了,并请观音大士把手帕变出成千上万条,在海上四处漂浮。

龙宫里的文字,同陆上的文字不同,因此,龙女在观音手帕上写的字,任世上的人再聪明,也是不认识、看不懂的,当然,那拘鱼后生也不会在意。

从此以后,三北海上多了这样一件东西,人们把它叫作海蜇皮。也有人说,现在那位龙女还等着拘鱼后生去接她呢！

黄甲蟹

青蟹,三北人俗称黄甲蟹,肉质特别鲜美,是当地有名的海鲜特产。唐建明老师搜集到这样一则民间传说。

很早以前,只要你登上观海卫的北门山上,抬头眺望,远处就是烟波浩渺的大海,城楼北门外面是一片金色沙滩,太阳一出,照得沙滩上金光闪闪。

有一年,观海卫新来了一位官老爷。他上任第二天傍晚,巡视到了北城门,发现城门早已紧闭,很不高兴,严厉地训斥起守城官来："太阳刚下山,城门就关起来了,你们心里还有没有出海打鱼的百姓！"

守城官连忙低头哈腰,回答道："大人,并不是我们心里没有百姓,您初来乍到,并不了解情况,因为再过一会儿海里就会有成群的甲头虫爬进城来,见人就夹,常有孩童被夹伤的事情发生,因此不得不早早关上城门。"

第十章 海地文脉

老爷觉得奇怪,他也是从小在海边长大,虽说相隔遥远,但他从未见过,连听都没听说过海里会有什么甲头虫,今天他非要弄个明白不可。于是,随着守城官上了城楼。老爷抬眼远望,沙滩上平平静静,并未见到守城官所说的甲头虫。守城官解释道:"大人,这甲头虫有时候来得早,有时候来得晚,您先坐下来休息休息,说不定一会儿甲头虫就来了。"老爷一屁股坐了下来,心里想,如果没那事,绝不轻饶这帮守城官兵。天色慢慢暗了下来,又闷又热,下人在一边不断地替他摇着扇子,但官老爷还是等得不大耐烦了。

突然,守城官兵尖叫了起来:"大人,大人,您看,甲头虫来了!"老爷连忙站起身来,顺着守城官手指的方向,只见沙滩上成群的甲头虫,个个耸起两只黄色的大钳,高近一米,好似一帮强盗举着菜刀,杀气腾腾而来,一眨眼工夫就爬到了眼皮底下。老爷低下头仔细一看,甲头虫身子形如茶盘,背上发青,身子底下有好多脚。老爷明白了,大声笑了起来:"我还以为什么怪物,原来是东海龙王爷给咱送好吃的来了。我们家乡把这怪物叫青蟹,也叫黄甲蟹,拿到蒸笼里蒸熟了,吃起来味道十分鲜美,那蟹壳里的蟹黄更是妙不可言。"守城官兵你看看我,我看看你,意思是老爷会不会骗我们,"大人,真的好吃吗?"老爷说:"我哪会骗你们。这样吧,明天傍晚你们准备一下,每人找根一人来高的木棍,放它几个进来,打死它,蒸熟了我先吃给你们看。"守城官兵听了,个个兴奋不已。

第二天傍晚,甲头虫又来了。官兵们手提木棍立在城门两边,见了甲头虫就打,虽说有被甲头虫夹住裤腿哇哇直叫的,但最后甲头虫还是死于木棍之下,提在手里足有十多斤重。兵士们按官老爷吩咐,把洗干净的甲头虫放到蒸笼里蒸,一会儿工夫,蒸笼里飘出很香的气味。甲头虫出笼之后,老爷差人端来调料,大家看老爷大口大口地吃得津津有味,也顾不得许多了,抢着吃了起来,边吃边赞不绝口:"啊,好鲜呀,大人,真是太鲜了。"鲜得这帮人头发都快要掉下来了。

从那以后,黄甲蟹就成了全城百姓餐桌上的一道美味佳肴。

虾鳗的故事（三则）

虾鳗,学名龙头鱼,长得龙头玉体,柔软绵滑,浑身无一硬骨。当地居民除鲜食外,常将之腌晒成干,称为"龙头鲓"。关于虾鳗的这种特殊体形,黄驾图、沈家驹、方宏、邱雄飞等老师收集到流传在当地的几则民间故事。

一

有一年,皇上发了榜文,说谁能将最美的海鲜献上,就赏银千两。

三北海边有个打鱼后生揭了皇榜,带着刚抲来的八条大虾鳗上路。当时正逢六月酷暑,他用根狗尾巴草把虾鳗串起来,圈晒在草笠上。几天后到了京城,便进宫献宝。

皇上一见这几条鱼不鱼、虫不虫的东西,龙颜大怒。打鱼后生不慌不忙,说道:"万岁息怒,这乃东海小白龙晒的干,叫龙头鱼,清蒸蒸,透鲜爽口,油汆汆,黄金宝亮,能舒神壮筋,健身益寿!"皇上半疑,叫御厨四条清蒸、四条油炸。

不多一刻烹制完成,皇上一尝,赞不绝口,吩咐太监赐其银两。打鱼后生谢辞,说海边渔民劳苦贫困,只求万岁免除苛税杂赋,皇帝信口应允。

从此,三北一带减免了几年渔税,那龙头鱼也晒制成龙头鲓,作年岁进贡海珍。

二

早前,虾鳗长有一根十分坚挺的脊骨,身板硬朗,不像现在浑身绵软懦弱。据说,它身子的变化与鳓鱼有关。

有一次,龙王指派鳓鱼巡察四海,鳓鱼说南洋、北海浪涛汹涌,要求龙王给以骨头来健壮身板。龙王应准,下令每种鱼各捐一根骨头给鳓鱼。虾鳗有一副好心肠,别的鱼都捐细骨小刺,它却把身上唯一的一根脊骨献了出去,当场瘫软在龙宫门口。龙王闻讯,问明情由,方知他尽忠献身,失了主骨,因此十分感动。龙王恐怕别的鱼蟹今后要欺负虾鳗,便说:"我赐你一个龙头,别的鱼见到你,就要像见到我一样恭敬……"。

从此，虾鳎就长成现在这副模样，也有了"龙头鱼"这个名号。至于那鳓鱼，由于得到大家给它的骨头，背里腹中长满了骨刺。

三

老早辰光，梅鱼长得小巧玲珑，身子秀美，五官匀称，鱼头也不大；龙头鱼（虾鳎）也生得端庄得体，下颌没有垂得现在那样厉害。它们为何变成现在这副模样，三北一带流传着这样一则传说。

一天，梅鱼和龙头鱼相约，一起去跳龙门。到了龙门前，梅鱼对龙头鱼说："哥们，让小弟打个头阵，你稍等一会儿。"说罢，便要起跳，却听到把守龙门的乌龟大王喝道："来者是谁？通名过来！"梅鱼道："我乃是大黄鱼之孙，小黄鱼之子梅鱼是也。"报好名号，梅鱼使出全身力气猛地一跳，不料竟一头撞在龙门石柱上，顿时眼冒金星，头肿脑涨……

站在一旁的龙头鱼，见梅鱼未过龙门，反把头撞得又肿又大，笑得前俯后仰，一不小心，竟将下颌骨笑得脱出了。

从此，梅鱼的头变大了，人们叫它"梅鱼大头"；龙头鱼下颌骨从此再也合不拢了，口水不时地往外流，也得了个"烂虾鳎"的绰号。

箬鳎与虾鳎

东海里的箬鳎鱼为什么生得身躯扁薄，嘴眼歪斜？那些虾鳎为什么总是张着嘴巴呢？这里又有一段故事。

那是在很早以前，有一年寒冬，江河湖泊冰冻三尺，可那水天一色的大海仍波涛滚滚。这时候，有一对从小生长在东海里的好朋友——白白胖胖的小鳎鱼和横翘美须的小虾鳎，它们不知严寒，欢快地四处追逐觅食，随着潮流来到海塘边。忽然，他们依稀听到阵阵悲哭声，就好奇地游过去看，只见一个小男孩跪在朔风紧吹的海塘上，流着泪，颤声诉着苦……

原来这个孩子住在附近的一个小山村里，家中有个母亲，两人相依为命，平日里靠妈妈替人家做些针线活来苦度光阴。近来，妈妈劳累过度，患了眼疾,日夜疼痛不止,家中本是糠菜糊口,哪里有钱请医买药呢?!孩子急得团团转,哭得成了一个泪人。隔壁三叔公告诉他,说只要吃了带血的鲜鱼,便可治愈眼疾。所以他就拿起一把小刀,独自奔到海塘河,伸出僵冻的小手挖撬冰层。可是人小力微,怎能撬得开呢?!孩子无可奈何,对着大海哭泣起来……

听着这孩子凄惨的哭诉,小鳎鱼也伤心起来,不觉掀动了它那舍己为人的侠义心肠,便把自己的主意悄悄地告诉了身旁的虾鳏。小虾鳏一听,慌忙拉住它说:"小鳎鱼呀,别多管闲事了,我们快回去吧……"可未等虾鳏说完话,鳎鱼已"嘣"的一声,跳到孩子脚边。

孩子见到海里跳上一条箬鳎鱼,先是一呆,继而喜出望外,来不及拭掉泪珠,拾起它一口气跑到家里。

躺在床上呻吟的妈妈,得知孩子捡到一条活蹦乱跳的箬鳎鱼,真是又惊又喜。她对孩子说:"小鳎鱼这样好心,叫我怎能忍心吃掉它呢?"后来,母子俩终于想出了一个两全其美的办法:把这条箬鳎鱼用刀剖成背、腹二爿,将一爿放回大海。孩子捧着半爿鱼来到海边,一边放鱼,一边深情地说,"小鳎鱼呀小鳎鱼,你救了我妈妈,但愿你也能活起来!"说完,孩子就回家了。妈妈吃了带血的鲜箬鳎,眼病渐渐地好了。几天以后,又替人家做针线活去了。

再说小虾鳏见小鳎鱼跳上海塘,被那孩子捉去了,懊悔自己没有把它拦住,怏怏地游来游去。后来,它忽然看见前面好像有条鳎鱼在漂浮,急忙上前辨认,只见小鳎鱼浑身鲜血淋淋、昏迷不醒。小虾鳏用尽生平力气,艰难地背着它,游向龙宫。

东海龙王正在宫殿里看阅兵书,忽报小虾鳏有急事求见,就召见了它。小虾鳏把小鳎鱼救人急难、自愿献身的经过一五一十地禀告了龙王,并再三磕头,请求龙王抢救这位生命垂危的好朋友。龙王听后,甚为感动,走下殿来,见小鳎鱼血肉模糊,还有微微一丝气息,就急命海龟太医精心医治。

三天以后,小鳎鱼终于活了过来,一直陪伴在旁边的小虾鳏,高兴得放声大笑,这一笑非同小可,竟连下巴骨都笑落了,从此再也合不拢嘴了,就是被晒成龙头鲓,也张着大口呢!至于那箸鳎鱼的身体,直到现在还是扁扁薄薄的,嘴眼歪斜,腹下苍白,紫红的背面还隐留着伤痕。

清蒸鲥鱼

"清蒸鲥鱼"是当地一道名菜,它的来由,也有一段民间故事。

早年,镇海北乡有一大户人家,主人喜欢吃鲥鱼。他买来鲥鱼,剖腹去肠,清水一漂,蒸熟就吃,味道十分鲜美。

这年他儿子娶了媳妇,刚满三朝,他就关照新媳妇说:"我欢喜鲥鱼清蒸着吃,千万勿要把鱼鳞刨掉。"

吃中饭时,媳妇把一碗无鳞鲥鱼端了上来。这一下,公公不高兴了,问道:"叫你别刨鳞,为啥不听?鲥鱼这样吃还有啥味道!"

媳妇笑了:"公公,鱼不去鳞,咸味透勿进,吃起来也太麻烦,去掉了有啥不好呢?"公公说:"鲥鱼最鲜的是鱼鳞,去掉了就没了鲜味。"媳妇说:"公公,你先试试看,吃吃这鱼鲜不鲜?"

公公一吃,啊呀,又鲜又嫩,要比自己以前烧的还好吃。他奇怪了,问媳妇是咋煮的。媳妇到厨房拿了一只高镬盖,翻过一看,正中用线串起来密密的一吊鱼鳞,说道:"公公,我把鱼鳞挂在镬盖里,热气一蒸,鳞里的鲜气全部滴进下面的鱼里,一点也没跑掉……"

公公一听,交关信服。后来,这种烧法传出去,"清蒸鲥鱼"就成了当地一味海鲜佳肴。

这则故事是由王兰青口述、何薇强整理的。

带鱼和黄鱼

相传,海里的带鱼是银子变的,黄鱼是金子变的。孙冲杰老师搜集到有关这方面的一则民间故事。故事发生在慈溪观海卫西门卫山里。

宋朝时,有一老道启奏皇上:"三北的卫山里有大量金银,只需一千三百人,从卫山的东面挖进去,用三年六个月的时间就可以挖到金银。"

皇上闻奏后,传旨陈琳太监去办理。陈琳受命后,派人日夜挖洞,挖了三年六个月,金银还没挖出。陈琳心里发愁了:如果万岁爷发起火来,是要满门抄斩的。陈琳越想越伤心,竟哭着奔进洞里去寻找金银……

陈琳的哭声,惊动了金银,它们慌了,以为是大祸临头了,就纷纷出洞朝海里飞去。

陈琳一看金银都飞了,忙命手下人射箭。顿时,乱箭射去,金银落在海里,那些银子变为带鱼,金子变为黄鱼。直到现在,三北一带还流传着这样的一句话:"银子样格带鱼,金子样格黄鱼。"

小黄鱼独吞

黄鱼身价高,冠有"国鱼"头衔,民国期间,国内最流行的旧制十两(312.5克)重的金条,俗称"大黄鱼",一两(31.25克)重唤为"小黄鱼",可见黄鱼在人们心目中的身价。裘一挥、柴娜珍编著的《观海卫老话故事》中,有一则有人想独吞"小黄鱼"的故事,讲出了做人处世要诚实的道理。故事内容是这样的:

三北有个叫大岐山的村庄,村中有好几个住民常下海捡泥螺、扪沙蟹、捉跳鱼,收入不多,运道好的话,最多就是捕几只青蟹、抓几条鲻鱼。于是他们组织起来,合伙去外海捕鱼,这样一来,收成比以前好多了。

有一日,老天菩萨开眼睛,小黄鱼一潮一潮来,只一个时辰就捕了一舱,差不多要把船都压沉了。大家看着满舱金灿灿的小黄鱼,笑得眼睛都睁不开,小后生阿其面朝夕阳,高兴地唱起歌来,掌舵老大阿生吩咐大家用力摇动船桨,快快回家,好卖个好价钿。

第二日船靠海皇山码头,海货行贩就"刷"地围了过来。他们看到一船金子一样锃骨斯亮的小黄鱼，眼睛都亮了，就像苍蝇见了血，走也走不远，围着阿生老大，这个报价，那个抬价，交关闹猛。经过讨价还价，阿生终于谈妥了一家生意，以几根金条卖出一船小黄鱼。阿生老大拿到那些金灿灿的金条后，不由起了贪心，想瞒下一条占为己有，便偷偷地把一根金条塞在围腰上。他的这一行为，刚好被上岸买点心的阿其瞧见了。

阿生回到船上，大家问起价钿："去了介多辰光，到底卖了多少银子？"站在一旁的阿其一语双关地说："阿生哥，还有一条'小黄鱼'，侬吞在肚里了！"阿生被其说中，顿时羞红了脸，恨不得找条缝，钻到地下去。

阿其在这里，把金条比喻为黄鱼，实在是既聪明，又恰到好处，既击中了要害，又给阿生留下了面子。从此，"小黄鱼独吞"这句闲话，就在三北一带流传开来了。

鲻鱼尾刺

鲻鱼就是黄貂鱼，小者如饭碗口，大则似圆桌面，它的尾鞭上有枚毒棘，靠海人被刺后，会痛得在泥涂里打滚，严重的会危及生命，因此在捕捞和拣分鱼货时都要十分小心。

据说，鲻鱼的尾巴原本光溜溜的，华晓标等老师搜集到了一则流传在当地的民间故事，说这枚刺是明代抗倭名将戚继光送给它的！

有一年，戚继光带领明军在海上同倭寇浴血奋战，感动了东海里的水族，虾兵蟹将、鱼鳖勇士都来参战，鲻鱼也不例外，跟着助阵。不料，在一场恶战中，戚继光将军的指挥船上一支舵杆忽然折断，在水里骨碌碌乱转，随时都有覆没的危险。倭寇见此情况，乘机反扑上来。

就在这危急时刻，兵船忽然又稳定下来了，而且行动自如，众将士都莫名其妙。船舵故障消除了，明军又恢复攻势，杀得倭寇跳海逃命。回到岸边，戚将军命人去检查船舵，一看，船尾哪里还有舵板，是一条大鲻鱼吸在舵杆上，起着舵板的作用呢！

为报答鲾鱼的功劳和恩情,戚继光把挂在身边的宝剑,插在它的尾巴上,表示酬谢。从此以后,鲾鱼身后长出了一枚像剑似的尾刺,当作自卫武器。

七姐妹山

三北沈师桥北面有座海皇(黄)山,不久前还是海中岛屿。在其前头的海上,横排着七座小岛,当地人称为"七姐妹山"。有关它们的来历,观海卫王银燕老师收集到了这样一则动人的故事。

很久以前,海边住着一个渔夫,妻子生下第七个女儿后撒手归西。渔夫既当爹又当娘,每天风里来雨里去,含辛茹苦地把女儿们拉扯大。

七姐妹长大后,个个出落得水灵灵的,聪慧能干、织网、划船、打鱼无所不能。她们见父亲年纪大了,执意让他看家,姐妹们出海去捕鱼,一家子虽然清贫,却也其乐融融。

老渔夫家有"七朵金花"的事,被一只自称为"海皇"的龟精知道了。这妖精经千年修炼,炼成了一颗神力无边、长生不老的护身金丹。从此,龟洞里众多小龟对他唯唯诺诺,百依百顺,天天美酒佳肴伺候。可那龟精还不知足,想要老渔夫家的七姐妹斟酒做伴。于是,他派小龟备了礼品,几次去渔夫家说亲,渔夫哪里舍得让宝贝女儿嫁给个妖精,一口拒绝。

龟精见说亲不成,就亲自出马,摇身一变,变成一个后生,来到渔夫家。他道明身份和来意,渔夫当即回绝。龟精见软的不成,起了凶性,一挥掌就打死老渔夫,并取出纸笔,写了一张纸条:"明日正午,再见美女。"然后扬长而去。

夕阳西下,姐妹们高高兴兴地带着一天的收获返回家里。可走进屋内,看到老父亲死了,不由悲伤万分,痛哭起来……

这时,大姐见到桌上的纸条,一下子明白了凶手是谁。大家强忍悲痛,一起想着法子对付妖精,替老爹报仇。

第二天,七姐妹做了一桌海鲜,备了一坛子酒,等着龟精上门。正午时分,龟精果然来了,见姐妹们备了酒菜等着他,以为她们慑于自己的威力,甘愿诚服了,不由得心花怒放。

姐妹们轮番敬酒,把龟精灌得酩酊大醉,最后终于趴在桌上不省人事。

见时机已到,大姐连忙拿出尖刀向龟精的胸口刺去,可是当刀及心脏的一刹那间,只见那龟精胸部蹿出一道金光,似乎有一股巨大的力量把大姐手中的尖刀挡了回去,"咣当"一声,刀落在地上。姐妹们一怔,猛然想起,以前曾听爹说起过,那龟精正在修炼金丹,一旦炼成,金丹附身即可刀枪不入,莫非此妖果有金丹护身?于是,大家一起搜身,果然从龟精胸前掏出一颗圆润晶莹的金丹。大姐正待再次取刀杀妖,可是那龟精感觉到有动静,已然醒来。"逃!"大姐当机立断,众姐妹连忙出门,划船向远处驶去。

那龟精此时完全醒来,他踏浪紧追而来。怎么办呢?这时,大姐手捧金丹果断地说:"妹妹们,你们快逃,我吞了金丹挡一挡这妖精!"可是二姐不同意,说:"你是大姐,妹妹们还要由你照顾,应让我吞金丹。"这时,众姐妹都想争食金丹。

这么危急的时刻,大家为什么要争呢?原来,这颗金丹还有一个特异功能,谁吞了它,就会变成一座石山,因此,姐妹七人都争着要吞食。

龟精越来越近了,他狞笑着大声喊道:"嘿嘿嘿!你们逃不了啦!"

情况越来越危险,这时,七妹提议道:"大家别争了,我们是亲姐妹,不会自顾自逃命去的,还是碎了金丹,每人吞食一块,化作石头永远在一起,总比被妖精抢去强!大家点头称是,把金丹敲碎,每人一块,一齐吞下。

嘭!嘭!嘭!……只听见七声惊天动地的响声,激起了七道水墙,七股水浪直冲云天。巨响过后,海面上出现了七座小山。

那龟精被突如其来的响声震得晕头转向,再看海面上横着的七座小山,方知自己千年修炼的金丹已碎,不由万念俱灰,浑身无力,软软地向后倒去,身子倒下的一瞬间,也发出了一声巨响,他也变成了一座山,那便是海皇(黄)山。海皇山与七姐妹山相对,那龟精至死还贪婪地望着前面的七姐妹呢！

现在，海皇（黄）山已成岸上陆地，你若晴天去海边，能看到不远处的海上一座紧挨一座的七姐妹山呢！

"三八廿八"

三北一带海边人家，老早就有用张网、拖网捕捞虾子的习惯，他们把捕捞上来的虾子上街鲜卖或盐腌后再卖，旺产时也批发给行贩。罗大茂、范方其老师在采风中搜集到了一则"行贩卖虾子"的笑话。

清朝辰光，有个卖虾子的行贩，做生意门槛交关精，买虾子的人总要吃些亏。

一日，虾子行贩担着虾子到一个村里叫卖，口喊八个铜钿一斤。有一个新媳妇叫住了他。

那新媳妇一见桶里的虾子大，水分少，质地好，心里想，怪勿得人们不怕吃亏，喜欢买他的虾子。新媳妇说买三斤，虾子行贩马上舀了六铜勺虾子，打好秤花，猛往上一提，同时用小指轻轻按了一下秤杆头，秤尾翘了起来。新媳妇看在眼里，估算了一下，约莫吃亏二两虾子。她故意自言自语地算起账来：八个铜钿一斤，三斤，三八廿八……然后对行贩说："卖虾子客人，是勿是廿八个铜钿？"虾子行贩明明晓得新媳妇算错了，却"嗯"了一声，还装得交关客气地说："侬是新买主，今天我加你一勺。"说着就舀了一浅勺子虾子倒进新媳妇的斗缸里。

新媳妇缓缓数着钱，一边笑着说："这是勿大好意思格。"她先将廿个铜钿付给虾子行贩，然后又数了四个停了下来，"哎呀，我算错哉，三八廿四，廿四个铜钿够哉。"新媳妇把已数好的四个铜钿付给了行贩。

虾子行贩只好自认倒霉。从此，人们把新媳妇买虾子的事，称为"三八廿八，虾子一铜勺"。

海少女巧对县老爷

清朝末年，杭州湾畔海涂淤涨北延，当地成千上万的人在滩涂上捡螺捫鱼，以养家糊口。看到这种情况，师爷为县官出了个主意，说可对靠海者课以海税，增加一笔收入。县官觉得这个主意不错，便坐上轿子，去海边考察。

到了海堤，只见一群十几岁的半大孩子提篮携篓，嘻嘻哈哈地赶海回家，县官自恃三考出身，满腹文才，想戏弄一番海头小孩，便对着众少年说："海涂乃大清国土，岂能随便下海捕捞，以后凡下海捕者须缴税，今天看在你等尚未成年的份上，免去海税，但须对出一联才能放行。"遂出上联："海边小孩入涂捡贝类，黄蛤？青蛤？"说完，捋捋胡子哈哈大笑。

众少年见海堤上冒出一个官老爷，要他们续下联，并不慌乱，其中有一女孩上前应对："衙门老爷出城察民情，清官？贪官？"

县官心里一震，想不到海边女少年蛮厉害的，就又出一联："今日下海缴海税，爱吾大清。"

众少年看到县官口口声声要他们缴海税，很讨厌这个不速之客，海边少女又马上回续："明天上朝献殷勤，拍你马屁。"

县官碰了鼻子，恼羞成怒，竟出了辱骂少女的上联："出圈崽猪无倌赶，终成野豕。"

众少年一听，十分气愤，这时小姑娘哈哈一笑应对："入笼老黑有人抬，将变狗熊。"众少年一听，拍手大笑，把轿比作笼，把县官比作熊黑，可谓针锋相对，不落下风。

县官在海边连讨三个没趣，赶忙打道回府，再也不提海税的事了。

这则故事是徐惠旺老师搜集到的。

第二节　靠海渔谚

　　大海的足迹,在风雨洗礼中慢慢远去,但脚底下的褐土,随处都能寻觅到老涂古港的踪影,老百姓的口中,也会时不时地冒出几句靠海吃海的乡土格言。

　　当地海洋渔业方面的谚语,造句生动,活色生香,言虽浅而意无穷,有较强的知识性、实用性、哲理性。随着时代的变迁,相当一部分谚语虽已失去了存在的社会基础,但对于研究当地渔业发展历史、社会心理,仍有一定意义。

　　海洋渔业谚语是传统文化的一支重要文脉,蕴藏丰富,这里掇取的一部分,都曾广泛流传,至今仍为老一辈人口语。

史话类

　　靠山吃山,靠海吃海。

　　注释:当地先人凭借山海之利,以渔猎为生。三北平原北面的广袤大海像个大鱼池,是许多贫穷之人赖以生存的依托,也是弄潮儿们追逐梦想的地方。

　　也传有"在山靠山,在海靠海"的同义说法。

　　宓家埭,牵沙蟹。

　　注释:"宓家埭",地名,现属观海卫镇;"牵沙蟹",渔人把网摊铺在泥涂上,以牵拉网片来捕获沙蟹。宓氏先人因靖康之乱,由河南迁居杭州临安、嵊州,宋淳佑五年,再迁慈溪鸣鹤场东,后成村落。当时,村北不远处濒海,许多人在潮涂上捕鱼扪蟹。此语亦寓沧海桑田之意。

宁波江厦，勿及淹浦塘下。

注释："江厦"，处于姚江、奉化江、甬江三江口，是宁波旧时最热闹的街市。原慈北淹浦的东西塘下，过去有元通行、广大行等许多商铺，买卖两旺，为三北海鲜等土特产交易的一个重要场所。清代观海卫文人方翔藻的一首《淹浦竹枝词》中，也有"浦口估帆相次泊，层冰堆里色鲜新"的描述。这句谚语虽为夸张，但一定程度反映了淹浦塘下当时的繁荣景象。

渔民头上三把刀，鱼行、风暴加强盗。

注释：过去，官绅豪富、渔棍地霸投资鱼行栈，操控市场，垄断渔货专卖权，渔民受尽剥削。潮海云谲波诡，变幻莫测，渔人出海打鱼，遇上风暴，翻船触礁，凶多吉少。海上盗匪猖獗，元明时倭寇横行，民国期间海盗与军警勾结，渔人惶惶不可终日。日军侵占浙东后，随意夺船、杀人，打"海底枪（篱）苞"，无恶不作，靠海人深受其害。

捕捞类

上山刀刀有，落海网网空。

注释："上山"，指上山砍柴；"落海"，指下海捕鱼。意为上山砍柴每一刀下去都有柴薪到手，而下海捕鱼不一定每网都会有鱼。意为靠海渔民收入不稳定。

此外，当地还有"落海网网空，一网就成功""千网万网，候着一网""十网九网空，一网会成功"等说法，说是运气好时，一网也能捕到很多鱼蟹。

春过三日鱼北上，秋过三日鱼南下。

注释：当地近海渔场，开春时汛期一般由南向北推进，而秋后的鱼汛则由北向南而来。

正月十四暗，乌贼爬上岸；正月十四亮，乌贼装装样。

注释："乌贼"，即墨鱼。过去，浙东一带渔民常以正月十四那天晚上的天气来预测本年乌贼捕捞产量的多少，阴天兆丰年，晴天为歉年。与此相似的谚语还有"正月十四暗，乌贼多如灰；正月十四亮，乌贼在外洋"等。

此外，也有"立夏上山，小满生蛋"说法，即立夏至小暑，为浙东渔场墨鱼汛期，其中小满至芒种为旺发期。立夏前后，墨鱼游至岛边岩礁处，称作"上山"，说明鱼群已进入当地渔场；小满时节开始产卵，俗称"生蛋"。此语也概括了墨鱼的生活习性。

清明叫，谷雨跳。

注释：过去春汛时，三北一带流网渔民常往江苏吕泗洋一带捕小黄鱼，清明时开始旺发，谷雨前为最盛。小黄鱼常跳出水面，产卵时，它的鳔会发出蛙鸣似的叫声，渔人则根据其鸣叫、跳跃情况来寻找鱼群。

当地还有"四月半黄鱼勿叫，捫鱼人老婆上吊"等俚语。

夏至鱼头散。

注释：春时，鱼群从深海洄游至当地浅海。到了炎夏时，繁殖期已过，鱼群开始分散，"各奔前程"，渔人的捕获量随之减少。

三天打鱼，两天晒网。

注释：过去，绝大多数渔网由苎麻线编织，最怕潮湿霉烂，收网后须保持干燥。同时，麻网要定期栲染并晾晒，其工序复杂，费时费力，常耽误出海，故有此说法。后来，也用此语来揶揄那些做事没恒心、不专意的人。

天热捕流水，天寒捫深潭。

注释："流水"，指动态水域。天热时，鱼蟹活跃，常随波逐流；到了冷天，它们常潜伏在深水中过冬。意为捕捞作业，需遵循鱼类的生活习性，以获得好的收成。

紧拉鱼，慢拉虾。

注释：打鱼起网，动作要快，防止入网鱼儿逃脱；捕虾起网，则需轻悠，以防网内之虾受惊而逃逸。意为做事要讲求针对性，注意方法。

跷脚网，瞎眼鱼。

注释："跷脚网"，指罾网的撑竹有长短，着地不平。渔人使用跷脚网，鱼儿难以入网；偶尔也会碰到眼力不大好的鱼儿，进入网内，刚好被抲牢。此语含"劣网不能捕到灵活的鱼"，以及"瞎猫碰到瞎老鼠"的碰巧之意。

带鱼要抲两头红。

注释："两头红"，指太阳升起和快要落山的时候。带鱼畏强光，喜微光，早晨和傍晚时阳光柔和，鱼群常浮至较浅水层，容易被捕获。

网眼见方，带鱼逃光。

注释：渔网网眼原呈菱形，线断网破后网目变大成为方形，各种鱼儿特别是身子细长的鱼就会趁机逃脱。此语告诫人们，网破了要及时修补，做到"防微杜渐""亡羊补牢"。

此外，亦有"破网抲大鱼"一说。

打桩勿满百，风大连根拔。

注释："桩"，指张网的桩基；"满百"，夯打一百下以上。意为打桩基的时候，一定要用力多夯几下，把它牢牢地深埋在海底下，否则大风大浪一来，桩基就会被拔起，网架、网衣飘失。意为做事要踏实。

铁锚沉底，桅杆撑天。

注释：锚扎进海底才能固定船只，桅杆篷帆扯在半空才能借风。意为各种渔具各有其用，只有各就各位，才能发挥各自的作用。

海里抢埭，上岸抢卖。

注释："抢埭"，即渔人在布网、布钩时，争占泥质好的海涂作桁埭；"抢卖"，意为渔人都希望尽快把自己的渔货卖出去。在涂质好的地方捕捞，产量高，因此放拉钓、抲串网等一些流动作业的渔人，都喜欢选择涂质好的地方布桁。同样，每一潮渔货，谁先挑到市街，谁就卖得俏、卖得快，所以总能见到渔人挑着海货匆匆赶市的场景。

潮候气候类

撑船勿识潮，跟着月亮跑。

注释：潮水涨退与月亮引力相关。月亮初升和落山时，潮水始涨，月亮在中天时，潮水涨平。意为外行人下海，可依照月亮所处方位，来估算潮水涨退的情况。也有"撑船勿失潮，跟嘞月亮跑"之说。

上半个月潮追月，下半个月月追潮。

注释：农历上半个月，月亮落山时，潮水准备起涨；下半个月，月亮升起时，潮水已经开涨了。

初一月半子午平，潮水落出吃点心。

注释：农历每月初一和月半，潮水在半夜和中午时涨平。下午三点钟，潮水退至潮间带中下区，此时正是吃点心的时候。

还有一句"十五、十六晏昼平"谚语，也含这个意思。

初三潮，十八水。

注释：农历每月初三、十八这两天，为天文大潮汛，潮水很大。

与此相对应的是每月初八、廿三那两天，潮水最小，涨至潮间带中区就退了，因此也有"初三、十八当大水，初八、廿三搁小水"的说法。

初八廿三潮，天亮白遥遥。

注释："天亮"，即早晨；"白遥遥"，白茫茫的样子。农历每月初八、廿三的潮水，天亮时快要涨平，看过去白茫茫一片。此时，下海打鱼的人不用心急，待吃好早饭后再把船驶向桁地。因此，也有了"初八廿三潮，吃了早饭缓缓摇"这句老话。

十二廿七鸡啼涨，潮到滩头大天亮。

注释："滩头"，海岸边的滩涂；"大天亮"，早就天亮了。农历每月十二、廿七那两天，凌晨鸡啼时开始涨潮，涨至岸滩时已到八九点钟了。

廿五廿六，呒涨呒落。

注释：意为农历廿五、廿六（包括初十、十一）这几天，潮水涨、退的幅度不大，在潮间带中区徘徊。

潮涨风起，潮平风止。

注释：涨潮流急，似有风的声音；平潮时，常风轻浪静。这是渔人长期观察所得出的结论。

顺风加镶匾,老大像神仙。

注释:"镶匾",即三角状的副帆,挂在主桅与头桅间。海上行船时遇上小顺风或单抢风时,只要扯上主帆和副帆,船只就稳速前进,不用船工划摇,也无须老大操心。

此外,还有"顺风加镶边,老大敲旱烟,伙计好聊天"等民谚。

上山怕虎,落海怕雾。

注释:比兴句,喻渔船出海遇雾最险。过去,渔人缺少罗盘、定位仪等设备,若大雾降临,就会迷失方向,发生事故。海雾多兆恶劣天气,有"春雾雨夏雾热,秋雾凉风冬雾雪"俗语。

浪叫有礁,鸟叫山到;混水泛泡,趁早抛锚。

注释:这是渔人根据海上环境的变化所得出的经验之说。

此类谚语很多,如"暗礁浪,着地跳""远望海水清,天气必定晴;远望海水暗,必有风雨来""条浪打先锋,后头跟台风""天扯大鹏云,后面有台风""静海起浪头,狂风在后头""浪头圆圆浪面大,及时调篷赶回家"等。

二月十九观音暴,落船还是困觉好。

注释:"困觉(方言念若'高')",即睡觉。当地海域,一年中不同时段都会遇上疾风怒号、浊浪排空的风暴,渔人称之为"暴(方言念若'宝')"。如正月十三"上灯暴",二月十九"观音暴",三月廿三"娘娘暴",六月廿四"雷公暴",九月初九"重阳暴"、十月初十"拖山暴"、十月卅"七星落地暴"等。意为到了风暴期不可下海,老老实实待在家里休息。

有关这方面的谚语也很多,如"九月初九重阳暴,海底龙王信带到""十二月十二彭祖暴,开船总是勿开好"等。

日愁夜愁,独愁七月廿三五更头。

注释:农历七月廿三这一天,为特殊天文海潮。清晨五更潮水涨近岸滩时,浪高潮急,常伴发灾害,出海渔人需小心应对。清末余姚文人宋梦良写的《竹枝词》也有"七月愁逢海溢秋,廿三最怕五更头"的句子。

当地也有"早不愁,晏不愁,只愁七月廿三五更头"的类似说法。

风前不可撑,风后不可让。

注释:"风",指台风、暴风;"不可撑",不要驾船出海;"不可让",不要犹豫、退却。意为大风来临前,不可冒险驾船下海作业;风暴一过,下海捕捞渔获物最多,不要错失这个时机。

西风响,蟹脚痒。

注释:"西风",指秋风。中秋时节,暑谢寒启,此时浅海中白蟹最为健壮,它们舞动螯足,到处游弋,正是捕捞的最佳时节。

三朝浓霜,新鲜带鱼有得尝。

注释:"有得尝",可尽情品尝。每年立冬前后,原栖息于北部海域的带鱼,集群进入浙东渔场,索饵越冬。霜兆晴天,俗话"浓霜猛日头('日头',即太阳;日,方言念若'聂')",这是捕捞带鱼的最好天气。

带鱼的汛期在立冬至大寒,也有"小雪小㧙,大雪大㧙,冬至旺㧙"的说法。

过了三月三,草绳好带缆。

注释:"好带缆",好作泊船用的缆绳。阳春三月,风和日丽,海上波浪不惊,泊港渔船稳泊码头。

渔人类

三寸板里是娘房,三寸板外见阎王。

注释:"三寸板",指船板;"娘房",出生之地,引申为生命之所;"见阎王",即到了鬼门关、阴间。喻出海捕鱼风险大。

也有"㧙鱼人脚大,一脚棺材里,一脚棺材外"等同义说法。

春发作,夏财主,秋落魄,冬无被。

注释:"发作",指鱼汛来临,渔民出海;"夏财主",意为夏天是渔民最辛苦,也是收获最好的季节,戏谑渔民成了"财主";"落魄",意为夏天赚到的钱,到了秋天便用完了,又成了穷汉;待到寒冬腊月时,又落得个缺衣少被的困境。这是过去渔人一年四季的生活写照。

落海簟篓当米缸。

注释:"落海簟篓",指下海时带去的竹制鱼篓。过去,那些撬箭鳗、踏赤鳝、谅弹胡、放拉钓、扪丝拉、牵沙蟹的靠海者,家境贫穷,没有积蓄,没有多少隔宿粮,只好每天下海,卖掉鱼篓里的鱼货,换口饭吃。这句老活,暗喻渔人困苦生活。

会扪扪一万,勿会扪扪一篮。

注释:"会扪",善捕;"一万",指渔获物多;"一篮",则喻其少。比喻靠海人渔获物的多少,凭的是功底、技能。

湿网燥箍箩,老婆眼白多。

注释:"湿网",向海里撒过的网;"燥箍箩",干燥的鱼篓,暗喻无鱼;"眼白多",生气的表情。揶揄丈夫下海撒网捕不到鱼,回家后妻子发愁、不高兴的样子。

朝中宰相,不如篷下老大。

注释:"篷下",船上;"老大",船上领班,指挥生产、管理生活者。渔船在外,老大作为一船之长,说了算数,戏谑其权力比过去朝廷中的宰相还要大。

扪得着老大,扪勿着乱埭。

注释:"乱埭",找不到鱼蟹多的水域。下海捕鱼,尤其是流网和一些流动性的张网、拖网作业,若船老大水平高,其产量亦高;若船老大经验不足,往往找不到鱼群。含"成也老大,败也老大"之意。

老大勿识潮,伙计有得摇。

注释:"勿识潮",这里指不识潮流,不识鱼汛;"伙计",雇工,船员;"有得摇",不断地摇船去瞎撞瞎碰。喻海上作业仰仗船老大的经验。也有"老大勿识潮,吃亏伙计摇""大海能使八面风,全靠老大撑风篷"之说。

老大好做,顺风难过。

注释:遇顺风风力大时,篷帆吃风,船速快,船头晃动加剧,老大如不注意,会出现断索断桅、"过篷"侧翻等情况。意为顺风船并不好驾驭,船老大也需谨慎小心,借好风、掌好舵。

此外,还有"黑夜东风狂,老大呒人当""东风暖洋洋,老大众人抢"等老话。

日里拖,夜里照,空落工夫放拉钓。

注释:"拖",指用网拖鱼;"照",用灯光照捕鱼蟹。拖鱼一般以白天为好,那照蟹必须在夜间作业,而放拉钓则一年四季、白天黑夜都能进行。意为下海人一年到头辛勤劳作,很少有空闲时间。

家有薄粥冷饭,也勿会抲到浪岗山。

注释:"浪岗山",在舟山群岛东面,那里风浪凶险。此语也道出了下海渔人的艰辛与无奈。

描述渔人窘境的谚语还有很多,如"张网像喇叭,越张越背债""网眼两头尖,离水呒铜钿"等。

蛎黄鲜,挑蛎难,蛎婆戳脚叫皇天。

注释:"蛎婆",指敲蛎黄的女人;"戳脚",脚被砺壳划破。蛎黄味道鲜美,但到岛礁上去敲撬蛎黄,不仅苦累、危险,还要注意别被蛎壳割破脚板。

海产类

二月清明鱼叠街,三月清明断鱼买。

注释:"断鱼",即无鱼。当地下海渔民认为,清明那天在农历二月里,春季及全年收成好,若在农历三月,则反之。有的也说成"二月清明鱼如草,三月清明鱼如宝"。

上山一蓬烟,落海一餐鲜。

注释:"上山",指上山砍柴;"一蓬烟",砍来的柴一烧就光;"落海",指下海捕鱼;"一餐鲜",只可供一餐鲜美。揶揄山海劳作,人苦利薄。

鲭鳃、马鲛实难分,看了尾巴识假真。

注释:宁波海域有种带蓝点的马鲛鱼,当地人称为鲭鳃(也写成"川乌"),十分珍贵,被誉为"鱼中极品"。鲭鳃与一般马鲛鱼相像,只有尾巴上稍有区别,外行的人难以分辨。

梅鱼大头尽是头。

注释:"梅鱼",即梅童鱼,是当地特色小海鲜,其头特大,俗称"梅鱼大头"。小梅鱼烤好上盆后,看起来好像都是头。新浦一带也传有"梅沙大头做羹饭,个个头脑人"这样的老话。

此语也寓"人多想法多,各抒己见,难以统一"之意。

赤鳝滚糟,灶君菩萨跳灶。

注释:"滚",水煮于沸。赤鳝配烧酒糟,是三北人一道传统的家常风味菜,食之舌颊留香,连供祀在灶头上面的灶君菩萨也觉口馋,真想走下来尝尝鲜。

鲳鱼嘴,马鲛尾。

注释:鲳鱼嘴小巧,马鲛鱼尾巴有力,食时其味犹佳。

鲥鱼吃鳞,黄鱼吃唇,毛鲿吃胶。

注释:鲥鱼的鳞,黄鱼的唇,毛鲿的胶,均比其自身肉质鲜美,被誉为海鲜中的美食。

八月蛏,一条筋;八月鳗,抵只鸭。

注释:用"筋""鸭",来比喻中秋时节蛏子瘦、箬鳗肥的状态,形象生动。

碗头鲻鱼鲥鱼相。

注释:"碗头鲻鱼",指一条不大不小、刚好盛满一碗(盆)的鲻鱼;"鲥鱼相",鲥鱼靓丽的生相。比喻那些身材匀称、颜值高的女子。

海蜇撑阳伞,箬鳗单边眼。

注释:形象地描述了海蜇和箬鳗的体形、五官等生理特点。

这类谚语很多,如"乌贼黑,带鱼白,鲻鱼肚皮比刀快""鳗鱼长,鲳鱼扁,梅鱼大头短身体""鲥鱼头上胭脂痣,越看越中意"等。

鲻鱼脾气暴,离水只能跳三跳。

注释:鲻鱼一听到声响或触碰到网片时,就会跃出水面,且跳得很高。倘若离水被搁在网上,便无能为力,挣扎两下就不动弹了。

黄鱼打冻,早稻白种。

注释:"黄鱼打冻",即天气寒冷时,煮熟黄鱼的汤汁会凝成冻状。农历四五月份是黄鱼汛期,此时若碰到连续低温天气,不利于早稻的正常生长,农夫为此感到不安。

三月三,泥螺爬上滩。

注释:"三月三",泛指春光明媚时节。开春后,蛰伏在涂泥表层下的过冬泥螺,爬上滩涂,迎来了一个新的生长周期。此时桃花盛开,泥螺质地最佳,被誉为"桃花泥螺"。

四月八,挨磨泥螺搭个搭。

注释:"挨磨",本意为人推磨盘;"挨磨泥螺",指两颗伴缠一起正在交配的泥螺;"搭个搭",即配成对。四月初,为泥螺繁殖季节,海涂上常能见到两颗泥螺缠绵、依偎一起,它们亲密无间,难舍难分。

五月十五(十三)鳓鱼会,日里勿会夜里会。

注释:"会",相会。每年初夏,鳓鱼从外洋洄游至当地浅海繁殖,形成鱼汛。也有"五月十三鳓鱼会,今年勿会明年会"的讲法。

小小鳓鱼呒肚肠,一夜游过七爿洋。

注释:"一夜游过七爿洋",喻游速极快。鳓鱼身体侧扁,好像腹中没有什么内脏,在水中阻力小,因此游得很快。

豆尖乌桔桔,章跳拦腰及。

注释:"章跳",学名四指马鲅,洄游性鱼类,善跳跃,能连续在水面跃飞10多米,当地有的人也把它叫成"章跳白眼";"豆尖乌桔桔",指夏收时节倭(蚕)豆外壳开始转黑。此时,洄游在三北潮海的章跳乱蹦乱跳,不时地撞在渔人的身上。形容章跳汛期鱼群旺盛的状况。

事理类

大蟹还是小蟹乖,小蟹打洞会转弯。

注释:"乖",聪明。沙蟹个头很小,它的洞穴有两个出口,内部横斜,靠海者若不着边际,则获物寥寥。意为有的小蟹要比大蟹灵活、聪明,含"青出于蓝胜于蓝"之义。

破网难遮太阳,臭鱼难晒好鲞。

注释:喻"本质不好,很难有好的结果"。

牵沙蟹,带黄狗。

注释:"牵沙蟹",即把网摊铺在海涂上捕捉沙蟹;黄狗,指家狗,方言也念成"黄跟"。渔人带着狗去牵沙蟹,那狗到处乱窜,不会帮忙,反而把网弄缠了,也吓得沙蟹不敢爬出洞来。比喻外出做事时,带上无关的人一起去,往往会添乱,与老话"带个人不如带根绳"近义。

此外,还有三种说法:一是"牵沙蟹,当黄狗",指渔人牵动蟹网时,要蹲伏下来,一手托地往前快奔,像狗跑一般,喻渔人辛苦和低下。二是"牵沙蟹,带黄蛤",意为正在牵沙蟹的人看到旁边有黄蛤,就把它捡来,与"顺手牵羊"同义。三是"牵沙蟹,带黄跟",牵沙蟹一般一人操作,有的也带上一个小孩相帮,那孩子跟在后面,谐谑他为不离主人的黄跟(狗)。

船老露钉,人老露筋。

注释:比兴句。木船是由一块块木板及两头长尖的枣子钉钉合而成的,间缝用麻筋、桐油、石灰填实,再以油漆。日子久了,船板磨损,露出了钉子,表示船已老破。同样,人老了,就会在肢体上显现出筋脉。这些都是不依人们意志而转变的自然规律。

也有"船怕露钉,人怕露筋"的老话。

虾有虾路,鳗有鳗路,蟹有蟹路。

注释:海里的鳗、虾、蟹生活习性不同,个体也不大,但它们都有适应生活环境的本领、特长、套路。含"每个人有自己的处事方法"和"别以为小人物没有本事而看不起他"之意。

鳓鱼好进勿进,鲳鱼好退勿退。

注释:鳓鱼身子窄,又有锋利似刀的腹棱,触网后若用力前游,割断网线便可逃逸,但它钻进网眼后不进反退,结果鳃盖骨被网眼勾缠,脱不了身;鲳鱼头小体大,触网后只要退缩一下就可脱网,可它坚持往前冲,结果越卡越紧。隐喻做人要把握局势,灵活处事,需进时则进,需退时则退。

狗拖咸鲞,多管闲账。

注释:狗不喜食鱼,但本性好动,常把渔人晾晒在岩石和竹帘上的鱼鲞拖来拖去,弄得乱糟糟的。寓"多此一举",有讥讽之意。

观海卫一带也有"猫拖咸鲞,多管闲账"的说法。

带鱼吃肚皮,闲话讲道理。

注释:带鱼的肚皮肉质可口,人们喜欢吃它,这是公认的。我们说话、论事,也要讲道理,这样别人才会信服。

莫道虾无血,烤烤也会红。

注释:鲜白的虾烧烤后,外壳会变成红色。意为虾虽体小、苍白,但也血气方刚。提示人们不要小看那些平时不起眼的小人物。

鳓鱼骨头里戳出。

注释:"里戳出",指骨刺由内朝外扎的样子。鳓鱼刺多,密密匝匝,旁逸斜出,人们食时常被那些由里向外的刺尖所戳,不胜其烦。此谚常指"家庭或团体内部有些不和谐的情况,被个别成员作为负面新闻透露出去"这种不团结现象。

此外,民间还传有"鳓鱼骨刺多,女人闲话多"的俚语。

海蜇吭活灵,小虾当眼睛。

注释:"活灵",即灵魂。海蜇属腔肠动物,无耳、鼻、眼,口腕下有小虾共生。海蜇浮在水面时,若附近有动静,小虾就会弹跳,海蜇感知后即沉潜水下。那小虾生活在海蜇口腕中,也受到庇护。此语阐述了这两种海生动物的习性,也含"借助外力相互依倚,可相得益彰"之意。

大笼使海兜(斗)。

注释:"大笼""海兜(斗)",是与推缉(腰)网相配套的竹编渔具。大笼即为鱼篓,状似葫芦,上口大,颈部收,下呈方形;海兜(斗),为一只撩取进网鱼蟹用的小挽兜,柄长尺半,搁在大笼上;推缉(腰)网作业时大笼与海兜(斗)配对,缺一不可。其寓意为:物体有大有小,功能不一,需互相配合,才能成功。有时,此语也揶揄"小事大做"现象。

第三节　渔歌渔谣

民间歌谣为民间文学中可歌唱、吟咏的韵文,形态相对短小,字句比较整齐,与劳动、生活紧密结合。

三北一带流传的有关海洋渔业方面的民间歌谣,源远流长,以活生生的语言、直率纯真的表白和朴素动人的形象,为靠海人家所心记口传。歌词内容涉及时政、劳动、生活、风俗、爱情等各个领域,反映了人们的思想愿望、审美观念、艺术情趣。

下面选辑的一些作品,是当地20世纪较为流行且有代表性的渔歌、渔谣及劳动号子。

渔民生活类

海地枪笆

劳乃心,当县长。
海地枪笆打,帮着鬼子搞"清乡"。

注释:抗日战争时期,伪余姚县县长劳乃心配合日本鬼子清乡,在海涂中打上毛竹枪(篱)笆,不让老百姓下海。为了活命,渔民、盐民只好夜里钻出竹笆洞去捕鱼、卖盐,好些人被鬼子打死。

此谣流传于原姚北一带。

一年苦到头

糠菜填肚皮,破篷裁成衣。

一年苦到头,老少难糊口。

男的下海去,女的岸边守。

天黑风潮急,独愁亲人丢。

注释:此谣流传于庵东一带。

渔人谣

吃吃鲜鱼鲜汤,困困活龙眠床。

穿穿叫化子衣裳,爹娘看见眼泪汪汪。

注释:此谣流传于龙山一带。

脚娘肚当米缸

吃吃浪淘饭,困困湿舱板。

白云当被头,脚娘肚当米缸。

注释:"脚娘肚",即小腿。意为家里没有隔宿粮,只有每天下海捕捫鱼蟹,换口饭吃。

此谣流传于龙山一带。

下等之人落船角

上等之人伴书阁,中等之人掘田角。

下等之人落船角,风里浪里哀哀哭。

注释:"伴书阁",读书;"掘田角",翻地,务农。

靠海里人活神仙

靠海里人活神仙,秤砣掼落现铜钿。

大水风潮叫皇天,三日晾网断火烟。

注释:"秤砣掼落",放下秤砣,意为鱼货已过秤。

此谣流传于新浦一带。

请船福

出海保泰平,鱼虾满船进。

浪头草两边豁开,大鱼大虾流拢来。

注释:"请船福",是船主人在新打渔船下水前,或每年春节过后首次出海捕捞前祭祀大海神灵的一种习俗。"豁开",即分开。

此谣流传于原姚北一带。

互助合作劲头高

互助合作劲头高,捕得鱼儿木佬佬。

脱掉破袄换新衣,从此不再愁温饱。

衷心感谢共产党,幸福生活节节高。

注释:此谣流传于20世纪50年代。

劳动类

三寸板内是娘房

三寸板内是娘房,三寸板外见阎王。

前怕风暴连浪起,后怕强盗一扫光。

起篷调

撑船甬管对头风,晒鲞不怕太阳红。

要摸珍珠海底钻,要抲大鱼急起篷。

注释:此调亦为渔民劳动号子,流传于镇(海)北龙山、澥浦一带。

宓家埭牵沙蟹

宓家埭牵沙蟹,牵到夜,呒没卖;

牵到半夜过,呒没半淘箩。

注释：也有"宓家埭,牵沙蟹,沙蟹驮(拿的意思)到师桥卖……"等说法。

过金塘

无风无浪,无米过金塘。

有风有浪,斗米过金塘。

大风大浪,一石米难过金塘。

注释：此谣流传于龙山一带。龙山与舟山金塘岛隔海相望,但常为风浪所阻,渔人只好在船上等候,待风平时再去金塘。

船到嵊泗洋

老船拖旧网,北风浪头狂。

船到嵊泗洋,心里冰冰冷。

一脚棺材里,一脚棺材外。

抲鱼人一天当两天

赶晴天,抢阴天,和风细雨算好天。

夜里布网日里捞,抲鱼人一天当两天。

捕鱼谣

七塘对落清水洋,塘南渔民"夏菜张"。

网筛张口朝北向,鱼虾落进网里厢。

潮水退落挑回家,市头卖出派进账。

注释："夏菜张",当地人称网捕的鱼、虾、蟹为"赶潮鲑(夏)菜";"网筛",指网纲、网衣;"市头",即市街;"派进账",算算卖了多少钱。

此谣流传于原姚北一带。

摇橹歌

对摆橹,赛龙舟,
单手橹,慢悠悠。
风外甥,橹娘舅,
摇进港,喝老酒。

注释:"对摆橹",两人同摇一支橹。

此谣流传于原镇(海)北龙山、澥浦一带,生动地展现了橹的种类、橹与风的关系以及渔民回港时欢快的心情。

三北洋面都是船

三北洋面都是船,小巧灵活打鱼船;
奔上奔落舢板船,运盐装货卤蛋船;
船上加船背对船,勿装鳖壳串网船;
日夜不息张网船,小钓流网独只船;
无桨无橹机帆船,洋地收鱼冰鲜船;
方便来往交通船,又长又阔抛钉船。

潮汛歌

初一月半子午涨,初三落小初十平;
十一起水午时平(晏平潮),十八十九落小潮;
二十是个宽大潮,廿一开始潮水小;
初八廿三潮,天亮白遥遥;
廿三四,卤缸断漏水;
廿六、十二暗进笆;
廿七重涨晏平潮,初三复以落小潮。

注释:三北各地都有描述潮候的歌谣,内容相似,但用词有些不同,字句也有差异。

推船号子

后生家,抓把紧。

船推高,饭煮燥。

回到家里困晏觉。

注释:"推船",即为渔人修船,或避风浪,需把潮涂中的串网船、张网船、流网船等一些体型较大的渔船推至岸旁;"困晏觉",即午睡。

此号子流传于原镇(海)北龙山、澥浦一带。

浙东渔场

三门湾口猫头洋,石浦对出大目洋;

六横虾峙桃花港,普陀门口莲花洋;

顺水撑到黄大洋,穿过衢港灰鳖洋;

崇寿外海王盘洋,嵊山渔场在外向;

往北到了佘山洋,再前就是吕泗洋。

注释:上述的洋面,在三北浅滩的东南、东、东北方向。汛期时,当地流网渔人也去那里进行捕捞作业。

海鲜类

海鲜歌

咩咩鲕鱼红小娘,肉鳗眼睛单边生。

带鱼身条细又长,海蜒嘴巴赛钉枪。

梅鱼大头造孽朋,海蜇头顶停"张良"。

乌贼专放烟幕弹,蛎黄永生藏酒甏。

蛤蜊无脚走四方,泥螺产子呒人张。

注释:"咩咩鲕鱼",即黄貂鱼。

龙山黄泥螺

龙山黄泥螺,名气实在大。
桃花泥螺大又大,桂花泥螺糯又糯;
薄薄螺壳黄黄肉,味美脂厚营养多,
过酒淡罗罗,过饭真煞婆。

注释:"过酒",佐酒;"淡罗罗",清淡、鲜洁;"过饭",送饭下肚;"煞婆",带劲,即"压饭榔头"的意思。

吃 鱼

黄鱼好吃头太大,鳓鱼好吃刺太多。
箬鳎好吃吃半边,乌贼好吃脚太多。

渔 歌

鲳鱼执意直头进,螃蟹喜欢横着行。
鲻鱼沉底啃涂泥,乌贼出世倒头撞。

注释:此歌谣流传于原镇(海)北龙山、澥浦一带。

卖鲜货

我做行贩有本事,挑挑话话到街市。
阿嫂哎!介好鲨鱼买眼起,
水晶沙、和尚沙,书生沙,老虎沙。
摆摆盆子:
蛎蟥蛏子,壮壮梅子,
鲳鱼婆子,蛤蜊蚶子,
海蜇皮子,乌贼浑子。
大头梅鱼造孽朋,奥爽骨头尤其硬。
带鱼身条长又长,肉鳎眼睛独边生。

大小黄鱼介新鲜,眼睛锃亮像玻璃。
鲜货刮刮叫,弹胡别别跳,
大的请菩萨,小的请人客。
阿嫂哎! 介好海货买眼起。

注释:此谣流传于原镇(海)北一带。还有好几种说法。

亲家姆

亲家姆,讨饭相,
矮凳勿坐坐地垟,
鰳鱼勿吃吃蟹浆。

第四节　渔乡竹枝词

《竹枝词》源于民歌《竹枝》。文人吟写《竹枝词》始于唐代,成就最高、影响最大的可推刘禹锡。明清后,《竹枝词》渐渐脱离音乐,成为一种泛咏乡土风情的诗体。《竹枝词》虽不属"原生态"民间艺术,但格律较宽,束缚较少,口语、俚语也入其中,诙谐风趣,通俗易懂,雅俗共赏。

过去,三北一带文风蔚然,当地文人写了许多《竹枝词》。这些《竹枝词》多为七言四句,合成组诗后,往往冠以地名结集。诗词内容为山川胜迹、百业民情、岁时风俗及生活花絮等,其中不乏以海景、海鲜和渔人、渔市等为题材的作品。

山北乡土集(录十六)[1]

作者范观濂,字莲洲,清镇海灵绪永桥(今慈溪市龙山镇范市)人。道咸间诸生。

部分诗词小标题及注释为编者所加。

海

随处登高见大洋,晴明放眼海天长。
纵横万斛船如芥,落叶风帆入渺茫。

渔　村

南门亭路接邱王,挑捕船多尽出洋。

更向下金家岙走,渔家澥浦聚帆樯。

注释:"南门亭",在龙山所城南门外。"邱王""金家岙""澥浦"旧时均为镇海北乡海边渔村。

海 渔

挑捕船兼张网船,货称串网更新鲜。

循涂靠海名目多,惯赶潮时早晏便。

原注:"海渔。晏字照土音,作遏喊切。"

鰦 鱼

海上闲评味有余,大家风格首鰦鱼。

当筵还剩千金价,一卷丰筋入骨书。

原注:"鰦鱼即子鱼,秦桧妻以青鱼为子鱼,献百尾于宫中,太后哂之,即此鱼也。他处亦有,独我乡大佳。肉既细腻,骨中筋满。甚美胜鲥鱼,未有倍数,真鱼中大家也。"

鮸 鱼

紫鳞绿眼厚唇黄,巨口丰鳃味最长。

甘弃稻田三百亩,鮸鱼头好必须尝。

原注:"土语云:'能弃三百亩稻,莫弃鮸鱼脑。'言其头美也。头有四美:鳃、唇、颌、眼。"

梅 鱼

梅鱼头大碎成金,石首分支非本音。

琐尾纵难登伟器,别传风味到如今。

涂　鱼

阑胡点翠眼高生,呼作弹涂共识名。

杜鳢泥鱼华萼谱,支分赤鳝染蓝成。

原注:"此四种皆匾尾无鳞,而赤鳝身蓝,品亦少逊,如谱中之蓝线也。"

箭鳗虾鳉

箭鳗腊结味深甘,鳉号龙头软玉篸。

此外小鱼繁种类,不胜弹指问鱼篮。

注释:"鳉号龙头",即虾鳉,学名龙头鱼。

晚潮虾

唱卖声高入暮霞,小篮争买晚潮虾。

银钩劲似兰亭笔,只只冰须出浪花。

黄　虾

黄虾身扁节疏匀,体重形坚品最珍。

头壳尖长须似秃,笔头公又见波臣。

黄甲蟹

黄甲名传瑞应占,横行趯捷举双箝。

琢开完璞连城贵,再数余珍亦满奁。

原注:"他蟹不如此螯之巨且美也!"

白　蟹

紫壳尖长两角梢,斑文白蟹乍登庖。

阔开后爪成划翅,想见横飞把浪捎。

原注:渔者云:"白蟹激浪梭飞,如儿童以薄石片撇水面也。"亦二螯八

跪,但后二脚爪區阔,故又呼蟹區,黄甲亦然,不如白蟹之更阔也。

沙 蟹

蓝袜青衣一种传,无肠公子眼飘然。

团脐生就双钳小,苦尔人间把脚缠。

原注:"沙蟹:团脐,箝小于长脐一半,他蟹不然也。其眼细长如须,亦于他蟹不同。箝蓝也,形绝似袜,余见人有着蓝袜者,每戏呼为沙蟹。"

小 蟹

蟛蚏清秀爪纤纤,八月乌胶满壳黏。

别有一般官路蟹,狠生一只一红箝。

原注:"蟛蜐从土名,官路蟹似蟛蜐而一箝自基巨,色红。"

朗 蛤

细理丝纹圆蛤良,两须伸缩有蛏肠。

黄蚶细品称瓜子,朗蛤珠圆独我乡。

原注:"朗蛤四时皆有,春初更美,唯我乡及余邑有之。他处不惟无见,并不闻其名也。"

海 物

紫金片切熏鱼子,翠玉连环剔海蛳。

海物离乡无贵贱,腥涎干蕨尽称奇。

原注:"鳓鱼子为美品,故又名子鱼。清明海蛳品细绝佳,土铁虾子及诸干考皆美物也。"

凤湖竹枝词(录二)[2]

作者姓方,佚名,自称自怡山人,人称古香太学,清同治间人,曾居镇海灵绪乡(今慈溪市龙山镇)凤岙。

(一)

西海涂头捕捉忙,纷纷鱼担集龙场。
晚潮小市鱼虾贱,解橐归来已夕阳。

(二)

幽人谁不爱吾庐,三月尽头四月初。
正好春慵清睡足,隔墙高叫卖黄鱼。

淹浦竹枝词(录五)[3]

作者方翔藻(?—1908),字蘋香,清慈溪观海卫人。著有《屏石山房诗草》。

(一)

蟹舍鱼罾水作田,鸡坮豚栅话丰年。
三家村里先生馔,野味尝过海物鲜。

(二)

道是潮头夜半回,风帆逆驶浪成堆。
人声嘈杂驱牛去,挽得艨艟拍水来。

(三)

村居旧是半渔人,况复黄鱼忽报春。

浦口估帆相次泊,层冰堆里色鲜新。

(四)

小黄鱼后大黄鱼,楝子风酸五月初。
下水直须过五月,黄鱼劈鲞味何如。

(五)

紧网何须簜竹排,捞虾种蛤旧生涯。
鲻鱼好人吴都赋,笭箵肩来欲上街。

白湖竹枝词(录一)[4]

作者叶元垲(1780—1834),字晏爽,号琴楼,清慈溪鸣鹤人。由监生授光禄寺署正。著有《睿吾楼诗集》。

海气蒸人日色昏,黄梅时节竹生孙。
箭鳗霉蛤龙须笋,贩客挑来跣足奔。

姚江竹枝词(录三)[5]

作者宋梦良(1827—1895),字竹孙,清末余姚人。诸生。著有《步梅诗钞》。

(一)

七月愁逢海溢秋,廿三最怕五更头。
如今沙涨离潮远,益地图开据上游。
原注:"俗云:早不愁,迟不愁,只愁七月廿三五更头。"

（二）

大固塘头到六塘，地添十里建村庄。
改田种作兼邻海，世外偏多鱼米乡。

（三）

蟹品端推石堰边，梅鱼箬獭味尤鲜。
红虾赤鳝兼黄甲，不羡烹龙宰凤仙。

浒山竹枝词（录一）[6]

作者沈嶭，字竹山，清余姚浒山（今慈溪市）人。增生。

澄澈秋江蟹篰多，持螯风景乐如何？
莫嫌海角无滋味，箬鳎梅鱼满案罗。

坎镇竹枝词（录一）[7]

作者胡杰人（1831—1895），字芝麓，清余姚坎墩（今慈溪市）人。能医，开张药局；工诗，著有《剩馥吟》。

清明时节雨如丝，门外家家插柳枝。
嘞罢螺丝品兼味，桃花吐铁更含滋。

海村竹枝词（录四）[8]

作者潘朗，一作潘郎，字镜夫，清余姚坎墩（今慈溪市）人。嘉道间诸生。著有《楚游草》。

（一）

海涛万顷拍天浮，蜃气横空幻作楼。
时历四朝塘有六，竹枝遍唱绿云畴。

（二）

寒食家家唰海蛳，卖饧箫里雨丝丝。
生憎杨柳惹侬恨，折尽柔枝插户楣。

（三）

人世风波到处悲，喜侬不作望夫台。
树头月出炊香饭，郎担桃花吐铁来。

（四）

梅子酸时麦穗新，梅鱼来后麦鯾陈。
春盘滋味随时好，笑杀何曾费饼银。

注释：麦鯾，即鲳鱼。

【参考文献】

[1]慈溪市地方志编纂委员会办公室编：《慈溪海堤集》，方志出版社，2004，第294—336页。

[2]《凤湖竹枝词》，唐武声手抄本。

[3]童银舫编注：《溪上流韵——慈溪历代风物诗选》，宁波出版社，2002，第353—354页。

[4]童银舫编注：《溪上流韵——慈溪历代风物诗选》，宁波出版社，2002，第219页。

[5]童银舫编注：《溪上流韵——慈溪历代风物诗选》，宁波出版社，2002，第687页。

[6] 童银舫编注:《溪上流韵——慈溪历代风物诗选》,宁波出版社,2002,第526页。

[7] 童银舫编注:《溪上流韵——慈溪历代风物诗选》,宁波出版社,2002,第573页。

[8] 童银舫编注:《溪上流韵——慈溪历代风物诗选》,宁波出版社,2002,第685—686页。

参考文献

1. 冯可镛修,杨泰亨纂:《慈溪县志》,清光绪二十五年(1899)。
2. 洪锡范主修:《镇海县志》,上海蔚文印刷局,1931,铅印本。
3. [明]朱冠等编:嘉靖《临山卫志》,成文出版社,1983。
4. 宁波市镇海区民间文学集成办公室编:《镇海区故事歌谣谚语卷》,浙江省民间文学集成办公室,1989。
5. 慈溪市地方志编纂委员会编:《慈溪县志》,浙江人民出版社,1992。
6. 余姚市地方志编纂委员会编:《余姚市志》,浙江人民出版社,1993。
7. 《镇海县志》编纂委员会:《镇海县志》,中国大百科全书出版社上海分社,1994。
8. 宁波市地方志编纂委员会编,俞福海主编:《宁波市志》,中华书局,1995。
9. 童银舫编注:《溪上流韵——慈溪历代风物诗选》,宁波出版社,2002。
10. 慈溪人民政府编:《慈溪文化集萃》,人民出版社,2003。
11. 戚兴初主编:《悠悠岁月话胜山》,中国文联出版社,2003。
12. 慈溪市地方志编纂委员会办公室编:《慈溪海堤集》,方志出版社,2004。
13. 杨积芳总纂:民国《余姚六仓志》,见慈溪市地方文献整理委员会编《慈溪文献集成(第一辑)》,杭州出版社,2004。
14. [明]周粟等编纂:嘉靖《观海卫志》,见慈溪市地方文献整理委员会编《慈溪文献集成(第一辑)》,杭州出版社,2004。
15. [清]高杲、沈煜编纂:道光《浒山志》,见慈溪市地方文献整理委员会编《慈溪文献集成(第一辑)》,杭州出版社,2004。
16. 邱雄飞、安云法主编:《龙山风情》,人民日报出版社,2005。
17. 方柏令主编:《十里长街——坎墩》,新华出版社,2006。

18. 应建勇主编:《桥南明珠——庵东》,中国文史出版社,2006。

19. 周科勤、杨和福主编:《宁波水产志》,海洋出版社,2006。

20. 戚建江主编:《百年新浦》,新华出版社,2007。

21. 《横河镇志》编纂委员会编:《横河镇志》,方志出版社,2007。

22. 邱雄飞主编:《龙山民间故事集》,大众文艺出版社,2007。

23. 童银舫主编:《慈溪民间歌谣集》,,大众文艺出版社,2009。

24. 陆建立编著:《观海卫民间故事》,沈阳出版社,2011。

25. 方煜东编著:《慈溪老话》,大众文艺出版社,2011。

26. 莫非、樵风编著:《闲话观海卫》,沈阳出版社,2011。

27. 《泗门镇志》编纂委员会编:《泗门镇志》,浙江古籍出版社,2011。

28. 童银舫主编:《慈溪民间故事集》,西苑出版社,2012。

29. 宁波市文化广电新闻出版局编:《甬上风华:宁波市非物质文化遗产大观·慈溪卷》,宁波出版社,2012。

30. 《周巷镇志》编纂委员会编:《周巷镇志》,浙江古籍出版社,2013。

31. 章仁苗主编:《海星村史》,浙江人民出版社,2014。

32. 慈溪市农业志编纂委员会编:《慈溪市农业志》,上海辞书出版社,2014。

33. 《慈溪市交通志》编纂委员会编:《慈溪市交通志》,浙江人民出版社,2014。

34. 方东、黄岳大主编:《千年古村西门外》,浙江古籍出版社,2015。

35. 慈溪市地方志编纂委员会编:《慈溪市志》,浙江人民出版社,2015。

36. 周乃复主编:《慈溪文化鸟瞰》,宁波出版社,2018。

37. 罗映堂著:《慈溪民俗》,宁波出版社,2018。

38. 徐泉华点校:《光绪余姚县志(简明点校本)》,线装书局,2019。

39. 《庵东镇志》编纂委员会编:《庵东镇志》,中国文史出版社,2019。

40. 徐雪英主编:《甬上船事》,宁波出版社,2019。

后 记

田野调查，伏案笔耕，数易春秋，《三北靠海文化田野调查》一书终于完稿。

本书由慈溪市政协教科卫体文化文史和学习委员会组织编写。写作过程中，笔者查考了相关的历史文献和有关资料，乘船浮海，进村入户，走访了近百位资深渔人和业内人士，并与当地学术界和水产专业人士进行交流，大体反映了当地海洋渔业环境资源、产销方式演变和渔人生态、渔乡习俗历史与现状，展示了三北一带悠久的靠海文化。

本书以文字为主，辅以图照，在编写过程中，得益于宁波市文联、慈溪市文联及民间文艺家协会的重视，被列为2020年度宁波市文艺创作重点项目。宁波市民间文艺家协会名誉主席周静书先生拨冗为本书作序。慈溪市地方志办公室、市渔洋渔业局、市档案馆等单位提供了相关资料，方向明、童银舫、王孙荣、方印华、俞强、阮万国、陆建立等许多地域文化研究学者，以及陈汉春、岑伯明、余克敏、华建权、陈贤龙等水产行业专家对本书相关章节所表述的内容提出了指导性意见。年逾古稀、生于渔人世家的赖金华老先生不仅口述了大量靠海作业的详细情节，还20余次陪同笔者去实地采访。书中照片大多是俞白桦、吴宗耀老师专程去现场拍摄的，顾帆远、王烨江、王建江等老师也提供了一些摄影作品。对于大家的关心和支持，谨在此表示诚挚的谢意。同时，感谢宁波出版社在本书出版过程中所付出的辛勤劳动。

在编写过程中，我们注重原始资料的整理和运用，力求详而不繁，约而小遗。对于一些后来被禁止的传统捕捞渔具及其操作方法，也做了如实记录，以客观反映当地靠海方式的演变过程。由于史料搜集难度大等原因，书中难免有疏误之处，敬请大家不吝赐教、指正。

愿本书的出版发行能进一步弘扬三北靠海文化，使杭州湾畔这片涂海在经济腾飞、社会进步的同时，迎来海洋渔业事业的新繁荣。

邱雄飞
2021年3月

图书在版编目（CIP）数据

三北靠海文化田野调查／慈溪市政协教科卫体文化文史和学习委员会编；邱雄飞著. -- 宁波：宁波出版社，2021.8（2024.11重印）
　ISBN 978-7-5526-4351-0

　Ⅰ.①三… Ⅱ.①慈… ②邱… Ⅲ.①近海渔业—文化—研究—浙江 Ⅳ.①F326.475.5

中国版本图书馆CIP数据核字（2021）第144872号

三北靠海文化田野调查 SANBEI KAOHAI WENHUA TIANYE DIAOCHA
慈溪市政协教科卫体文化文史和学习委员会／编　邱雄飞／著

责任编辑	金芳萍　陈金霞
责任校对	叶呈圆
装帧设计	金字斋
出版发行	宁波出版社
地址邮编	宁波市甬江大道1号宁波书城8号楼6楼　315040
印　　刷	宁波白云印刷有限公司
开　　本	787毫米×1092毫米　1/16
印　　张	24
字　　数	368千
版　　次	2021年8月第1版
印　　次	2024年11月第3次印刷
标准书号	ISBN 978-7-5526-4351-0
定　　价	68.00元

如发现缺页或倒装，影响阅读，请与承印厂联系调换　电话：0574-83875165